马克思主义基本原理的中国式现代化道路探索

王恺楠◎著

线装书局

图书在版编目（CIP）数据

马克思主义基本原理的中国式现代化道路探索/王
恺楠著. --北京:线装书局, 2023.4
　　ISBN 978-7-5120-5428-8

　Ⅰ.①马… Ⅱ.①王… Ⅲ.①社会主义建设－现代化
建设－研究－中国 Ⅳ.①D616

中国国家版本馆 CIP 数据核字(2023)第 065757 号

马克思主义基本原理的中国式现代化道路探索
MAKESIZHUYI JIBEN YUANLI DE ZHONGGUOSHI XIANDAIHUA
DAOLU TANSUO

作　　者：王恺楠
责任编辑：林　菲
出版发行：**线 装 書 局**
　　　　地　址：北京市丰台区方庄日月天地大厦 B 座 17 层（100078）
　　　　电　话：010-58077126（发行部）010-58076938（总编室）
　　　　网　址：www.zgxzsj.com
经　销：新华书店
印　制：北京四海锦诚印刷技术有限公司
开　本：787mm×1092mm　　1/16
印　张：12
字　数：230 千字
版　次：2023 年 4 月第 1 版第 1 次印刷
定　价：78.00 元

线装书局官方微信

前　言

马克思主义基本原理融入中国式现代化道路的历程，就是不断解决中国时代发展课题的重要历程。在中国革命、建设和改革的具体实践中，逐渐形成了中国化的马克思主义理论体系，它包括两大子体系：前者是毛泽东思想体系，后者是中国特色社会主义理论体系，包括邓小平理论、"三个代表"重要思想、科学发展观与习近平新时代中国特色社会主义思想在内的科学理论体系。

党的二十大报告指出，马克思主义是我们立党立国、兴党兴国的根本指导思想。实践告诉我们，中国共产党为什么能，中国特色社会主义为什么好，归根到底是马克思主义行，是中国化时代化的马克思主义行。拥有马克思主义科学理论指导是我们党坚定信仰信念、把握历史主动的根本所在。中国共产党人深刻认识到，只有把马克思主义基本原理同中国具体实际相结合、同中华优秀传统文化相结合，坚持运用辩证唯物主义和历史唯物主义，才能正确回答时代和实践提出的重大问题，才能始终保持马克思主义的蓬勃生机和旺盛活力。

本书共六章。第一章为马克思主义基本理论，内容包括马克思主义物质论、马克思主义辩证法、马克思主义认识论、马克思主义历史论和马克思主义全面发展论。第二章为中国式现代化的历史探索，分析了中国现代化历史课题的提出、中华民族对现代化的历史追求与选择、当前中国式现代化的新进程。第三章为马克思主义基本原理融入中国式现代化道路的前提和现实条件，对马克思主义基本原理融入中国式现代化道路的理论前提、马克思主义基本原理融入中国式现代化道路的文化条件、马克思主义基本原理融入中国式现代化道路的现实基础进行了深入研究。第四章为马克思主义基本原理融入中国式现代化道路的理论成果，具体内容有毛泽东思想、邓小平理论、"三个代表"重要思想、科学发展观。第五章为马克思主义基本原理融入中国式现代化道路的新发展，阐述了中国梦的实现必须走中国特色社会主义道路、坚定"四个自信"、树立"五大发展"新理念、统筹推进"五位一体"总体布局、协调推进"四个全面"战略布局。第六章为马克思主义基本原理融入中国式现代化道路的实践应用,主要从马克思主义中国化与道德建设、马克思主义中国化与文化建设、马克思主义中国化与生态文明建设三个方面进行探究。

在本书的撰写过程中,参考和借鉴了大量国内外相关专著、论文等理论研究成果,从这些论文、专著中,作者受益匪浅,在此,对这些专家们一并表示感谢。在本书的撰写过程中,笔者虽力求完美无瑕,但恐有不足之处,对此,望各位专家、学者批评指正,并提出宝贵意见。

笔 者

2022 年 11 月

目　录

❖ **第一章　马克思主义基本理论** ⋯⋯⋯⋯⋯⋯⋯⋯⋯⋯⋯⋯⋯ 1

第一节　马克思主义物质论 ⋯⋯⋯⋯⋯⋯⋯⋯⋯⋯ 1

第二节　马克思主义辩证法 ⋯⋯⋯⋯⋯⋯⋯⋯⋯ 17

第三节　马克思主义认识论 ⋯⋯⋯⋯⋯⋯⋯⋯⋯ 25

第四节　马克思主义历史论 ⋯⋯⋯⋯⋯⋯⋯⋯⋯ 32

第五节　马克思主义全面发展论 ⋯⋯⋯⋯⋯⋯⋯ 38

❖ **第二章　中国式现代化的历史探索** ⋯⋯⋯⋯⋯⋯⋯⋯⋯⋯ 44

第一节　中国现代化历史课题的提出 ⋯⋯⋯⋯⋯ 44

第二节　中华民族对现代化的历史追求与选择 ⋯⋯ 47

第三节　当前中国式现代化的新进程 ⋯⋯⋯⋯⋯ 64

❖ **第三章　马克思主义基本原理融入中国式现代化道路的前提和现实条件** ⋯
⋯⋯⋯⋯⋯⋯⋯⋯⋯⋯⋯⋯⋯⋯⋯⋯⋯⋯⋯⋯⋯⋯⋯⋯⋯⋯⋯⋯ 68

第一节　马克思主义基本原理融入中国式现代化道路的理论前提 ⋯⋯ 68

第二节　马克思主义基本原理融入中国式现代化道路的文化条件 ⋯⋯ 71

第三节　马克思主义基本原理融入中国式现代化道路的现实基础 ⋯⋯ 86

❖ **第四章　马克思主义基本原理融入中国式现代化道路的理论成果** ⋯⋯⋯ 98

第一节　毛泽东思想 ⋯⋯⋯⋯⋯⋯⋯⋯⋯⋯⋯⋯ 98

第二节　邓小平理论 ……………………………………………… 108

第三节　"三个代表"重要思想 ……………………………… 116

第四节　科学发展观 ……………………………………………… 120

❖　**第五章　马克思主义基本原理融入中国式现代化道路的新发展** ………… 129

第一节　中国梦的实现必须走中国特色社会主义道路 ………… 129

第二节　坚定"四个自信" …………………………………… 132

第三节　树立"五大发展"新理念 ………………………… 137

第四节　统筹推进"五位一体"总体布局 ………………… 141

第五节　协调推进"四个全面"战略布局 ………………… 152

❖　**第六章　马克思主义基本原理融入中国式现代化道路的实践应用** ……… 161

第一节　马克思主义中国化与道德建设 ………………… 161

第二节　马克思主义中国化与文化建设 ………………… 168

第三节　马克思主义中国化与生态文明建设 ………………… 173

❖　**参考文献** …………………………………………………… 183

第一章 马克思主义基本理论

第一节 马克思主义物质论

一、马克思主义哲学的物质概念

马克思主义创始人批判地继承了以往唯物主义的理论传统，总结和概括了 19 世纪自然科学发展的最新成果，创立了全新的现代唯物主义的物质概念，为新世界观奠定了坚实的基础。马克思在其"包含着新世界观的天才萌芽的第一个文件"，即《关于费尔巴哈的提纲》中，针对唯心主义和旧唯物主义关于感性世界的错误观念，提出了理解物质概念的正确的方法论原则："从前的一切唯物主义（包括费尔巴哈的唯物主义）的主要缺点是：对对象、现实、感性，只是从客体的或者直观的形式去理解，而不是把它们当作感性的人的活动，当作实践去理解，不是从主体方面去理解。因此，和唯物主义相反，能动的方面却被唯心主义抽象地发展了，当然，唯心主义是不知道现实的、感性的活动本身的。费尔巴哈想要研究跟思想客体确实不同的感性客体：但是他没有把人的活动本身理解为对象性的活动。"① 旧唯物主义只是从受动的方面直观地理解世界，不懂得人的实践活动对物的作用；而新唯物主义则不仅从受动的方面、客体的方面去理解世界，而且同时"从主体方面去理解"，从感性的人的活动、从实践去理解，即从主客体的统一上去理解世界，特别是把人的实践活动本身理解为一种客观的物质活动、客观的物质存在。物质概念是一切唯物主义哲学的理论基石，而实践的观点是马克思主义哲学首要的基本的观点，这二者在马克思主义哲学中是有机统一的。一方面，人类实践是以客观物质世界的存在和发展为前提的，正是物质世界的发展产生了有意识从而能从事实践的人，并提供了实践得以进行的客观对象和客观条件，因此，马克思主义哲学的实践观是以承认物质世界的先在性为出发点

---

① 马克思恩格斯选集（第 1 卷）［C］. 北京：人民出版社，1995，第 54 页.

的；另一方面，马克思主义哲学的物质概念又是建立在实践观的基础之上的，没有实践的观点，不从实践出发，就不能正确地、全面地理解和把握物质概念。马克思主义哲学在哲学史上实现的革命性变革的一个根本之点，便是一方面强调实践的客观物质性，将实践概念奠定在唯物主义的基础上；另一方面又从实践的观点出发，对物质概念做了全新的规定。

在马克思主义经典作家中，恩格斯和列宁相继对马克思主义的物质概念做出了明确的界定。恩格斯指出："物、物质无非是各种物的总和，而这个概念就是从这一总和中抽象出来的"，物质是"既不能创造也不能消灭的"。① 列宁进一步指出："物质是标志客观实在的哲学范畴，这种客观实在是人通过感觉感知的，它不依赖于我们的感觉而存在，为我们的感觉所复写、摄影、反映。"② 恩格斯和列宁对物质概念的界定在精神实质上是完全一致的，都是以马克思主义的实践观为基础的。对于他们的上述论述，不能脱离马克思主义哲学的整体而孤立地去理解，而必须从马克思主义哲学的方法论原则出发做完整的把握。无论是恩格斯还是列宁，都是彻底的唯物主义者，都坚持马克思主义的历史唯物主义。他们的物质概念内在地包含着对人类社会历史的唯物主义的理解，即对实践的客观实在性或物质性的确认。

恩格斯和列宁所提出的马克思主义的物质概念，从实践的观点出发来理解物质，并首次确认了实践活动本身的物质性，是哲学物质概念发展史上的革命性变革。

首先，它明确提出物质是标志客观实在的哲学范畴，指出客观实在性是物质的根本特性，从而坚持了彻底的唯物主义立场。马克思主义哲学的物质概念是从物质与意识的对立统一关系中来把握物质的，是立足于物质与意识的区别和对立来强调物质的"唯一"特性的，就是说，相对于意识而言，物质的唯一特性、根本特性就是它的客观实在性。根据这一思想，在说明世界的本质时，不能给物质附加任何别的属性，更不能用别的属性来代替客观实在性，否则，就会给唯心主义和信仰主义留下地盘。事实上，唯心主义者总是企图否认物质的客观实在性，他们或者主张用感觉、经验或心理要素来代替物质概念，或者把物质说成是主观意识或客观精神（如绝对观念、上帝等）的派生物、创造物，以此论证意识、精神是世界的本质和基础。因此，一方面，马克思主义哲学的物质概念对于客观实在性是物质的根本特性的强调，坚持了唯物主义的根本原则，彻底地否定了唯心主义和信仰主义的哲学基础；另一方面，马克思主义哲学的物质概念明确指出客观实在性是物质的根本特性，把物质与物质的具体形态、属性及自然科学的物质结构概念区别开来，从而也从

① 马克思恩格斯选集（第4卷）[C]. 北京：人民出版社，1995，第343页.
② 马克思恩格斯选集（第3卷）[C]. 北京：人民出版社，1995，第400页.

根本上克服了旧唯物主义物质概念的局限性，为正确理解和说明自然界与人类社会的物质统一性奠定了坚实的基础。旧唯物主义的物质概念由于不懂得特殊与一般、个性与共性的辩证关系，把物质的具体形态、属性或特定结构层次与物质本身混为一谈，必然无法将其唯物主义立场贯彻到底，也无法应对唯心主义的诘难和进攻。19 世纪末、20 世纪初的"物理学危机"就是最好的证明。而按照马克思主义的物质概念，既然物质是对"各种物的总和"的抽象，那么，物质与物质的具体形态、属性或特定结构层次的关系就是一般与特殊、共性与个性的关系，就不能把物质本身归结为物质的具体形态、属性或特定结构层次；同时，既然物质的根本特性是客观实在性，那么，物质与人类客观的实践活动以及建立在实践基础上的人类社会的关系也就是一般与特殊、共性与个性的关系，就不能把人类实践以及建立在实践基础上的人类社会排除在物质范畴之外。在马克思主义哲学看来，无论是自然界还是人类社会，都是存在于人的意识之外的客观实在，都具有客观实在性这个根本特性，因而都是物质的不同形态或物质世界的不同领域。因此，马克思主义哲学的物质概念，同时与唯心主义和旧唯物主义的物质概念划清了界限。

其次，它明确提出物质这种客观实在是人通过感觉感知的，指出这种客观实在能够为人的认识所反映，从而坚持了彻底的唯物主义可知论。马克思主义哲学的物质概念表明，物质本身不依赖于人的意识而存在，但人的意识完全可以认识它。整个物质世界，包括自然界和人类社会，都是人的认识能够反映的客观实在。虽然我们的肉体感官不可能直接感知物质的一切形态、结构层次和特牲，但我们可以借助科学技术发展的成果、运用一定的科学仪器去感知它们，还可以通过理性思维去把握它们。虽然受实践和科学技术发展水平的限制，目前仍然存在着一些人类无法感知的客观实在，但随着实践和科学技术的进一步发展，人类在将来一定能够感知和认识它们。因此，在整个物质世界中，只有尚未认识之物，根本就没有不可认识之物。这就彻底驳斥了各种形式的不可知论。

二、物质的存在方式

（一）运动是物质的根本属性

形而上学与辩证唯物主义不同，它强调静止不变的世界观，与形而上学相反的是，马克思主义哲学认为，物质是绝对运动和相对静止的统一，二者有着对立统一的关系。所谓运动，正如恩格斯所说："运动，就最一般的意义来说，就它被理解为存在的方式、被理解为物质的固有属性来说，它包括宇宙中发生的一切变化和过程。"① 这就是说，运动是标志一切事物、现象的一切变化的哲学范畴，这里既有向前、向上的变化—发展，也有向后、向下的变化—衰退。整个世界就是物质的运动或运动着的物质。

物质和运动不可分割表现在两方面：

（1）没有不运动的物质。一切形态的物质都依其固有的规律在永恒地运动着、发展着、变化着。从宇观星系到宏观物体到微观粒子都在不停地运动着。生物体内部不断地进行着新陈代谢、自我更新的运动，现存的上百万种物种是由少数单细胞生物发展而来的，在这一过程中有新物种的产生和旧物种的淘汰。人是由类人猿进化而来的，社会生活的发展、变化尤其显著。

（2）运动的载体是物质，它的承担者是宏观物体，再比如说人的思想，思想运动的载体就是人脑。

综上所述，物质和运动是相互联系相辅相成的，二者不可分割，在广大浩渺的宇宙中，虽然人类只是沧海一粟，但这也改变不了物质和运动的客观关系，既没有无物质的运动，也没有无运动的物质。物质是运动的承担者，物质是运动的载体，是运动的基础，离开了物质，运动就不复存在，谈论运动也就没有任何实质意义。没有物质的运动将导致唯心主义。大千世界是永不停息的运动变化发展着的，一旦离开了运动，物质也就不复存在，同时，物质往往是以运动的方式存在着的，无运动的物质将导致形而上学唯物主义。狭义相对论中著名的质量—速度关系已为许多实验所证实。从这个关系中可以了解到，物质的质量和运动之间有着必然的联系，物体的质量随其运动速度的变化而变化。这充分说明，物质与运动的不可分割的内在联系，已为现代自然科学所充分证明。

运动是物质的根本属性，运动既不能被创造也不能被消灭，它是永恒的，无条件的，因而是绝对的，但马克思主义哲学并不否认静止，认为事物也有相对静止的一面。

（二）静止是运动的特殊形式

1. 静止的内涵

所谓静止，就是指事物处于暂时平衡的状态，它是相对于显著变动的状态而言的，是运动的一种特殊状态，表现在：

（1）事物尚处于量变阶段，仍然保持着自身质的稳定性。也就是说，这个事物还是它原来的样子，它的基本性质没有发生变化，因此，呈现出相对静止的状态。例如，当资本

---

① 马克思恩格斯全集（第27卷）[C]. 北京：人民出版社，1972，第290页。

主义社会还没有爆发无产阶级革命，建立无产阶级专政之前，它还是处于资本主义社会。但是，这决不意味着它们没有发生任何变化，只是指它们没有发生根本性质的变化，处于量的变化过程罢了。

（2）某一物体和其他物体在空间上相对的位置没有发生变化，因而也呈现出相对静止的状态。例如，地面上的建筑物，对地面没有发生机械运动，它在空间位置没有移动，它对地面来说是静止的，没有发生变化。但是，地球不停地在自转并围绕太阳公转，因而地面上的建筑物，实际上也随着地球的自转和公转在不停地运动，并且还随着太阳系一起参加银河系的运动。同时，组成它的各种分子、原子和基本粒子也每时每刻都在不停地运动中。所以，一切静止总是相对静止。

2. 相对静止存在的意义

（1）相对静止是事物存在的前提和区别事物的基础。正因为事物存在相对静止的一面，事物才可能有确定的性质和形态，才可能存在和发展，人们也才可能将各种不同事物区别开来，事物才可能被认识和利用。在微观领域，有的基本粒子的寿命只有几万亿分之一秒，真可以说是瞬息万变，极为短促，但它毕竟在这几万亿分之一秒的短促时间里还有相对静止，它并没有衰变为其他粒子。这样，人们才能知道它的存在，才能认识它。所以，事物相对静止的可能性，暂时平衡的可能性，是物质分化的根本条件，因而也是生命的根本条件。如果只承认运动的绝对性，否认相对静止，那么，一切事物就都成为不可捉摸的东西，就会走向诡辩论和不可知论。

（2）事物由低级向高级的发展是一个必然过程，这个过程中相对静止是必不可少的条件。正由于事物有相对静止的一面，才可能为自己的存在和发展积累必要的条件，才能实现由一种形态向另一种形态的转化。任何事物的发展变化，都必须以量的积累为基础，如果没有表现为相对静止的量变做准备，质变就不能实现。

（3）无论是运动还是静止，他们都不是单独存在的，二者是相互依赖的，离开静止就不能谈运动，离开运动也不能谈静止，相对静止是测量运动的尺度。恩格斯说："从辩证的观点看来，运动表现于它的反面，即表现在静止中，运动应当从它的反面即从静止找到它的量度。"① 事物正因为有其相对静止的一面，才有尺度，测量运动才有可能。

（三）时间和空间是物质运动的存在形式

时间和空间是运动着的物质的存在形式。列宁指出："世界上除了运动着的物质，什

---

① 马克思恩格斯全集（第27卷）[C]．北京：人民出版社，1972，第295页。

么也没有，而运动着的物质只有在空间和时间之内才有运动。"① 物质的运动过程总是持续发展的，这个持续性具体表现在：一种事物存在以及一种运动过程进行的持久还是短暂；一种事物和另一事物、一种运动过程和另一种运动过程依次出现的先后顺序以及它们之间出现间隔的长短。时间具有一维性，这个特性指的是，事物的发展是一个经历了从过去到现在再到将来的运动过程，它具有不可逆转性。俗语说，世界上没有两片完全相同的树叶，同样，事物的发展过程也绝不会完全重复，正是由于这种性质决定了时间的不可逆性，也就是时间的一维性。

空间是运动着的物质的伸张性和广延性，它表示事物的规模、体积、形状、位置等特性。存在着的物质都有一定的体积，占有一定的位置，具有一定的形状，也就是占有一定的空间。现实空间是三维的。任何一个物体都有一定的长、宽、高，它同其他物体的位置关系只能是上下、左右、前后。广义相对论发现了时间和空间的相互联系，并称之为四维时空。

1. 时间和空间与物质运动的关系

时间和空间同物质运动是不可分割的。具体表现在：

（1）时间和空间的存在往往不是单独的孤立的，它的存在离不开物质运动的时间和空间，不是单独存在的，离开物质运动的时间和空间是不存在的。无论是时间还是空间，它们存在的现实基础就是物质运动。例如，在常见的时间单位中，我们比较熟悉的有年、月、日等，这些时间单位都是以物质在空间中的运动来测量的。如果离开了物质在空间中的运动，这些时间单位就显得非常抽象，缥缈不定，难以琢磨，因而也就无法度量。同样，空间也是以物质运动为实在基础，离开了物质运动，空间的概念就空洞无比，所以，空间需要时间来做辅助，它是以物质在时间中的运动来测量和认识的。

（2）物质运动的存在也离不开时间和空间，一旦没有了时间和空间，那么，物质运动将不复存在。具体说来，凡是物体的存在，必将涉及运动，这两种形态都要经历一定的时间和占有一定的空间。离开时间和空间的物质运动是不存在的。

2. 时间和空间的绝对性和相对性

（1）绝对性

时间和空间的绝对性就是指，时间和空间作为运动着的物质的存在形式，它们的客观实在性是不变的。无条件的，因而是绝对的。物质运动是客观的，同运动着的物质不可分离的时间、空间也必然是客观的，是不依赖于人们的意识而客观存在着的。唯物主义既然

---

① 列宁选集（第4卷）[C]. 北京：人民出版社，1995，第165页.

承认客观实在即运动着的物质不依赖于我们的意识而存在，也就必然要承认时间和空间的客观实在性。唯心主义否认物质的客观实在性，因而也否认时间、空间的客观实在性，把时间、空间看作依赖于意识的东西。唯心主义的代表人物在关于物质、时间、空间的联系上也有一定的论述。其中康德认为，时间、空间在头脑中是固有的，它是先天存在的，这种先天存在的功能或特性使人在感觉外界事物的过程中，赋予了事物空间性和时间性。另一位唯心主义代表人物马赫则断言，时间、空间是人的一种感觉，而这种感觉的作用就是像指向标一样指定方向。科学的不断发展证明了这些唯心主义的看法是违背科学的。自然科学证明，自然界在人类出现以前早已存在，并且是在时间、空间之中运动和发展的。

（2）相对性

物质形态影响着空间形态，物质形态的多种多样影响着空间。世界上没有两片相同的树叶，因此，每个具体的事物都有着各自特定的时间和空间，而时间和空间又会随着物质整体的变化发生改变。爱因斯坦创立的狭义相对论指出，当两物体发生相对运动时，对相对静止的观察者而言，物体的内部变化过程的时间持续性也会发生变化。

时间、空间的绝对性与相对性是统一的，二者不能割裂，否则将产生两种错误倾向：一种是形而上学唯物主义的不变时空观念。牛顿的"绝对时空"，就是这种倾向的代表。另一种是以时间、空间的相对性为借口，宣称时间是由人的心理决定的，空间是为了满足人们的方便才创造出来的。这种唯心主义的时空观念是错误的。

3. 时间和空间的无限性和有限性

物质运动是无限的，决定了时间、空间也是无限的。时间、空间的无限性是运动着的物质无限性的表现。时间的无限性是时间的一维性，是无限的，即物质世界在时间上无始无终，从物质世界运动过程的某一时刻出发。空间具有无限性，空间的三维性是无限的。从任何物体的任何一点出发，都不会达到尽头，即其大无限，其小也无限。

时间、空间是无限性和有限性的辩证统一。首先，无限包含着有限。无限的时间和空间包含着无穷的有限的时间和空间，离开一个有限的时间和空间，也就无所谓无限的时间空间了。其次，有限包含着无限，体现着无限。任何具体事物在时间和空间上都有自己的界限，然而由于事物运动转化的本性. 有限的界限又不断地被打破、被否定而趋向无限。有限是局部，是无限的必要环节，无限是全体，是有限的必然趋势。有限和无限既是相互区别的，又是相互贯通的。要真正把握时间、空间的无限性，必须运用辩证思维方法，在经验事实的基础上，从有限的时间、空间中发现和掌握时间、空间的无限性。时间、空间无限性原理是辩证唯物主义世界观的重要组成部分，对批判唯心主义、破除宗教迷信有重要意义。

三、世界的物质统一性

（一）世界物质统一性的证明

辩证唯物主义指出，世界是物质的，"世界的真正的统一性是在于它的物质性，而这种物质性不是魔术师的三两句话所能证明的，而是由哲学和自然科学的长期的和持续的发展来证明的。"① 马克思主义关于世界物质统一性的原理建立在科学和哲学的发展基础上。

现实世界是多样的，又是统一的，统一的基础是物质。简言之，物质世界是多样性的统一，世界的统一性在于它的物质性。这是彻底的科学的唯物主义一元论的物质观。

世界统一性所回答的是，世界的本原归根到底是一个还是多个的问题。在这一问题上，马克思主义唯物主义一元论同二元论是根本对立的。二元论主张世界有两个本源的哲学思想体系。二元论认为世界有两个本源，即物质的本源和精神的本源，各自独立，谁也不能决定谁，并且分别决定世界上一部分事物和现象。法国笛卡儿是著名的二元论哲学家，他否认世界的统一性，把物质和意识绝对对立起来。

二元论的观点是根本错误的，因为：

（1）二元论属于唯心主义观点，它将精神和物质完全分离，肯定精神不依赖于物质而独立存在。

（2）二元论承认物质是独立的本原，但在物质和精神的相互关系问题上，只认识到精神的能动作用，用神灵将解释了物质和精神之间的联系，并用神（上帝）把物质和精神两个独立"本原"结合起来。

所以坚持二元论的观点，否认世界的统一性，不仅在逻辑上自相矛盾，而是必然倒向唯心主义。因此，二元论的主张是错误的。

对世界统一性问题做出肯定回答的哲学称为一元论，它又可分为唯物主义的一元论和唯心主义的一元论。前者主张世界统一于物质，后者主张世界统一于精神。二元论认为世界没有一个统一基础，否认了世界的统一性，把物质和意识绝对对立起来，认为它们是两个相互并行的实体，相互平行地发展着，谁也不能决定谁，它们各是自己一类现象的本原。二元论不是一个哲学派别，它是企图调和唯物主义一元论和唯心主义一元论的过渡性理论，二元论最终往往倒向神学或唯心主义一元论。

总之，当代科学所提供的各种类型的经验材料和事实无不证明，世界的统一性在于它

① 马克思恩格斯选集（第3卷）[C].北京：人民出版社，1972，第83页.

的物质性，无不验证恩格斯早就提出的观点：我们所面对着的整个自然界形成一个体系，即各种物体相互联系的总体，而我们在这里所说的物体，是指所有的物质存在。马克思主义哲学关于世界物质统一性的原理，是对宇宙万物的一个总概括。而宇宙是无限广大又永恒发展的，因此对这个原理只能依靠科学和哲学的长期的持续的发展来证明，永远不会完结。过去科学和哲学提供的材料，已为这个原理进行了充分地证明。但是马克思主义哲学并没有结束真理，只是为认识真理开辟了道路。将来随着科学和哲学的发展，世界物质统一性原理会不断得到证明，并在证明中得到丰富和发展。

1. 世界的统一性在于它的物质性

马克思主义哲学在世界统一性问题上坚持唯物主义一元论。时间和空间是物质运动的存在形式，世界的物质统一性原理就指的是，世界是在时间的无限持续、空间的无限延伸中按照固有的规律运动着的物质世界，它是客观存在的、不以人们的意志为转移的统一的物质世界；世界上的事物、现象纷繁复杂，看似杂乱无章，但整个世界共同的基础就是物质，世界就是在物质的基础上统一起来的客观实在。世界的真正统一性在于它的物质性。在辩证唯物主义看来，世界的统一性原理和世界的物质性原理是不可分割的，这是因为，世界统一性所回答根本问题关乎世界的本源，它从科学的角度回答了世界的本原归根到底是一个还是多个的问题；而世界的物质性关乎世界的本质问题，它从科学的角度回答了世界的本原是什么、世界上纷繁复杂的事物和现象归根到底是在什么基础上统一起来的问题。只有把世界的统一性和世界的物质性结合起来，才是唯物主义一元论的回答。

尽管科学的发展不断地证明世界统一于物质这一基本原理，但是，各门具体科学的证明仍然是局部的、有限的，不能代替哲学的概括和论证。辩证唯物主义以科学发展提供的大量事实为依据，吸取哲学史上的经验教训，从哲学的高度进一步论证了世界的物质统一性。

现代科学发展成果证明，人们已经认识的宏观宇宙天体和微观粒子，无一不是物质的存在。精神、意识虽是非物质的，但它们的本质和根源也是要归于物质的，马克思主义的方法以科学事实为依据，但又不局限于科学事实。宇宙是无限的，科学是渺小的，因此，科学的发展，只是对无限宇宙的某个局部、对物质运动的某一特定领域的探讨和证明。对于整个物质世界来说，科学的作用是渺小的，只具有部分的、特殊的意义，所以有了科学事实作为铺垫，并运用辩证思维进行抽象和概括，把无限和有限、部分与整体、特殊和普通、暂时和永久辩证地结合和统一起来，才能对世界的统一性做出论证。马克思主义哲学科学地界定了哲学上的物质概念并分析了物质的各种特性，为论证世界的物质统一性奠定了基础。它说明了意识是人脑的特有机能，是对客观世界的反映，驳斥了形形色色的唯心主义的观点，并分析社会生活的客观实在性，坚持社会存在决定社会意识，深刻地揭示了历史唯心论的社会根源、阶级根源和认识论根源。

2. 世界是多样性的统一

世界的物质统一性是多样性的统一。它包括两重含义：一方面，物质世界中各种事物和现象的本质都是物质，是物质或简单或复杂的不同的表现形式，因而物质世界是多样的；另一方面，物质世界的多样性又有其统一性。这也就是说，多样性也是物质世界的多样性，统一性也是物质世界的统一性，物质世界是多样性和统一性的结合，即物质世界是多样性的统一。

世界的物质统一性原理既然是人类对整个世界的如实反映，是人类实践经验和具体科学发展的总结，那么，它的正确性、真理性就必须用一切具体科学的发展来证明。科学发展提供的系统的事实，特别是天体演化、物质结构的理论以及能量守恒和转化定律等，这些理论无论是从广度还是从深度上，都不断证明着世界的统一性在于物质性，即客观实在性的伟大真理。

（二）客观规律性与主观能动性

为了加深对世界物质统一性原理的理解，还需要正确认识和处理客观规律性与主观能动性的关系。规律是客观存在的，它是事物和现象之间内在的、本质的、必然的联系，它与本质、必然性是同等程度的概念。科学的任务就在于发现物质运动的规律性，依照规律去进一步认识世界上的各种变化并提供改造世界的方法，而自然规律早已为自然科学所揭示，并毫不怀疑它的客观性存在。同样，社会规律也是客观的，不过社会的规律发生作用的特点却不同于自然规律。自然规律是通过盲目力量相互作用而实现的。而社会规律则是通过有意识的人的活动来实现的。为了掌握事物的客观规律，必须理解规律的特点。

1. 客观规律的特点

（1）规律具有客观性

一切规律，无论是自然的还是社会的，都是客观事物发展过程本身所固有的，它的存在和作用不以人的主观意志为转移，不因人的好恶而改变。这就是说，在规律面前，不管人们是否认识它、是否发现它，规律总是客观地存在着并发生着作用；也不管人们是否喜欢它、是否承认它，它也照样存在并发生作用。人们既不能创造规律，也不能消灭规律。因为规律是客观事物本身所固有的，因此，规律的改变只能随着客观事物本身，随着客观条件的改变而改变。正是从这个意义上，我们说，在规律面前，人们可以认识它、利用它，但不能违背它，否则就会遭到挫折和失败。

规律的客观性，并不是说所有规律都可以脱离人和人的活动而存在，自然规律可以离开人的活动而存在，而社会规律却不行，因为社会本身就是由人和人的活动所形成的，但由人的活动所形成的社会规律，同样是不以人的意志为转移的。

（2）规律具有稳定性和重复性

规律是变动不安的现象中同一的东西，是相对稳定的联系。作为事物本质的联系，是通过现象来表现的，现象是生动丰富、变化无穷的，而规律作为事物运动发展的基本秩序和必然趋势，其本身则是相对稳定的。正因为如此，人们才能根据规律来推断和预测，根据规律性的认识来指导自己的实践。它的稳定性还表现在其重复性上，具体而言，规律的重复性，是说只要具备一定的相同条件，同一规律就会重复出现。正是由于规律的重复性，才构成了规律的可重复观察的基础，在科学研究中，如果某个研究者的成果（发现了规律）不能被其他同行在同样的实验中所观察到，这个成果就无法得到承认，他所说的规律也就不成其为规律。

（3）规律具有普遍性

规律是事物和现象之间的普遍联系，事物的本质所反映的必然联系不是个别事物特有的，而是同一类事物和现象共同拥有的。也就是说，规律反映的是一类事物的普遍本质和确定的发展趋势，因此在相同的事物和类似的条件下，规律是普遍起作用的。任何规律都有自己的适用范围、适用层次和约束条件，在这个范围内它是普遍适用的，超出这个范围就不起作用了。这不是对规律普遍性的否定，而是对普遍性的一种限定。

（4）规律具有必然性

任何一个事物和现象都包含复杂的联系，其中有必然的和偶然的，但并非任何联系都是规律，它必须由事物的本质决定，体现事物间的本质的、必然的、内在的联系。

规律具有客观性、普遍性、重复性和稳定性以及必然性。其中，最重要的特性是客观性，普遍性、重复性和稳定性归根到底是客观性的体现。承认规律的客观性，就是承认事物的"自己运动"，这里有决定论和非决定论两种观点，决定论认为决定客观事物存在和发展的是它本身固有的规律。非决定论否认事物运动的规律。在如何对待规律的问题上，我们一定要坚持辩证唯物主义的决定论，反对非决定论和机械决定论。

2. 主观能动性

主观能动性又叫"自觉的能动性"，是人们在认识世界和改造世界中有目的、有计划、积极主动的活动和能力，是人们基于实践，能动地发挥主观对客观的作用，主观能动性是人类所特有的，是人区别于其他动物的本质特点。机械唯物主义不了解人的主观能动作用，把主观意识看作是客观世界的消极的、直观的反映。唯心主义夸大意识的能动作用，认为主观意识可以创造一切。两者各执一端，都是错误的。辩证唯物主义科学地说明了主观和客观的关系，既重视发挥人的主观能动性，又强调尊重客观规律，要求人们在客观条件许可的范围内充分发挥主观能动性，反对违背客观规律、不从实际出发的蛮干。主观能动性与客观规律两者之间具有密切的联系的关系。

3. 客观规律性和主观能动性的关系

主观能动性和客观规律性的关系主要表现在以下两个方面：

（1）一定要尊重客观规律

实践和规律的特点要求我们必须尊重客观规律，因为，规律是客观的，它既不能被创造，也不能被消灭，而只能在实践中去认识、把握并充分利用规律。而实践也是客观的，其目的是变"自在之物"为"为我之物"，那么，如何才能完成我们预期的目的？首要的就是要正确地认识规律，即要想充分发挥人的主观能动性，就必须尊重客观规律，按客观规律办事，一旦违背了客观规律，必然会受到客观规律的惩罚，从而达不到预期的目标。尊重客观规律和发挥人的主观能动性是辩证的统一。尊重客观规律是发挥人的主观能动性的前提，因为客观规律决定了意识能动作用发挥的限度及其结果的成败。而人的能动性则要受客观规律、客观条件的制约。主观能动性发挥的程度如何，归根到底取决于人们对客观规律掌握和尊重的程度。如果片面强调主观能动性，而忽视客观规律性，凭主观臆想去蛮干，在思想上就陷入了唯心主义，在实践上就会受到客观规律的惩罚。当人们认识了并按客观规律办事，就能在实践中取得主动权，获得成功。人们对规律的认识越深刻、越正确，就越能有效地发挥主观能动性。

（2）充分发挥人的主观能动性是认识和利用客观规律的必要条件

尊重客观规律是发挥主观能动性的前提，客观规律不以人的意志为转移，人们要认识世界，必须使自己的思想和行动符合客观规律，否则就会受到客观规律的惩罚；而要认识和掌握客观规律，又必须充分发挥人的主观能动性。主观能动性与客观规律性是既对立又统一的，其统一的基础是人类的实践活动，在实践活动中，主观能动性与客观规律性得以相互转化，因而也得以统一。

坚持尊重客观规律性和发挥人的主观能动性相结合的原理，我们既要反对以尊重客观规律为名，否认人的主观能动性而消极等待、无能为力的机械唯物主义观点，又要反对以强调人的主观能动性为名，违背客观规律而夸大精神作用的主观蛮干的唯心主义和唯意志论。

四、解放思想与实事求是

世界是物质的世界，人们要改造它，就必须正确的认识世界。而要正确地认识世界，就必须解放思想，实事求是，在实践基础上实现主观与客观的其体的历史的统一。在现实生活中要做到实事求是，就必须解放思想。所谓解放思想，是指在正确思想的指导下，冲破落后的传统观念的束缚，勇于探索进取的精神状态。解放思想、实事求是是建设有中国特色社会主义理论的精髓，也是我们的事业永葆蓬勃生机的法宝。这些年来，我们的每一点发展进步都与解放思想息息相关，要使我们的各项事业有新的发展和突破，进一步贯彻党的思想路线显得尤为重要和迫切。具体而言，坚持一切从实际出发，实事求是，是马克思主义哲学关于认识世界和改造世界的基本原则，是世界统一于物质这一哲学原理在实践中的具体运用。解放思想和实事求是有着密切的关系，二者紧密相连不可分割。解放思想是实事求是的内在要求和基本前提。坚持实事求是之所以要解放思想，是因为"实事"，与"是"都是在实践过程中历史地变化着的，随着实践能力水平的提高，会有许多自在的事物进入人的活动范围成为认识对象；原来对事物认识的层次会被突破，需要把握事物更深层次的本质；实践的改造使事物的状态、形式发生改变，需要我们再认识自己。解放思想和实事求是的关系表现在：

第一，解放思想是坚持实事求是的前提，只有解放思想才能切实做到实事求是。如果一个人的思想僵化，受到条条框框、传统观念、世俗偏见的束缚，在实践中必然是因循守旧、不敢闯、不敢干，就不可能做到实事求是，就不可能真正客观、全面、准确地把握事实。解放思想，就要求在马克思主义指导下，打破惯有的思想以及主观偏见的束缚，研究新情况，解决新问题，紧跟时代的变化，适应时势的转换。

第二，实事求是是解放思想的基础和目的，也只有实事求是才能真正解放思想。这就是说，解放思想与客观实际紧密相连，它并不是脱离实际的胡思乱想，不是异想天开、盲目瞎干，不是否定一切，也不是不受实践的检验；一旦违背一切从实际出发的原则，不遵循实事求是，不从眼前的以及既定的历史条件出发，去认识事物的特征及其内在的发展规律，忽略其对人民群众的价值，就会对时刻处在运动变化中的大千世界难以做到正确认识，很容易产生个人主观偏见，从而使主观活动脱离实际而不适时宜。所以解放思想的最终目的就是为了做到一切从实际出发，实事求是。

第三，解放思想、实事求是和与时俱进这三者之间不可分离，他们之间也有密切的关系。解放思想、实事求是是与时俱进的前提和基础，与时俱进则是解放思想、实事求是的根本要求和具体体现。三者是紧密相连的，要做到解放思想、实事求是就要与时俱进，紧跟时代的步伐，才能在变化发展的时代背景下，使思想不再陈旧和落伍。解放思想、实事求是和与时俱进是统一的关系，在社会主义现代化的进程中时刻体现着三者的紧密联系。三者共同统一在体现时代性、把握规律性、富于创造性的理论和实践之中。

五、世界物质统一性原理的重要意义

（一）理论意义

在马克思主义哲学出现之前，也有唯心主义唯物主义等其他哲学，但由于主客观条件的限制，他们都存在着片面性和不完整性，马克思主义哲学在前人的基础上，更加系统完整，更加科学。在这个完整的科学的理论体系中，世界物质统一性原理占有重要地位。因此，学习和掌握世界物质统一性原理，是学好马克思主义哲学的重要环节，也是同唯心主义和形而上学进行斗争的理论武器。因为：其一，世界物质统一性原理是马克思主义哲学一切原理的根本出发点和立脚点，是建立整个马克思主义哲学的科学理论体系的起点、前提和根据。其二，它克服了旧唯物主义的根本缺陷，与旧唯物主义一元论划清了原则界限。

社会主义之所以由空想变成科学，由理论变为现实，它的哲学基础就在于唯物史观的发现，它克服了空想社会主义的根本缺陷，找到了社会主义的物质基础，揭示了社会主义的客观规律，发现并依靠实现社会主义的可靠物质力量，使社会主义理论和实践建立在辩证唯物主义的基石之上。可见，整个马克思主义是以世界物质统一性原理为其理论基础的。

世界物质统一性原理是我们党的实事求是思想路线的理论基础，一切从实际出发，实事求是，这是世界物质统一性原理的根本要求。主要表现在：

第一，世界物质统一性原理包含着物质第一性和意识第二性的基本原则，强调物质不依赖于意识而独立存在。这就要求我们在认识世界和改造世界的过程中，不能仅从主观愿望出发，从"本本"出发，而只能从客观存在的实际情况出发。要如实地反映客观实际情况，努力使自己的思想与客观实际相一致，使主观与客观相统一。可见，党的思想路线要求的"一切从实际出发"正是以世界物质统一性原理为哲学依据的。

第二，世界物质统一性原理认为事物总是处在不停地运动和发展变化之中，这就要求我们坚持用发展的观点对待任何事物，要使自己的思想跟上变化了的客观实际，思想僵化就不可能达到主客观的统一。党的思想路线要求的实事求是是与解放思想相结合的，只有解放思想才能真正做到实事求是，同时，只有坚持实事求是才是真正的解放思想。

第三，辩证唯物主义关于世界的物质统一性原理，是我党的思想路线的哲学基础，是中国特色社会主义的指导思想。在社会主义的运行模式上，没有一成不变的固定模式。建设中国特色社会主义就是邓小平在改革开放过程中，以马克思主义为指导，坚持辩证唯物主义一元论原则，从中国的国情出发，按照中国社会主义建设发展的客观规律走出的具有时代特征和中国特色的现代化道路。

第四，辩证唯物主义关于世界的物质统一性原理，要求我们正确运用统一性与多样性相结合方法。物质世界是多样性的统一，要求我们在实际工作和社会实践中，既要坚持基本原则，又要根据物质世界的多样性做到处理事情时方法方式灵活多样。

（二）实践意义

1. 它是从事一切工作的出发点

坚持世界物质统一性原理，是在实际工作中，具体而又正确地执行从实际出发，实事求是原则的重要保证。既然世界物质统一性原理揭示，物质世界是包含差别的无限多样性的统一体，那么，我们在实际工作中就必须既要坚持基本原则的集中和统一，又要做到方式、方法上灵活多样，避免简单化、"一刀切"，强调统一性而忽视多样性，强求"一律化"而照抄、照转、照搬，是不能做好工作的；反之，强调多样性而忽视统一性，或放弃基本原则，各自为政，各行其是，势必妨碍我们的全盘工作和长远的整体利益，因此，必须把多样性和统一性有机地结合起来。

世界物质统一性原理是我们从事实际工作的科学世界观和方法论。既然世界的统一性是多样性的统一，那么，我们既要坚持基本原则上的集中统一，又要在方法方式上灵活多样，做到具体问题具体分析。

（1）对研究自然科学的指导意义

从实际出发，实事求是，在自然科学的研究中就要努力按照客观事物的本来面目认识事物，如实地揭示事物内在的客观规律。按照西方实证主义的一些学者的看法，自然科学是客观的、"价值中立的"，科学所揭示的就是自然界的客观规律。但是，西方历史主义的一些学者却指出，事实上，自然科学从确立研究对象到设计实验再到建立理论体系等，无不涉及人的主观意识，内含着人的价值判断，自然科学与其他科学（如社会科学、人文科学）一样打上了人的烙印，需要不断地对其检验与修正。因此，我们必须看到自然科学本身的这一特点，在研究过程中自觉地发挥主观能动性，使主观反映的规律逼近自然界的客观规律，促使自然科学不断地进步。

（2）对研究社会科学的指导意义

从实际出发，实事求是，在人文社会科学研究中就要根据学科对象的性质和特点，努力把握内在的规律性。人的意识具有随意性、偶然性、模糊性、多样性和封闭性等特性；社会现象具有随机性、非线性、非重复性等特点；社会交往过程具有多重主体性等特征。这一切，标志着人文社会科学研究领域内的错综复杂性。面对人类社会纷繁复杂的事物和现象，我们只有坚持实事求是的原则，透过现象看本质，才能揭示人文活动和社会活动的基本规律，才有可能在百家争鸣、百花齐放的基础上，把握真相，求得真理，使之繁荣与发展。

2. 它是制定思想路线的哲学基础

一切从实际出发、实事求是，是马克思列宁主义、毛泽东思想的根本点和活的灵魂，是经过中国共产党几代领导集体领导中国人民建立和建设社会主义新中国的经验总结，是已经被实践证明了的正确的思想路线，是马克思主义哲学基本原理同中国革命和实践相结合所形成的必然结论。国际共产主义运动和我们党的历史经验都表明，坚持一切从实际出发，实事求是，理论联系实际的思想路线，是社会主义革命和建设事业取得胜利的根本保证。当前，我们正处在社会主义改革和社会主义现代化建设的伟大实践之中，面临着许多新情况、新问题，需要我们在实践中依据实事求是的原则，不断总结经验、摸索前进，不断开辟认识客观规律的道路，使自己的思想跟上时代前进的步伐。一切从实际出发、实事求是，就是想问题、办事情首先要从客观存在的实际情况出发，深入事物内部，从而把握事物本身所固有的属性及其规律性，并在总结经验教训的基础上，结合实际制定出正确的路线、方针、政策和方法。

从实际出发，实事求是，在建设有中国特色的社会主义进程中，吸取过去的经验教训，始终坚持马克思主义基本原理同中国改革与建设具体实际相结合，坚持正确理论的指导，坚定不移地走自己的路。坚决反对主观主义、教条主义、本本主义、蒙昧主义、主观意志，自觉地按照客观事物的规律办事。只有这样，才能把中国的物质文明建设、精神文明建设和政治文明建设搞上去，在全面建设和谐社会的道路上迈出重要的步伐；才能克服各种艰难险阻，不断把改革开放和社会主义现代化事业推向前进；才能使中华民族真正立于世界强国之林，不断推动建立公正合理的国际政治、经济和文化的新秩序。

第二节　马克思主义辩证法

一、唯物辩证法的理论特征

物质世界的存在状态到底是怎样的？在这个问题上，辩证法与形而上学是根本对立的。

第一，唯物辩证法坚持物质世界普遍联系的观点。唯物辩证法认为，物质世界是普遍联系的整体。世界上的一切事物都不是孤立存在的，而是相互联系、相互制约的。每一事物都是世界统一联系之网上的一个部分、成分或环节。任何事物如果离开了与其他事物的联系，离开了它赖以产生和存在的条件，它就什么也不是，就成为不可理解的东西；世界不是孤立事物的机械堆砌，而是无数事物普遍联系的系统。联系既是客观普遍的，又是复杂多样的。从本质上说，联系就是事物的关系，是指一切事物和事物之间、现象和现象之间以及事物内部诸要素之间的相互影响、相互作用、相互制约和相互转化。坚持联系的客观普遍性和复杂多样性的统一，就是在联系问题上坚持了唯物论和辩证法的统一。在实际工作中，就要努力做到在一般原理指导下，具体问题具体分析；既要有全局观念，又要防止"一刀切"和简单化。

第二，唯物辩证法坚持物质世界永恒发展的观点。辩证法认为，事物的普遍联系是同事物的运动、变化、发展不可分割地结合着的。事物的相互联系、相互作用构成了运动、变化和发展。世界上任何事物都是变化发展的，不仅有数量和位置的变化，而且有性质的变化。任何具体事物都有发生、发展和灭亡的过程，而事物变化的总趋势是由简单到复杂、由低级到高级的发展。发展是前进上升的运动和变化。发展是新事物的产生和旧事物的灭亡。发展表现为一个过程，世界是过程的集合体。事物的普遍联系、存在和发展是有条件的。唯物辩证法认为，一切依条件、时间和地点为转移，时间和地点也是条件，是事物存在和发展的时间条件和空间条件。在实际工作中，我们要充分利用有利条件，改变不利条件，创造实现一定目的所必需的条件，从而实现我们的目标。

普遍联系和永恒发展就是物质世界的存在状态，唯物辩证法就是这种存在状态的理论反映。唯物辩证法是关于事物普遍联系和永恒发展的科学。联系的观点和发展的观点是唯物辩证法的基本观点和总特征。

从 19 世纪中叶以来的一个半世纪里，客观世界的普遍联系和永恒发展的观点已越来越为实践和科学的发展所证实。特别是 20 世纪以来出现的相对论、量子力学、系统论、信息论、控制论、耗散结构理论、协同论等，深刻地证实了这一点。现代科学离开了联系和发展的观点将寸步难行。不仅自然界的各种事物，而且人类社会生活的各个方面，从经济、政治到思想、文化，无不处在普遍联系和永恒发展之中。

唯物辩证法是客观辩证法与主观辩证法的有机统一。客观辩证法是客观世界本身固有的联系，它在人类出现以前就存在着，在人类出现以后也在人的意识之外独立地存在着，并不因为人们对它的认识与否、承认与否而改变。主观辩证法则是思维的辩证法，它当然离不开人的意识，但它并不是意识随便创造出来的，而是客观辩证法在人的思维中的反映。唯物辩证法就是客观辩证法和主观辩证法的统一。所以，在运用唯物辩证法时，我们始终不能脱离和忘记客观世界本身固有的联系和辩证发展过程。如果主观随意地运用辩证法，牵强附会地给事物附加臆想的联系，必然把辩证法变成诡辩论和变戏法。

中国传统哲学中含有丰富的辩证法思想。它从"阴阳变化"来把握世界的普遍联系和发展，把世界看作是一个有机的系统和整体，提出了客观世界"阴阳互补，相依相待""五行变化，相生相克""三材（天、地、人）共建，万物一体"等普遍联系的思想，提出了万事万物"变动不居，生生不已""动静互涵，变常不二""积渐成著，以著显微""物极必反，革故鼎新"等发展变化的思想，还提出了"物生有两，相反相成""一分为二，合二而一""和而不同，执两用中"的矛盾观。这些思想凝结着中国先哲们在洞察天人过程中表现出来的自强不息、进步日新的精神、处理各种复杂矛盾问题的智慧，虽然它们还缺乏系统的、科学的论证，但经过唯物辩证法的诠释之后，在现代仍然具有重要的思想价值和实践意义。

二、唯物辩证法的基本规律

（一）对立统一规律

对立统一规律是辩证法的实质和核心，它揭示了事物发展的源泉、动力和实质内容。

对立统一规律又称矛盾规律。作为唯物辩证法的核心范畴，矛盾反映事物内部或事物之间的对立和统一及其关系。要理解和把握矛盾范畴，就要区分辩证矛盾与逻辑矛盾。

逻辑矛盾是指思维中前后不一致，自相冲突，它是人的思维违反逻辑规则造成的，是应当从思维中加以排除的。而辩证矛盾是指对立统一关系，它是客观事物本身所固有的，是无法排除的。承认辩证矛盾与允许逻辑矛盾是完全不同的。任何科学的认识都要求排除逻辑矛盾，而任何科学的认识又都是研究对象本身所固有的辩证矛盾，所谓认识事物实际上也就是认识事物本身的辩证矛盾。承认辩证矛盾是辩证法的前提和出发点，允许逻辑矛盾则是诡辩论的特征，二者是截然对立的。

对立与统一是矛盾的两种基本属性。矛盾即对立和统一。矛盾的对立属性又称斗争性，矛盾的统一属性又称同一性，二者是矛盾所固有的两种相反而又相成的基本属性。

矛盾的同一性是指矛盾双方的相互依存、相互吸引、相互贯通的一种联系和趋势，包括两方面的含义：一是矛盾着的对立面的相互依赖性，即矛盾的一方必须以另一方的存在作为自己存在和发展的条件；二是矛盾着的对立面的相互贯通性，即矛盾双方的相互渗透和相互包含，你中有我，我中有你。矛盾的相互贯通又表现为矛盾双方之间存在着由此达彼的桥梁，存在着相互转化的趋势。这种包含着向自己对立面转化的相互贯通性，深刻地表现了对立面之间的内在的统一性。

矛盾的斗争性是指矛盾双方相互排斥的属性，体现着双方相互分离的倾向和趋势。矛盾的斗争性是一个具有广泛含义的哲学范畴。敌对阶级之间的阶级斗争，生物之间弱肉强食的生存竞争，机械运动中吸引与排斥，化学运动中分解与化合，乃至人民内部不同意见的争论，都属于矛盾斗争性的不同形式。应当注意，不能把作为哲学范畴的斗争与作为政治生活用语的斗争混为一谈。

同一性与斗争性是矛盾的两种基本属性。这两种属性本身也是对立统一的。

首先，同一性与斗争性是矛盾的两种相反的基本属性，二者在矛盾运动中所处的地位是不同的。矛盾的同一性是相对的，矛盾的斗争性是绝对的。矛盾同一性的相对性是指它的有条件性。只有当特定条件具备时，矛盾双方才具有同一性，才能共处于一个统一体中；当这种特定条件消失时，矛盾双方就失去同一性，就不能共处于一个统一体中。矛盾斗争的绝对性是指它的无条件性。矛盾的斗争性既受特定条件所限制，又能够打破这种限制，创造事物发展所必需的新条件。矛盾的斗争性是在任何条件下都要贯彻下去的趋势。

其次，矛盾的同一性与斗争性又是相互联系、不可分离的。一方面，同一性不能脱离斗争性而存在，同一是包含差别和对立的具体的同一，而不是绝对的自身等同；另一方面，矛盾的斗争性也不能脱离同一性而存在，斗争性也总是和同一性相连结，为同一性所制约，斗争总是统一体内部的斗争。同一是对立中的同一，斗争是同一中的斗争。

矛盾范畴不仅反映了事物内部对立统一的本质联系，而且揭示了事物发展的机制。事物的内部矛盾是事物发展的源泉、动力。事物的发展正是矛盾的同一性与斗争性共同起作用的结果。

矛盾的同一性在事物发展中的作用主要表现在，第一，矛盾双方相互依存，一方的存在以另一方的存在为条件，这是任何事物得以存在的前提。同样，对立一方的发展也以另

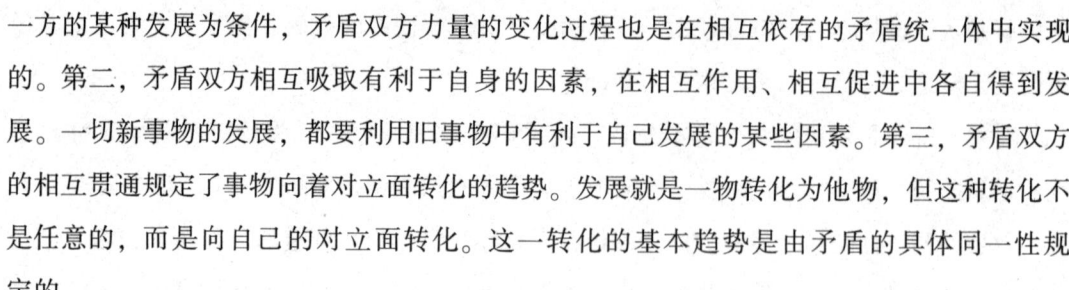

一方的某种发展为条件，矛盾双方力量的变化过程也是在相互依存的矛盾统一体中实现的。第二，矛盾双方相互吸取有利于自身的因素，在相互作用、相互促进中各自得到发展。一切新事物的发展，都要利用旧事物中有利于自己发展的某些因素。第三，矛盾双方的相互贯通规定了事物向着对立面转化的趋势。发展就是一物转化为他物，但这种转化不是任意的，而是向自己的对立面转化。这一转化的基本趋势是由矛盾的具体同一性规定的。

矛盾的斗争性在事物发展中的作用表现在：在事物量变过程中，斗争性推动矛盾双方力量的变化，造成双方力量的不平衡性，从而使矛盾得以展开；在事物质变过程中，具体地说，当矛盾双方力量的消长达到某一限度时，矛盾的斗争性就会使矛盾双方突破这个限度，从而使旧的矛盾统一体分解，新的矛盾统一体产生，一事物变成他事物。

唯物辩证法的矛盾论是与其内因与外因理论结合在一起的。换而言之，要理解事物自我运动和自我发展，就要把握事物的内部矛盾与外部矛盾的关系。就整个世界而言，一切矛盾都是世界的内部矛盾，世界本身就是它自己运动的原因。但就某一具体事物的发展过程来看，又有内部矛盾与外部矛盾的区别。某一事物自身所包含的诸要素之间的对立统一是内部矛盾，即内因；这一事物同其他事物的对立统一是外部矛盾，即外因。内因是事物发展的根据；外因是事物发展的条件，外因必须通过内因才能起作用。这是内因与外因的辩证法。

矛盾是普遍存在的，差异本身就是矛盾。矛盾、对立、对抗、转化，就是表达矛盾不同发展程度的概念。矛盾存在于一切事物之中，存在于每一事物发展过程的始终。简言之，矛盾无处不在，无时不有。这就是矛盾的普遍性。矛盾是普遍存在的，但不同的矛盾又各有其特殊性。矛盾的特殊性是指矛盾的性质、地位以及解决矛盾的具体形式各有其特点。

第一，矛盾性质的特殊性。每一不同的事物、不同的运动形式都包含着自身的特殊矛盾，从而构成使自己与其他事物、一种运动形式与其他运动形式区别开来的特殊本质。世界上事物之所以千差万别，就是由于它们所包含的矛盾各有其特殊性。同时，同一事物在其发展的不同过程和阶段上的矛盾，也各有其特殊性。

第二，矛盾地位和矛盾方面的特殊性。在复杂的矛盾群体中，有一种居于支配地位、对事物的发展起着决定作用的矛盾，这就是主要矛盾；其他处于从属地位、对事物发展不起决定作用的矛盾是次要矛盾。不论是主要矛盾还是非主要矛盾，矛盾双方的力量也往往是不平衡的，其中一方处于支配的地位，起着主导的作用，而另一方则处于被支配的地位。前者是矛盾的主要方面，后者是矛盾的次要方面。事物的性质是由取得支配地位的矛盾的主要方面决定的。无论是主要矛盾与次要矛盾，还是矛盾的主要方面与次要方面，二者的关系都是辩证的，矛盾双方相互制约、相互作用，在一定条件下，矛盾双方的地位会发生转化。主要矛盾和次要矛盾、矛盾的主要方面和次要方面的辩证关系的原理，要求我们在实际工作中坚持"两点论"和"重点论"的统一。

第三，矛盾解决形式的特殊性。由于矛盾的性质、地位以及条件的复杂性，矛盾解决的形式也是多种多样的。一般来说，矛盾解决的形式有三种：矛盾的一方克服另一方；矛盾双方同归于尽；矛盾双方融合成一个新事物。

矛盾的普遍性和特殊性的关系就是矛盾的共性和个性的关系，二者相互连结、相互制约。要深入理解辩证法规律，就必须把握矛盾的共性和个性的辩证关系。毛泽东指出："这一共性个性、绝对相对的道理，是关于事物矛盾的问题的精髓，不懂得它，就等于抛弃了辩证法。"① 从而也就无法理解和把握建设中国特色社会主义的哲学依据。

从辩证法体系看，矛盾规律即对立统一规律是辩证法的实质和核心。这是因为，第一，对立统一规律揭示了普遍联系的根本内容和变化发展的内在动力。事物普遍联系的根本内容就是矛盾双方既对立又统一的联系；事物发展的动力、源泉就在于事物内部矛盾双方的对立统一。第二，对立统一规律是贯穿辩证法其他规律和范畴的中心线索。对立统一规律揭示了联系和发展的本质，当然也贯穿辩证法的其他规律和范畴，从而把一系列规律和范畴内在地联结成一个有机整体。第三，矛盾分析法是根本的认识方法，认识事物归根到底就是认识矛盾。"这个辩证法的宇宙观，主要地就是教导人们要善于去观察和分析各种事物的矛盾的运动，并根据这种分析，指出解决矛盾的方法。"② 第四，是否承认对立统一规律，是唯物辩证法和形而上学两种世界观对立和斗争的焦点。

（二）质量互变规律

质量互变规律揭示出任何事物都具有质的规定性和量的规定性，都表现为质与量的统一；量变与质变是事物运动的两种基本状态，一切事物的变化都表现为由量变到质变和由质变到量变的质量互变过程。

质是一事物成为它自身并区别于他事物的所固有的规定性。世界上的事物之所以千差万别，就是因为每个事物各有自己特定的质。质和事物的存在是直接同一的：事物总是具有一定质的事物，不具有一定质的事物是根本不存在的；质又总是一定事物的质，脱离一定事物的质也是根本不存在的。质是事物的内在规定性，属性是质的外在表现。事物的属

---

① 毛泽东选集（第1卷）[C]. 北京：人民出版社，1991，第320页.
② 毛泽东选集（第1卷）[C]. 北京：人民出版社，1991，第304页.

性就是一事物与他事物在相互联系中表现出来的质。人们正是通过认识事物的属性去认识事物的质。

量是事物的规模、程度、速度以及构成事物的成分在空间上的排列组合等可以用数量表示的规定性。与质不同，量与事物的存在并不直接同一。在一定范围内，数量的增减并不影响某物之为某物。任何事物都同时具有质和量，都是质和量的统一体。在科学研究中，确定事物及其运动状态的性质，是定性研究；对事物进行数量分析，是定量研究。定性是定量的基础，定量是定性的深化和精确化。

质和量的统一体现在"度"这一范畴中。度，就是事物保持自己质的量的限度、幅度、范围，是和事物的质相统一的限量。任何度的两端都存在着极限或界限，这就是关节点或临界点。度就是关节点范围内的幅度。在这个范围内，事物的质保持不变；超出这个范围，事物的质就发生变化。例如，在一个标准大气压下，液态水的度就是0℃~100℃。如果温度的变化突破度的两个关节点（0℃或100℃），水就变成冰或水蒸气了。只有掌握了事物的度，才能准确地把握事物，从而为我们的实践活动提供准则。在社会实践中要善于掌握"适度"原则，防止"过"或"不及"。

量变和质变是事物变化的两种形式或两种状态。量变是事物数量的增减和场所的变更，是不显著的变化，是在度的范围内的延续和渐进。日常见到的统一、相持、平衡、静止等，都是事物在量变过程中呈现的面貌。质变是事物由一种质态向另一种质态的飞跃，是根本性的、显著的变化，是对原有度的突破，是事物连续和渐进的中断。统一物的分解、相持、平衡、静止等的破坏，都是事物处在质变过程中呈现的面貌。事物的变化是否超出度的范围，是区分量变与质变的根本标志。

其一，量变是质变的前提和必要准备，没有量变，就没有质变。质变本身虽然带有突然性，但它是以量的变化为基础的。同时，量变规定质变的方向。在事物酝酿质变的过程中往往存在两种相反的量，事物质变不仅取决于量的绝对值的增减，而且取决于双方力量对比的变化。这种变化不仅是质变的基础，而且决定着质变的方向。

其二，质变是量变的必然结果。这就是说，单纯的量变不会永远持续下去，量变达到一定程度，必然会突破事物的度，引起事物的质变。质变体现和巩固量变的成果，并为新的量变开辟道路。事物的变化总是先从量变开始，量变达到临界点超出了度，就导致质变，这是由量变到质变的过程。质变又引起新的量变，这是由质变到量变的过程。事物的发展就是这样由量变到质变，又由质变到新的量变的循环往复、不断发展的演进过程。

其三，在总的量变过程中包含着部分质变，质变过程中具有量的扩张。总的量变过程中的部分质变，有阶段性部分质变和局部性部分质变两种情形。所谓阶段性部分质变，是指事物的根本性质未变而较次要的性质发生了变化，使事物的发展呈现出阶段性。例如，封建主义生产关系被资本主义生产关系所取代之前的总的量变过程中，由劳役地租到实物地租再到货币地租的转化，就是同一性质的生产关系所表现出来的阶段性的部分质变。局部性部分质变，是指事物全局的性质未变而其中个别部分发生了性质的变化。一方面，总的量变过程中的部分质变不同于单纯的量变，因为事物的某些属性和局部发生了质的变化；它也不同于根本质变，因为事物的根本性质和全局未变，没有由一种质转变为另一种质。另一方面，质变过程中具有量的特征。质变发生于不同事物之间的临界点上，但这个"点"并不是几何学上的那种没有大小量变的"点"，而是一个从引起质变到完成质变的有具体量值的现实过程。从时间的持续性上看，过程的持续有长有短；从空间的伸张性上看，过程的规模大小不等。无论在哪个层次上发生的飞跃，都有一个量的扩张过程。当代科学中的突变论是用数学模型方法来考察连续变化的、从一种结构稳定态到另一种结构稳定态的突然跃迁的过程。结构稳定态相当于事物的量变状态，而不同的结构稳定态之间的突然跃迁，则相当于事物的质变状态。突变理论的创立者托姆从严格的数学推论证明，当导致突变的连续变化因素少于四个的时候，突变有七种类型，即折叠型、尖角型、燕尾型、蝴蝶型、双曲型、椭圆型和抛物型；当这些因素多于四个时，突变模型就可能呈现为无限多种类型。突变论说明，事物的质变、飞跃的形式是千差万别、无限多样的。

总之，量变与质变的关系是动态的，量变过程准备着质变，质变又完成着量变。量变和质变之间这种关系，体现着对立统一的关系。

（三）否定之否定规律

否定之否定规律揭示出事物自我发展的完整过程，它表明，由于内在否定性的力量，促使现存事物转化为自己的对立面，达到对自身的否定，进而再由否定达到新的肯定，即否定之否定。这是一个螺旋式上升或波浪式前进的过程。

任何事物的内部都包含着肯定和否定两个方面。肯定方面是事物中维持其存在的方面，即肯定这一事物为它自身而不是他物的方面；否定方面是事物中促使其灭亡的方面，即破坏现存事物使它转化为他物的方面。肯定和否定是事物内部两种相反的方面、趋势，二者是对立的。同时，肯定和否定又是统一的。二者相互依存、相互渗透，在一定的条件下相互转化。唯物辩证法的否定观，就是建立在对肯定和否定关系的科学理解的基础之上，其本身就是一种辩证的否定观。

第一，辩证的否定是通过事物内部矛盾而进行的自我否定。从根本上说，一事物被否定是通过事物内部否定方面战胜肯定方面来实现的，而不是外力推动的结果。

第二，辩证的否定是发展的环节和联系的环节。辩证的否定是旧事物向新事物的转变，是由旧质向新质的飞跃，因而是发展的环节。同时，辩证的否定又是联系的环节，因为新事物产生于旧事物，并在旧事物的母腹中生长起来，新事物正是以吸收并改造旧事物中的积极东西作为自身生存和发展的基础的。

第三，作为发展环节和联系环节之统一的辩证否定是"扬弃"，即既克服又保留。克服是发展过程中连续性的中断，是发展中的非连续性；保留是发展过程中的连续性。辩证的否定是包含着肯定的否定，是连续性和非连续性的统一。

事物的发展都是通过否定实现的，而否定不是一次完成的，事物的自我发展要经历两次否定、三个阶段。辩证的否定，一方面是事物自我发展的中断和另一发展过程的开始；另一方面它又是事物自我发展的继续，是完善自身所必须经历的一个环节。事物由于内部肯定方面和否定方面的矛盾而自我发展。当肯定方面是矛盾的主要方面时，事物处于肯定阶段；当否定方面上升为矛盾的主要方面时，便完成了第一次的否定，事物进入否定阶段。问题在于，一次否定还不能呈现出某一特定事物自我运动的完整过程。只有在第一次否定的基础上进行第二次否定，即否定之否定，才能解决前两阶段之间的矛盾，既保留它们各自的积极因素，又克服它们各自的片面性，使事物在"自己运动"中得到充分发展，进入否定之否定阶段。呈现出某一特定事物发展的完整过程。否定之否定规律是事物自己发展自己的规律。不能把事物的发展理解为一系列否定的机械相加：甲变乙、乙变丙、丙变丁……离出发点越来越远，同出发点越来越不相干。辩证的否定是为发展自身、完善自身的否定，仿佛是回到出发点的运动。事物自己发展自己、自己完善自己的整个过程，就是事物在"肯定—否定—否定之否定"的规律性运动中实现、显示出来的。

事物由肯定到否定，再到否定之否定，从内容上看，是事物自己发展自己、自己完善自己的过程，因而是一种前进上升运动；从表现形式上看，表现为近似螺旋的曲线，是螺旋式上升或波浪式前进的过程。事物的发展由于否定之否定规律的作用而采取螺旋式上升或波浪式前进的形式，表明事物的发展过程是前进性和曲折性的统一。

一方面，事物发展的总趋势是前进的、上升的。事物发展的前进性是由辩证否定的本性决定的。在由辩证否定所组成的事物发展的链条中，每一次否定都是一次"扬弃"，从而推动着事物从低级向高级不断发展。

另一方面，事物发展的具体道路又是曲折的。在事物周期性的发展中，当一个周期完成时，仿佛出现了向出发点的回复，或者说产生了仿佛是回到出发点的运动。这表现在周期的最后一环（即否定之否定阶段）重复第一环节（即肯定阶段）的某些特点、特性。事物在高级阶段重复低级阶段的某些特征、特性，仿佛是向出发点的回复。这显示了事物发展是往返迂回而不是直线前进。事物发展的周期性体现了事物发展的曲折性，然而，这里的"回复"仅仅是"仿佛"回复，并不是真的回复；仅仅是某些特点、特性的回复，而不是全部的回复；是在高级阶段上的回复，而不是在原来基础上的回复。

否定之否定规律本身是客观的、普遍的，但由于历史条件的复杂交错性，这一规律在不同事物发展过程中的体现又有特殊性。其一是否定形式的特殊性，不同性质的事物有不同的否定形式，同类事物在不同条件下也有不同的否定形式。其二是曲折发展的特殊性，其中一类是前进中的"回复"或"复归"。这种曲折性本身就是前进或上升的组成部分；另一类是前进中的"倒退"或"逆转"等。它们本身并不是"上升""前进"的运动，而是事物在发展过程中由于各种复杂条件和偶然事件而表现出来的特殊情况。这就要求我们在运用否定之否定规律时，不能把它作为单纯的证明工具，不能把它当作呆板的公式到处乱套，而要把它作为辩证思维的科学方法。

总之，前途是光明的，道路是曲折的，这是社会发展的总方向和总趋势，也是我们观察人类社会发展的方法论原则。

第三节　马克思主义认识论

一、认识的实践基础和认识运动的基本规律

（一）实践的客观尺度与真理

人类实践的本质特征是对象化。人类为使外部生存环境更加适合自己生存的需要，在改造外部世界的实践活动中就要促使世界发生与自己的目的、要求、需要相一致的改变。人类正是在这种对象化的实践中不断发展的。人类在实践中认识到，实践活动绝不是主观随意、不受约束、率性而为就能取得成功的，要想在实践中取得成功，就必须按照客观规律办事，否则实践活动就成为盲目的、无效的活动。于是，人在实践中通过精神活动和物质活动，力求在观念上把握制约实践活动的客观规律，就成为人们至关重要的任务。这就是人的认识活动，我们正是在这个意义上说，认识是在实践基础上产生的。

动物为了自己生存和繁殖的需要，也在进行改变生存环境、维护生命延续的活动。但是，人类以物质生活资料生产为主要内容的实践活动与动物的活动却有着本质的区别。马克思分析道："诚然，动物也生产。它也为自己营造巢穴或住所，如蜜蜂、海狸、蚂蚁等。

但是动物只生产它自己或它的幼仔所直接需要的东西；动物的生产是片面的，而人的生产是全面的；动物只是在直接的肉体需要的支配下生产，而人甚至不受肉体需要的支配也进行生产，并且只有不受这种需要的支配时才进行真正的生产；动物只生产自身，而人再生产整个自然界；动物的产品直接同它的肉体相联系，而人则自由地对待自己的产品。动物只是按照它所属的那个种的尺度和需要来建造，而人却懂得按照任何一个种的尺度来进行生产，并且懂得怎样处处都把内在的尺度运用到对象上去；因此，人也按照美的规律来建造。"①

在这里，马克思指出了人的实践同动物的活动的区别在于：动物仅仅是按照与肉体存在和需要直接联系着的本能的要求进行活动的，因而它本质上是一种消极适应环境的活动。而人是通过劳动使自己最终从自然界分化出来的社会存在物，是有意识的存在物，因此，人的实践活动是一种有目的、自觉地改造世界的活动。人的实践活动是受两种客观尺度，即是受两种客观规律性或必然性制约的：一是人能够按自己以外的任何一种事物的尺度要求来活动，也就是说，人能够自觉地遵循外部世界的一切客观规律的要求来指导自己的实践活动；二是人能够处处把自己的内在尺度，即作为实践活动承担者的人的内在要求和规定性，运用到改造世界的实践活动中去，从而使实践结果与人的目的、要求、需要相一致。实际上，人和动物活动的上述区别也正是人与动物在生存方式上的区别，因而也是人与动物的本质区别。

制约人的实践活动的上述两种尺度在内容上是客观的，它们对于实践活动有重要意义。因为任何成功的实践都必然是实现了这两种尺度相统一的实践。例如人们要想建造起一座住宅，一方面必须在实践中按照建筑工作的要求，即按力学、材料、结构、地质等客观规律的要求办事；另一方面，还必须同时考虑自己的目的、要求、需要等内在尺度的要求，才能使这座住宅适合自身居住时的全部需要。显然，如果人们在实践中忽视了上述两种尺度中的任何一方面，都不可能成功地完成这一工作。

人们通常用真理尺度来概括制约实践的外部世界的客观规律，用价值尺度来概括制约实践的人的内在尺度。那么，人们是如何去把握实践的这两种客观尺度呢？这只能通过人们的认识活动来实现，正因为如此，认识才对人类具有极其重要的意义。同时，对真理尺度和价值尺度的把握也就构成了认识的根本内容。

真理是人的主观对客观事物本质和规律的正确认识。在实践活动中，人们如果想取得成功，就必须按照客观规律办事，即必须把关于实践所改造的对象的内部结构和规定、外

---

① 马克思恩格斯全集（第42卷）[C]．北京：人民出版社，1979，第96页．

部联系和条件、发展和变化的过程与特点等客观必然性的认识作为实践活动的根据。人们在按照客观规律进行实践活动时，并不是消极被动的、纯粹受制于客观规律的。相反，人们是自觉地、创造性地遵循规律来指导实践的，即人们在运用规律指导实践时并不受自然事物的种类的限制，可以按照任何一个物种的尺度或综合几个物种的尺度来进行生产，从而创造出适合自己要求的新物种，以满足生存和发展的需要。

按照客观事物的尺度进行生产活动，即遵循客观规律办事，对于实践活动的成功来说，具有首要的决定性的意义。由于科学正是以探索客观规律为己任的活动，因而它受到了人们的高度重视。在实践中要真正做到按客观规律办事，除了人们对此要有自觉的意识和要求之外，最重要的在于要真正做到在主观上形成对客观规律的正确认识或把握。在哲学上我们把人的主观对客观事物的本质和规律的正确认识命名为真理。于是，对如何获得真理的理论探讨就成为认识论的中心内容。我们也正是在这个意义上把认识论纳入了真理观范畴的。

需要说明的是，真理尺度和价值尺度的区分只是在一种相对意义上而言的。真理的概念既概括了真理尺度的内容，也概括了价值尺度的内容，因为这些内容都是指客观存在的事物（包括作为实践的主体和客体的人或人的社会集团）的本质规律。我们把它们区分为真理尺度或价值尺度是以它们在实践中发生作用的性质和特点为依据的。真理尺度是指实践的客体的本质和规律对实践活动的制约性，价值尺度则是指实践的主体即人的本质和规律对实践活动的制约性。可见，从认识论的角度来讲，无论是真理尺度还是价值尺度都是认识的重要内容，认识这两方面内容的方式和过程并没有质的区别。人们在主观上对这两个方面的正确认识都属于真理的范畴。

（二）实践是认识的基础

实践的主体和客体与认识的主体和客体。主体和客体的分化、发展是在实践基础上形成的。主体和客体在实践中形成了三种关系：一是实践关系，即主体通过实践改造客体，以满足主体需要的过程；二是认识关系，即主体为了实践能够取得成功，在实践基础上主观把握客体的本质和规律的过程；三是价值关系，即客体存在及其属性对于主体需要的意义的关系，这种关系在实践和认识活动中以目的、主体尺度的形式制约着实践活动，并表现为实践和认识活动的结果对主体的意义。

在上述主体和客体的三种关系中，实践关系是最基本的关系。没有主体改造客体的实践，就没有主体和客体的分化和发展，也就没有认识活动产生的必要性和现实基础；同样，没有实践就没有改造世界的活动，也就不会有价值的实现。

认识的主体和客体，也就是实践的主体和客体。这是因为，只有进行着实践活动的人，才会产生对认识的需要和进行现实认识活动的可能性，这时人才能成为认识的主体；另一方面，只有进入实践范围的客体才能成为现实的认识客体，而与人的实践无关的外部世界，或者是由于人们尚未形成认识它的实际需要，或者是由于人们尚不具备认识它的现实条件而不能成为认识的客体。

人作为认识活动的主体，主要有以下一些特点：首先，人是作为一个有血有肉的物质实体而存在的。唯心主义把人说成是抽象的精神实体，这就抽掉了认识活动产生的客观前提。其次，人是作为社会性的存在物而成为认识的主体的。这是因为无论是从自然界分化出来，还是人们从事改造自然和社会的活动本身，或是人的思维、语言和认识能力的形成和发展都是在社会性的劳动、实践和人与人的社会关系中实现的。脱离了人的社会存在，就不能成为认识活动的主体。再有，人作为认识主体必然是有意识、能思维的。人在长期的社会实践活动中逐步发展出了以大脑为中心并包括各种感觉器官的神经系统，这就为意识、思维能力的产生创造了必要的物质条件。人作为认识主体所具有的自觉意识包括对象意识和自我意识。人的对象意识是指人能够自觉地在自己的意识中把外部世界中的一定事物作为自己改造和认识活动的对象；人的自我意识则是人能够把自己在一定的社会历史条件下形成的特性、需要、愿望、本质力量以及物质和精神的活动本身也当作对象来对待。自我意识和对象意识构成了人们实践和认识活动的精神前提。人们只有在对象意识中才能形成关于外部对象本质和规律的认识，而只有在自我意识中，才能形成关于人自身的需要、愿望的认识，这样，人们才能够在实践中同时把真理尺度和价值尺度运用到改造世界的活动中去。思维能力是人的头脑通过对感性认识的抽象、提炼和建构等获取关于事物本质和规律的理性认识的一种创造性的精神活动。在这种活动中，人们通过观念地改造对象和创造对象，使实践的目标、过程预先在头脑中得到显示，从而使我们的劳动、实践成为有意识的自觉的活动。

作为认识对象的客体，其特点在于：首先，认识的客体必然是不依主体的存在和主体的意志而转移的客观存在，这是认识的唯物主义前提。认识的客体不仅包括外部物质世界，同时也包括以物质载体为媒介的思想、观念等精神现象。其次，外部世界只有纳入了主体的实践活动范围，成为实践活动改造的对象，才能成为认识的现实客体，而未纳入实践活动范围的外部世界仅仅是一种潜在的认识客体，它只能随着人们实践范围的扩大而逐步成为现实的认识客体。最后，认识的客体是受到实践活动作用的外部世界，而不是与实践活动无关的客体。马克思在批评费尔巴哈的旧唯物主义哲学不懂得实践在认识中的作用时写道："他没有看到，他周围的感性世界绝不是某种开天辟地以来就直接存在的、始终如一的东西，而是工业和社会状况的产物，是历史的产物，是世世代代活动的结果。"①
这就是说，在认识中必须注意到实践对客体存在状况的影响，注意到人的实践活动的历史
发展对认识客体的状况及其变化的影响，才能获得正确的认识结果。

实践在认识中的基础作用。实践是认识的基础，这一点深刻表现在以下几方面：

第一，实践是认识的目的。认识是因为有了指导实践获得成功的需要才成为人类的重
要活动内容的。环保问题、能源问题、材料问题、科技伦理等现代人们所关注的认识问
题，都是在现实的实践活动中逐渐成为人们关注的重点的。因为解决好这些课题对解决当
前的实践难题、推动现代人们社会生活的进步是不可回避的环节。

第二，实践是认识的来源。人的认识是不可能在主客观没有关系和不发生相互作用的
条件下产生的。实践在认识中的重要作用就在于它为主体和客体之间发生联系和相互作用
提供了必不可少的环节。人们只有在实践中通过改造客体，才能从客体那里获得各种信
息，使客体暴露出它内部的本质和规律。如地质勘探活动就是典型的通过实践获取客体信
息形成认识的过程。

第三，实践是认识发展的动力。人类认识的不断发展归根到底是由实践活动推动的，
是人的实践需要推动着科学和其他认识活动的产生和发展。古代游牧民族和农业民族根据
季节安排生产活动的需要推动了天文学的产生；农业提水灌溉、城市建筑、手工业等发展
的需要促进了古代力学的形成和发展；现代工业对自动控制、自动化、智能化等生产发展
的需要推动了计算机科学和技术的产生和进步；基因、克隆技术的产生和运用提出了科技
伦理、科技法律的认识课题并促使其不断发展。总之，实践的需要是推动认识在广度、深
度上不断发展的根本动力。

第四，实践是检验认识真理性的标准。任何认识是否具有真理性，只有在实践中加以
应用后，才能根据其对实践的作用来判定。

综上所述，由于实践是认识的目的、源泉、动力和检验标准，因而我们把实践看作是
认识的基础和首要的基本的观点。马克思主义哲学认识论是以实践为基础的认识论，没有
实践的观点，不了解实践在认识中的作用，就不可能正确地理解认识论。

二、价值的实践评价

（一）传统价值评价论的缺陷

按照传统的理解，所谓价值评价，就是人们对一定客体是否具有满足主体需要的属性

① 马克思恩格斯选集（第1卷）[C]. 北京：人民出版社，1995，第76页.

所做的肯定或否定的评判。价值评价属于评价性认识，评价性认识的基本特点是把主体及其需要的尺度引进认识当中，立足于主体的利益、主体的价值需求来评判客体。这种评判不是辨别对象"是什么、怎么样、为什么"，而是判明客体对主体是有害还是有利、是好还是坏，即有价值还是无价值以及价值是大还是小。人们通常的评价性认识，就是主体把自己的需要——目的性的尺度引进认识当中，立足于主体的利益、主体的需求来评判客体的有价值还是无价值以及价值是大还是小。

显然，按照这种通常的对价值评价性认识的理解，传统的价值评价论就具有以下的严重缺陷：

首先，传统的价值评价论使人丧失创造价值的主体地位，使人的价值沦为客体之间的相互利用的工具性价值。在传统的价值评价论视域中所言说的价值评价，评价的不是由实践所创造的人化客体的价值本身，而是所谓客体的属性对主体的需要及其满足程度，是从客体属性（这种客体属性当然包括自然属性）对主体需要的满足程度来评价客体的价值。这样进行的价值评价，所评价的是价值对象——客体对人（主体）的价值，价值客体处于被价值主体利用的工具性地位。相应地，人——主体就丧失了创造价值的主体地位，人的价值就沦为客体（对象性物）之间的相互利用的工具性价值。那么，在这种价值评价中，就不能为人的尊严、地位、自由、奉献和创造的价值提供理论根据，那么，真正的人的价值何求？人的自由自觉的活动即实践的价值又何求？

其次，在传统的价值评价论的视域里，由于评价的尺度是从单维度的主体需要——目的性中引出来的，所体现的正是不从实践理解问题的旧哲学的思维方式。以这样的单维主体方面的或主观方面的尺度所进行的价值评价，无论其做得怎样的精细或所谓的科学，其价值的客观性必受到质疑，并且难以避免人们对它的人类中心主义的嫌疑和来自自然中心主义方面的责难，也难以做到正确地评价人的价值、人化客体的价值，更无法彰显实践对价值基础地位和决定作用，也无法将实践贯彻自己的价值评价理论。总之，传统的价值评价论所体现的，正是马克思所批判的不从实践理解问题的旧哲学的思维方式。

（二）价值的实践评价

马克思主义价值观认为，所谓价值评价，就是人们对一定历史性实践所创造的人化客体的价值所做的肯定、否定或价值量大小的评判。作为价值评价对象的客体，不是自然的客体，而应是人的实践本质力量对象化的客体，即人化客体。这里的人化客体，包括人化自然的事物、人类社会的事物和人（作为客体的）自身的事物，包括物质性的和精神性的人化客体。

在马克思主义价值观看来，既然价值的生成、创造和发展都是由实践内在规定的，是人的实践本质力量的展开和实现。那么，人们评价价值的客观尺度，就只能是实践这个价值的内在尺度。实践作为价值的内在尺度是真、善、美的统一，实践作为价值的评价尺度也应该是真、善、美的统一。

首先，实践的价值尺度不是单一的"真"——合规律性的尺度。合规律性的尺度，人们又把它称为真理的尺度。人在实践中创造人化客体的价值，必须遵循合规律性的尺度，否则，就不能使客体发生合规律性的价值变化。但人在实践中创造的人化客体的价值，不是单纯地遵循合规律性的尺度，而是遵循规律性要合于善的尺度和美的尺度，即真、善、美统一的尺度。如果人们在自己的活动中只遵循真的尺度，他所创造的人化客体的价值，就不合于善的尺度和美的尺度。这样的人化客体，就只能具有负价值，对人和人的实践只能构成负面的效应。因而，它是无正效应的价值可言的。

其次，实践的价值尺度不是单一的"善"——合目的性的尺度。合目的性的尺度，人们又把它称为善的尺度。人在实践中创造人化客体的价值，必须遵循合目的性的尺度，否则，就不能使客体发生合目的性的价值变化。但人在实践中创造的人化客体的价值，不是单纯地遵循合目的性的尺度，而是遵循目的性要合于真的尺度和美的尺度，即真、善、美统一的尺度。倘若人们在自己的活动中只遵循善的尺度，他所创造的人化客体的价值，就不合于真的尺度和美的尺度。这样的人化客体，就只能具有负价值，对人和人的实践只能构成负面的效应。因而，它也是无正效应的价值可言的。

最后，实践的价值尺度不是单一的"美"——合和谐性的尺度。合和谐性的尺度，人们又把它称为美的尺度。人在实践中创造人化客体的价值，必须遵循合和谐性的尺度，否则，就不能使客体发生合和谐性的价值变化。但人在实践中创造的人化客体的价值，不是单纯地遵循合和谐性的尺度，而是遵循合和谐性（不属主观欲求，不是人为地消解矛盾）必须要合于真的尺度和善的尺度，即真、善、美统一的尺度。倘若人们在自己的活动中只遵循美的尺度，他所创造的人化客体的价值，就不合于真的尺度和善的尺度。这样的人化客体也只会对人和人的实践构成负面的效应。所以，它也是无正效应的价值可言的。

马克思主义对价值的实践评价，本质上是对人的实践结果的价值所做的价值评价，因而应该而且也只能从实践去理解，以实践内在的真、善、美统一的尺度，作为价值评价的客观标准。这样，不仅坚持了价值评价的实践标准，实现了真理标准与价值评价标准的统一，而且深化了马克思主义的实践观。

第四节　马克思主义历史论

一、社会的本质

人类社会一经形成，就总是要干预甚至筹划自然发展过程，使之由自在存在变成合乎人的意愿的存在。在此，我们必然要追问：人类社会何以有如此这般的本领？其巨大的能量源于何处？马克思的洞察对于问题的解答有着根本的重要性：社会生活在本质上是实践的。

不可否认，自然界是人类社会产生的物质基础。现代科学研究证明，在地球以及与之邻近的宇宙空间和天体（如太阳）的自然条件中，具有产生人类生命的必要因素和基本前提。问题在于，这些自然条件仅仅为人类的产生提供了可能性，它们并不能促成人类的现实生成。只是制造和使用生产工具的劳动，才是从猿到人的转变过程中起着决定性作用的力量，才是人类社会存在和发展的基础，人和人类社会就是在生产劳动中形成的。劳动是"一切人类生活的第一个基本条件，而且达到这样的程度，以致我们在某种意义上不得不说：劳动创造了人本身"①。劳动是专属人的过程。劳动的形成也就是人以及人类社会的产生，这是同一过程的两个方面。就此而论，劳动实践是人和人类社会真正的"发源地"，人和人类社会的秘密只有在人类的劳动实践中才可望找到合理的说明和真正的解答。

劳动实践不仅决定了人和人类社会的产生，而且构成了人和人类社会得以存在的基础。

首先，社会生活中所有关系都是在劳动实践中产生，并得到发展的。人们在劳动实践中结成了反映着物质利益的生产关系，即生产资料的占有和使用关系，劳动的分工与协作关系，劳动产品的交换、分配与消费关系等。在此基础上，人们相互之间还形成了政治关系和思想关系。就人类社会的现实存在而言，它体现为经济、政治和思想诸方面的关系及其相互作用。

其次，劳动实践把社会存在与自然存在区别开来。纯粹的自然界作为物质世界的一种自在的存在形式，从机械运动、物理运动、化学运动到生物运动，都是自发的无目的的运动，其主体都是盲目的、没有意识和意志的自然物。这种种形式的运动仅仅受着自然规律

①　马克思恩格斯选集（第4卷）[C]. 北京：人民出版社，1995，第373页.

或生物进化规律的支配。人类社会运动是一种自觉的发展过程，任何事情的发生都有其"自觉的意图"和"预期的目的"。因而，人类社会不是在人的实践活动之外存在的供人活动的外在场地，而是追求着自己目的的人类活动的共同体。社会生活的规律就表现为人们自己行动的规律，并通过人的自觉选择而发挥作用。所以，只有把社会生活当作"感性的人的活动"，当作实践去理解，才能真正把握社会生活的本质。

最后，劳动实践决定了社会生活是一种基于时间性的历史性存在。人的实践活动虽然"滞留"于现在，但却源自过去并着眼将来。换而言之，"现在""过去""将来"共存于人的自我创生的实践活动中，人只有在时间中存在才是自己的生存，也才能获得自身的意义。人因此而成为一种具有历史性的存在物。动物的存在与历史性是绝缘的。动物的本性是前定的。动物一出生，我们就可以从其亲代的习性中知晓它的未来。动物只沉湎于"现在"，不能超越"此时此地"的界限，不能创造自身，也就没有历史。作为自我生成的存在物，人通过实践使自身以及自己的社会生活成为一种历史性的存在。

既然是历史的存在，社会生活就"处在经常发展中"，这是人及其社会生活固有的特征。所以，恩格斯认为，劳动发展史是理解全部社会发展史的钥匙。由此表明了社会生活的实践本质。

现实的劳动实践是劳动者、劳动资料和劳动对象三个要素相互作用的动态过程，而劳动者与劳动资料的结合方式和程度反映着劳动本身的性质以及以这种劳动为基础的社会发展阶段。在人类社会的早期，人类是以群体的形式来弥补个体能力不足的，表现为人们总是从属于特定的共同体，以至于个人被看成是共同体的部分"肢体"。在这种情形下，劳动资料属于共同体，劳动实践也是由共同体发动的，这种性质的劳动大体上指证着人类社会发展的原始阶段。

随着社会分工的出现，私有制的产生，劳动者与劳动资料浑然一体的原始形式不再能够产生积极的功效，反而在很多方面起着消极的阻碍作用，劳动者与劳动资料分离开来成为一种必然。这是劳动发展史的一次巨大转折，标志着人类社会发展到一个新的阶段。特别是随着商品生产和商品交换逐步扩大，劳动资料的私人占有也愈益发展起来。劳动因此出现异化，劳动者因生存的需要不得不接受和服从那些拥有劳动资料的人的统治，劳动由此变成了奴役劳动者、疏离人的自由的手段。这种劳动的性质和特征主要指证着资本主义社会。

历史地看，劳动者和劳动资料的分离促进了生产力的发展，资本主义时代创造了比过去一切历史时代的总和还要多还要大的生产力。但是，随着生产社会化程度的日益提高，生产资料资本主义私人占有制与生产社会化的矛盾日益激化，要进一步发展生产力，就必须打破劳动资料的私人垄断,由整个社会调控劳动资料的使用。不过,这在资本主义劳动方式的框架内是不可能实现的,唯一的出路是扬弃异化劳动,在更高的基础上实现劳动者与劳动资料的直接结合,让劳动重新变为人类自由自觉的活动。毋庸置疑,这是劳动发展的崭新阶段,标志着人类社会进入新的发展阶段,即共产主义社会。

可见,从人类劳动的历史演变出发,我们可以透过纷繁复杂的历史现象,把握人类社会发展进程的内在逻辑,走向历史深处。这正是社会生活实践本质的确证。

强调和坚持社会生活的实践本质,标志着马克思主义哲学在人类思想史上第一次科学揭示和阐明了人类社会的本质,澄清了这一问题上的种种迷误。神学历史观把社会指证为"神定的一种秩序",上帝无所不能、无所不知,主宰着国家的兴亡和民族的盛衰。唯心主义历史观把人类社会精神化,主观唯心主义把社会归结为人的主观意识的产物,客观唯心主义则将之看成是"绝对理性在时间中的展开"。自然主义历史观则根据社会所处的地理环境来界说人的活动,设想社会的本质。应该说,诸如此类的观点都程度不同地遮蔽着社会的本真,歪曲了社会的本质,其共同的根本的失误是,不知道现实的、感性的活动本身,不了解"革命的""实践批判的"活动的意义。

二、社会的基本矛盾运动

生产力和生产关系的矛盾、经济基础和上层建筑的矛盾构成了社会的基本矛盾。这是因为:

第一,这两对矛盾所涉及的三个方面——生产力、生产关系(经济基础)和上层建筑,是社会存在(物质关系)和社会意识(思想关系)的具体展开,它们囊括了社会生活的基本领域,形成了社会的基本结构,把握了这两对矛盾,也就基本上把握了社会的全局。

第二,这两对矛盾贯穿人类社会发展的始终,同人类社会共存亡。社会主义以前的各种社会是这样,社会主义社会也是如此,其基本矛盾仍然是生产关系和生产力、上层建筑和经济基础之间的矛盾。

第三,这两对矛盾的运动构成了社会发展的一般规律,即生产关系适合生产力状况的规律和上层建筑适合经济基础状况的规律。在这两个规律的相互关系中,前一规律更为根本,没有生产关系适合生产力状况的规律,就没有上层建筑适合经济基础状况的规律;反之,没有后一规律,前一规律也无法起作用。生产力和生产关系、经济基础和上层建筑的相互作用以及这两对矛盾的动态结合形成一个整体,并有其独特的运行机制。

在社会基本矛盾中,生产力和生产关系的矛盾是根本的矛盾,整个社会基本矛盾的运动总是从生产力开始。这是因为，物质生产不过是人们满足自身需要的方向。人的物质需要的对象要由自然界来提供，自然界又不会自动地提供现成的对象，这就决定了人与自然的关系是一种矛盾关系。为此，人必须进行劳动，正是在这种实践活动中形成了现实的生产力。换言之，生产力是在需要向劳动的转化中形成的。需要不仅向劳动转化，劳动也向需要转化。这就是，已经得到满足的需要、满足需要的活动又引起新的需要。由于人的需要在与劳动的相互作用中不断增长和扩大，所以在劳动中形成的生产力成为社会基本矛盾运动的起点。从根本上说，生产力无非是人与自然之间相互作用的现实关系和客观过程。在历史观中，没有比人与自然的相互作用更根本的相互作用了，全部社会现象，包括意识现象中的各种相互作用，不仅来源于这一根本的相互作用，而且归根到底只有通过这一相互作用才能得到正确的说明。

生产力和生产关系的相互作用构成生产方式的运动，而分工则是生产力和生产关系相互作用的中介。这是因为：

第一，分工与生产力直接相连，具有生产力属性。分工使统一的生产分解为既相互独立又相互联结的部分，各种不同形式的分工不过是物质生产各种不同过程的组合方式，分工标志着生产的技术构成；分工又以生产工具的发展为前提，是生产工具水平的表现。"劳动的组织和划分视其所拥有的工具而各有不同。手推磨所决定的分工不同于蒸汽磨所决定的分工。"① 分工实际上是工具和劳动者的具体结合方式，是工具水平和劳动者水平的综合表现，即生产力水平的表现。

第二，分工同生产关系相连结，包含着生产关系的属性。分工首先是生产过程中人与人的分离，但它同时又是一种组合，是并存劳动。它不仅是生产过程中人与工具的结合方式，而且也是人与人的结合方式。生产力决定分工状况，分工状况意味着生产关系状况，生产关系又通过分工反作用于生产力。一般说来，生产力对生产关系的决定作用以及生产关系对生产力的反作用是通过分工实现的。

经济基础和上层建筑的矛盾更为复杂。从经济基础和政治上层建筑的关系来看，意识形态是二者相互作用的中介。政治是经济的集中表现，但是，政治上层建筑则是人们根据经济基础的要求，并通过人们的意识而形成的。在社会发展一定阶段上出现的人剥削人的经济关系，是自发形成的，而国家等强制性的机构，则是通过人们的意识形成的，即在一定的思想、观点指导下建立起来的。从这个意义上讲，制度要与观点相适应。但是，"通过"人们的意识并不是根源于人们的意识，不能说国家制度根源于国家学说，国家的根源

① 　马克思恩格斯选集（第1卷）［C］. 北京：人民出版社，1995，第161页.

仍在于经济。国家学说和国家制度在形成过程中有先有后，但都根源于经济关系。

政治、法律制度和设施一旦形成，又成为一种既定的对象和现实的力量，在很大程度上影响着人们的思想、观点。已经建立的国家制度和设施对于在该国家中生活的一代人又成为一种外在的环境。从这个意义上讲，观点又要同制度相适应。所以恩格斯说，国家是"第一个支配人的意识形态力量"，同时它"一旦成了对社会来说是独立的力量，马上就产生了另外的意识形态"。①

从经济基础和观念上层建筑的关系来看，社会心理是二者相互作用的中介。社会心理是对经济基础以及政治上层建筑的一种不系统的、不定型的、自发的反映形式，它为意识形态的形成和发展提供了心理基础，同时它本身又是一种尚未完全分化的、处于混沌状态的社会意识。因此，社会心理是经济基础和观念上层建筑的结合点和契机。经济基础经由社会心理而被系统化、抽象化为意识形态，并通过社会心理对意识形态起决定作用；意识形态又通过向人们"灌输"、普及，转化为社会心理，并通过社会心理反作用于经济基础以及政治上层建筑。

总之，整个社会基本矛盾运动以生产力为起点，生产力通过分工决定生产关系，生产关系通过意识形态决定政治上层建筑，通过社会心理决定观念上层建筑；上层建筑通过社会心理或意识形态反作用于经济基础，生产关系通过分工反作用于生产力。这就是社会基本矛盾运动的内在机制。

三、人民群众的历史作用

历史的创造者，是指创造历史的主体，指社会发展方向和总趋势的决定者。是否承认人民群众是历史的创造者，是唯物史观和唯心史观斗争的一个焦点。

人民群众作为社会历史范畴，首先有量的规定性，即指居民中的大多数；同时又有质的规定性，指一切对社会历史起推动作用的人们，在阶级社会中，包括一切对历史发展起促进作用的阶级、阶层和社会集团。人民群众这个概念，在不同的国家和各个国家不同的历史时期具有不同的历史内容。但不论历史的情况如何变化，人民群众的主体和稳定部分，始终是从事物质生活资料生产的劳动群众和参与社会生产活动的知识分子。

唯物史观"第一次使我们能以自然科学的精确性去研究群众生活的社会条件以及这些条件的变更"②，从而得出了历史活动是群众的事业的结论。唯物史观坚持社会存在决定社会意识的观点，也就是坚持物质生活资料的生产方式制约着整个社会生活过程并决定了

① 马克思恩格斯选集（第1卷）[C]. 北京：人民出版社，1995，第253页.
② 列宁选集（第2卷）[C]. 北京：人民出版社，1995，第425页.

社会历史发展的观点，其核心则是生产力是历史发展的最终决定力量的观点。而人民群众是社会生产的主体，是生产力中最重要的因素和生产活动的承担者。因此，人民群众是历史的主体和历史的创造者。

人民群众创造历史的伟大作用。人民群众创造历史的伟大作用突出地表现在：

第一，人民群众是社会物质财富的创造者。人民群众之所以是人类历史的创造者，从根本上讲，在于人民群众是社会发展的最终决定力量——社会生产力的体现者，是推动历史前进的最伟大的客观物质力量。人类要生存，就要有吃、喝、穿、住、用等必需的物质生活资料，而这一切，都是劳动群众创造的。人们若不首先获得这些物质生活资料，就根本谈不上从事政治、科学和艺术等其他社会活动，也就无所谓人类社会生活和人类历史。同时，劳动群众在生产活动中不断积累经验，改进生产工具和生产技术，推动了生产力的发展、生产方式的变化以及整个社会历史的进步。

第二，人民群众也是社会精神财富的创造者。劳动群众从事的物质资料的生产为精神文化的生产创造了前提。精神生产是从物质生产中衍化出来的。任何科学、文化、艺术都来源于人民群众的生产实践和其他社会实践。尤其是科学技术的创造发明，既反映了生产实践的客观需要，又是对生产实践经验的理论概括和总结。从总体上讲，物质生产发展的水平决定科学技术发展水平。科学的理论是人民群众实践经验的概括和升华，文艺作品则以集中的、典型的形象反映和表现社会生活。一切精神财富最初的源泉，存在于人民群众的生活、实践之中。而且人民群众在精神财富的创造中所起的作用，不仅在于他们以自己丰富的生活和实践提供了精神产品生产原料，而且在于他们对这些原料进行了初步的加工，甚至直接完成了许多精神产品的创造。

第三，人民群众是实现社会变革的决定力量。人民群众在生产和再生产物质生活资料的同时，也生产和再生产出了人与人之间的社会关系。劳动群众在生产中不断改进生产工具，积累生产经验，提高了劳动生产率。而社会生产力的不断发展又必然会引起生产关系的变化，乃至导致整个社会形态的变革。人民群众在社会变革中的巨大作用，在发生大规模的社会革命风暴时期表现得尤为突出。在阶级社会的历史上，生产关系的根本变革、社会制度的新旧更替，都是通过阶级斗争，由人民群众推翻反动统治阶级的社会革命来实现的。人民群众是社会革命的主体，一切真正的革命运动，实质上都是劳动人民自己起来摧毁那些腐朽的社会制度的斗争。人民群众之所以会在社会变革时期表现出如此伟大的革命精神和迸发出如此巨大的革命力量，这是因为社会变革是人民群众的人心所向，它符合广大人民群众的利益要求。广大人民群众的人心所向正是代表着时代的要求的，顺应民心，即意味着顺应历史发展的必然。

人民群众体现历史发展主体和人类价值主体的统一。从价值和价值认识的角度来看，作为历史发展主体的人民群众同时又是人类价值的主体：首先，从人类价值体系来看，人民群众是全部人类价值产生的基础。没有人民群众也就没有人类社会和历史，因而人类的其他一切价值也就无从谈起。其次，从人类实践活动的创造性角度来看，人民群众的实践活动所创造的价值，是其他任何个人或社会集团所无法比拟的。因此，对于人类生存和发展来说，人民群众比任何个人或社会集团都具有无可比拟的巨大价值。最后，人民群众的利益和要求是人类一切价值真假性质的最终的客观检验标准和评价标准。因为只有与人民群众利益一致的价值，才是与人类社会进步相符合的价值，因而才是真价值；反之则是假价值。

第五节　马克思主义全面发展论

一、全面发展理论的提出

人的全面发展理论是由马克思、恩格斯在 19 世纪 40 年代提出的。

马克思关于人的全面发展的思想最先萌芽于《1844 年经济学哲学手稿》。在这部著作中，他运用异化劳动思想尝试揭示资本主义生产方式内在的矛盾规律。他从"工人生产的财富越多，他的产品的力量和数量越大，他就越贫穷"这一当时资本主义社会最基本的"经济事实"出发，得出了在资本主义社会，劳动产品异化了，劳动者的劳动异化了，从而人与人之间的关系也异化了的结论。马克思从异化劳动出发去揭示工人与资本家的对立，提出了"共产主义是私有财产即人的自我异化的积极的扬弃"的重要思想。

当然，这个时期的马克思由于仍然受人本主义的影响，对人的历史发展尚缺乏现实具体的历史的考察，还没有以唯物史观为指导来考察人的全面发展。

1845 年，马克思在《关于费尔巴哈的提纲》一文中开始自觉地清除了费尔巴哈人本主义的影响，把对人的本质的研究置于现实的基础上，认定"人的本质不是单个人所固有的抽象物，在其现实性上，它是一切社会关系的总和"。在这篇文章中，马克思第一次将实践作为哲学理论的基本范畴，提出了无产阶级新的世界观。

1845 年至 1846 年夏季，马克思和恩格斯共同撰写的《德意志意识形态》是唯物史观理论体系形成的标志，也是人的全面发展理论开始形成的标志。在这篇著作中，马克思、恩格斯正式提出了"个人的全面发展"的命题，并且对社会的发展与人的发展的关系进行了历史的考察，论述了人的全面发展的必然性。

1848 年，马克思、恩格斯在《共产党宣言》中进一步站在唯物史观的高度，为人的全面发展提出了基本的思路以及方法论原则。

此后，马克思和恩格斯在其他的一些著作中又对人的全面发展问题做了进一步的探讨。

马克思、恩格斯关于人的全面发展理论的提出并不是逻辑的推导，而是对现实的批判和对未来的预见。在马克思、恩格斯看来，人应该是全面发展的，但是现实生活中的人并非如此，甚至恰恰相反。在资本主义社会出现之前，人类已经有了分工，这些分工的出现已经造成了人的发展的片面性。资本主义社会使分工达到了极端的地步，人的发展更是出现了畸形。在资本家的工厂中，工人终身专门服侍一台机器，以至于变成了局部机器的一部分。马克思指出："工场手工业把工人变成畸形物，它压抑工人的多种多样的生产志趣和生产才能，人为地培植工人片面的技巧。"实际上，在资本主义社会，这种畸形发展情况不仅出现在工人中，而且涉及几乎所有的人。恩格斯曾经说过："不仅是工人，而且直接或间接剥削工人的阶级，也都因分工而被自己用来从事活动的工具所奴役；精神空虚的资产者为他自己的资本和利润欲所奴役；律师为他的僵化的法律观念所奴役，这种观念作为独立的力量支配着他；一切'有教养的等级'都为各式各样的地方局限性和片面性所奴役，为他们自己的肉体上和精神上的短视所奴役，为他们的由于接受专门教育和终身从事一个专业而造成的畸形发展所奴役，——哪怕这种专业纯属无所事事，情况也是这样。"虽然资本主义社会在后来的发展中进行了某些生产方式的调整，特别是随着科学技术革命的发展，人的发展有了一定的改善，但是由于资本家极大地追求利润和剩余价值，它不可能实现真正意义上的人的全面发展。只有在社会主义社会，人的全面发展问题才会受到真正的重视。

马克思关于人的全面发展是相对于人的片面发展而言的，是指人的多方面才能的协调发展，是指人的本质的全面展示。从哲学角度讲，人的全面发展是指人类的最后彻底解放，是指整个人类发展的总目标、总趋势。从政治经济学角度讲，人的全面发展是指劳动者由片面发展到全面发展的问题，是从现实性上讲人具有适应劳动变换的多方面的劳动能力的发展问题。从科学社会主义学说的角度讲，人的全面发展问题是指人类真正能够认识、控制和驾驭整个自然界和社会发展的规律，使整个人类由必然王国进入自由王国。以上不同的角度的共同点就是人的能力和肌体充分协调和全面发展。这种能力包括认识自然和社会（包括人自身）的能力、改造自然和社会（包括人自身）的能力，还包括人的肌体在这一过程中的发展。

马克思主义经典作家认为，全面发展的内涵不单单是指体力和智力的充分发展，也不仅仅是"通晓整个生产系统"，而是指发展人的一切内在本质的属性，使人成为"高度文明的人"。马克思指出："培养社会的人的一切属性，并且把他作为具有尽可能丰富的属性和联系的人，因而具有尽可能广泛需要的人生产出来——把他作为尽可能完整的和全面的社会产品生产出来（……他必须是具有高度文明的人）。"

人的全面发展是一个社会性的概念，同时也是一个动态的历史发展的实践过程。马克思和恩格斯指出：实现人的全面发展必须具备一定的前提条件，"一切人的自由发展的必要的团结一致以及在现有生产力基础上的个人的共同活动方式。因此，这里谈的是一定历史发展阶段上的个人，而绝不是任何偶然的个人，至于不可避免的共产主义革命就更不用说了，因为它本身就是个人自由发展的共同条件。"他们还说过："由社会全体成员组成的共同联合体来共同而有计划地尽量利用生产力；把生产发展到能够满足全体成员需要的规模；消灭牺牲一些人的利益来满足另一些人的需要的情况；彻底消灭阶级和阶级对立；通过消除旧的分工，进行生产教育、变换工种、共同享受大家创造出来的福利，以及城乡的融合，使社会全体成员的才能得到全面的发展。"因而，在马克思和恩格斯看来，人要实现全面发展，必须具备三个条件：一是需要有经济前提，亦即应具有高度发展的生产力作为物质前提；二是人与人之间要处于非剥削非压迫的关系，亦即必须推翻剥削、压迫的制度，废除私有制，建立"共同联合体"；三是消灭旧式分工的共同活动方式，并发展相应的教育。

从以上论述中不难看出，马克思主义关于人的全面发展的思想是与实现社会主义和共产主义的崇高理想紧紧结合在一起的，也可以说，二者是互为条件的关系。马克思和恩格斯历来都把人的全面发展的问题与社会历史的发展的必然进程联系起来考察，认为社会发展到高级阶段，即共产主义社会，就给人的全面发展创造了充分而必要的条件。同时，也只有全面发展的人，才能适应社会主义、共产主义社会本身的需要，换言之，也只有实现人的全面发展，才能真正实现共产主义。正如马克思、恩格斯所述：无产者"只有废除一切私有制才能解放自己"，而"私有制只有在个人得到全面发展的条件下才能消灭，因为现存的交往形式和生产力是全面的，所以只有全面发展的个人才可能占有它们，即才可能使它们变成自己的自由的生活活动"。

在马克思和恩格斯看来，人类社会总是由低级向高级渐进发展的，人的全面发展也同样有个逐步实现的历史过程，这一过程与人类社会的发展进程是一致的。人的发展只能"在革命活动中，在改造环境的同时也改变着自己"，"无论为了使这种共产主义意识普遍地产生还是为了达到目的本身，都必须使人们普遍地发生变化，这种变化只有在实际运动中，在革命中才有可能实现。"

总之，人的全面发展作为人自身发展的高级形态，是人类社会历史发展的必然趋势，也是一个逐步前进、不断完善的历史过程。只有在社会关系实现了根本性变革、财富极大丰富的共产主义社会，作为社会个体的人才能完全彻底摆脱对人的依赖关系和对物的依赖关系，从而实现人的全面发展。马克思和恩格斯当时设想是，共产主义社会将分为第一阶段和第二阶段，处在第一阶段的共产主义开始为人的全面发展开辟了新的道路，展现了无限广阔的前景。

中国共产党对人的全面发展问题给予了极大的关注。江泽民同志在庆祝中国共产党成立80周年大会上的讲话中说："共产主义社会，将是物质财富极大丰富，人民精神境界极大提高，每个人自由而全面发展的社会。"他特别指出："我们建设有中国特色社会主义的各项事业，我们进行的一切工作，既要着眼于人民现实的物质文化生活需要，同时又要着眼于促进人民素质的提高，也就是要努力促进人的全面发展。"在党的十六大报告中，他在阐述全面建设小康社会的奋斗目标时又一次强调：我们要"形成全民学习、终身学习的学习型社会，促进人的全面发展"。这些思想贯彻了马克思主义关于建设新社会的本质要求，凝聚了我们党领导人民建设中国特色社会主义的实践经验，是马克思主义关于人的全面发展理论在新的历史时期的运用和发展。

我们应该懂得，不断推进人的全面发展，同不断推进经济、文化的发展和改善人民物质文化生活，是互为前提和基础的。人越是全面发展，社会的物质文化财富就会创造得越多，人民的生活就越能得到改善，而物质文化条件越充分，又越能推进人的全面发展。这两个方面是一种辩证统一的关系，相辅相成，相互促进。社会生产力和经济文化的发展水平是逐步提高、永无止境的历史过程，人的全面发展程度也是逐步提高、永无止境的历史过程。这两个历史过程应该相互结合、相互促进地向前发展。

二、全面发展的科学内涵

人的全面发展理论是马克思主义学说的核心理论，马克思主义所有的学说和理论，归结到一点就是实现人的自由和解放，促进人的自由全面发展。马克思主义人的全面发展理论有着十分丰富的内涵。正确认识和梳理人的全面发展的科学内涵，是我们推动实现当代大学生全面发展的基本前提。

人的全面发展问题，是一切工作的中心问题，如果这个问题解决得好，那么这将对社会经济的发展会起到很大的积极作用，如果这个问题解决得不好，那么这对我国社会经济的发展也会产生很大的阻碍作用。大学生思想政治教育承载着培养社会主义合格建设者和可靠接班人的历史重任，是造福千家万户的民心工程，必须以人的全面发展作为其基本理念。

（一）人的全面发展是指劳动能力的逐步提高

马克思在《1844年经济学哲学手稿》中指出："劳动这种生命活动、这种生产生活本身对人来说不过是满足他的需要即维持肉体生存的需要的手段。而生产生活就是类生活。这是产生生命的生活。一个种的全部特性、种的类特性就在于生命活动的性质，而人的类特性恰恰就是自由的有意识的活动。生活本身仅仅成为生活的手段。"由此可以看出，人的类特性就在于自由自觉性。劳动，作为人的根本实践活动，创造了人，也造就了人的类本质。因此，劳动能力的强弱和劳动水平的高低，直接决定并且反映着人的自由自觉性的发展程度，劳动能力的全面发展，成为人的自由全面发展的根本。

（二）人的全面发展是指人的多重需要的极大满足

在马克思看来，正是人的需要的发展和需要的不断满足推动着人类和人类社会的文明进步。人的需要是人的意识活动及其他各方面行为活动的内在动力。人的需要是多样的和多层次的，不仅有物质需要，还有精神需要，精神需要中又有发展需要、自我实现的需要等。人们总是在旧的需要得以满足的基础上产生新的需要，从而推动各项事业的发展。所以，马克思指出，人的需要的发展证明了人的本质力量和人的本质的充实。人的需要具有层次性，需要形式的日渐多样以及需要不断得以满足，推动着人的全面发展，进而推动人类社会的全面进步。

（三）人的全面发展是指人的社会关系的不断丰富

人的本质属性是社会性。人是处于社会关系中的人。人的发展与其社会关系紧密相连。马克思在《关于费尔巴哈的提纲》中指出："人的本质不是单个人所固有的抽象物，在其现实性上，它是一切社会关系的总和。"人总是社会的人，总是在一定的社会关系中生存和发展。任何一个人的能力的形成、发展和完善，都离不开特定的社会关系。人的社会关系的发展，是个人形成的社会关系日益普遍化、全面化的过程。每个人都有自己的社会圈，每个人每天都在同他人交往着，只有在同他人交往的过程中，人才能发展，所以说，个人的发展通常取决于与他发生交往的人。一个人的社会交往程度越高，社会关系越丰富，他的视野就会越开阔，获取的信息、知识、技能、经验就越多，能力的发展就越快，进步就越全面、越迅速。

（四）人的全面发展是指人的独立个性的自由发展

从马克思关于人的发展的三个阶段来看：第一个阶段，是人对人的依赖，人的个性被淹没在依赖性的畸形人际关系之中；在第二个阶段，在对物的依赖的基础上人的独立性有所发展，人的个性有所表现；只有到了第三个阶段，即自由个性的阶段，生产力高度发展，社会财富极大丰富，人们才注重追求个性的自由发展，这一阶段也被称为"自由人的联合体"阶段。人的个性的自由发展程度，是人的全面发展的综合表现。人的全面发展，以人的个性的自由全面发展为基点，而人的个性的自由全面发展的程度代表了人的全面发展的优劣。

第二章 中国式现代化的历史探索

第一节 中国现代化历史课题的提出

一、两种文明冲突下的产物——鸦片战争

东方文明和西方文明是人类历史的文化宝库中的两颗璀璨明珠。从 1840 年鸦片战争开始，中国文化遭到了西方文化的无情冲击，从文化学的角度来说，这是一个文化碰撞、文化比较、文化选择的过程，这一过程还在持续。

鸦片战争开启了中国近代史，也开启了中国现代化的历史。一般认为，鸦片战争是中英之间的第一次正面冲突，产生这次冲突的导火索就是鸦片贸易，从实质上来说，是农业文明与工业文明的正面冲突。目前来看，人类历史上经历了三次伟大的革命性转变：第一次革命性转变是在 100 万年前，原始生命进化成人类；第二次革命性转变是人类从原始状态进入文明社会；第三次革命性转变则是近几个世纪正在经历中的事，即从农业文明或游牧文明逐渐过渡到工业文明。农业文明向工业文明的转型，就是我们通常所说的现代化。从世界范围内来看，广义的现代化进程（以全球化与人的现代化为起点）始于 14—16 世纪的文艺复兴与大航海时代（约 1500 年前后），狭义的现代化进程（以工业化为起点）始于 18 世纪的工业革命。

17 世纪中叶，东西方都处在巨大变化中。在清朝统治的 268 年间（1644—1911），其中有 135 年（1661—1795），中国处于"康乾盛世"。至乾隆末年，中国经济总量排世界第一，对外贸易出超，以致使英国迟迟不能扭转对华贸易的逆差。1640 年，英国开始资产阶级革命；1775 年美国进行独立战争；1789 年法国爆发大革命。尤其是英国，工业文明萌发，资产阶级革命兴起，思想启蒙运动冲破中世纪封建神学桎梏束缚。英国发展速度飞快，迅速脱离传统的发展线路而跃上世界文明进程的制高点。18 世纪 60 年代起，工业革命使英国经济出现了腾飞。出现了新兴的工业城市，人口大量向城市转移，商业繁荣，欧洲国家的生产进入更高层次的发展。与此同时，西方国家向全世界扩张的步伐也骤然加快。他们纷纷走出国门，建造大船大舰，组织商队和贸易公司，进行航海探险，致力于海外贸易，到世界寻找商业机会、土地、人口，掠夺金钱，进行原始积累。接踵而来的是欧洲各国以地球为战场而进行的商业战争。期间，英国国王曾经先后四次遣使来华，但四次通使的目的均未达到，埋下了中英鸦片战争的起因。东方中国的富庶，早已成为冒险家"寻宝"的动力，他们迫不及待地开始了"中国之旅"。到了 18 世纪，英国工业革命的成功，海外贸易的发展，迅速成为殖民国家。此时，英国并没有放弃，也不会放弃中国这块未开垦的处女地。英国多次想要与中国结成商业联盟，然而，此时清政府施行"闭关锁国"的政策，以为"天朝物产丰盈，无所不有，原不籍外夷货物，以通有无"，拒绝了英国使团向中国提出了乞请贸易。英国从商业、文化、传教、外交等多方面进行了百余次打入中国的尝试终归失败。1840 年，在隆隆的鸦片战争炮火中，西方列强的坚船利炮打开了中国的国门。从此，中国历史开始了新的一页。

二、现代化历史课题的提出

现代化以西欧的工业革命为始点，然后通过殖民化弥散到美洲、澳洲、亚洲和非洲广大地区。正因为如此，历史上又把现代化称之为欧化、西化或工业化。现代化其特有的弥散、扩张性质，使不同国家现代化历程的起步时间及启动方式各不相同。美国社会学家M·列维将其分为"内源发展者"和"后来者"两大类型，即"早发内生型现代化"与"后发外生型现代化"的区别。英、美、法等国家是"早发内生型现代化"典型代表。这些国家早在 16—17 世纪就开始起步，现代化的最初启动原因都源自本社会内部，是其自身历史的绵延。而如德国、俄国、日本以及当今世界广大的发展中国家，属于"后发外生型现代化"，它们的现代化大多是到 19 世纪才开始起步，最初的诱因和刺激因素主要源自外部世界的生存挑战和现代化的示范效应。[①] 显然，中国的现代化历史课题的提出属于后发国家的主要类型。

作为一个"后发外生型现代化"国家，中国在 19 世纪才开始由入农业文明向工业文明转型过渡。事实上，早在两百多年前，以英国为代表的"早发国家"已经通过踏上现代化而成为新的示范并开始了对东方的觊觎和幻想。而 1840 年鸦片战争的炮火是以其霸权

---

① 孙立平. 后发外生型现代化模式剖析 [J]. 中国社会科学, 1991（2），（02）：213–223.

威胁显出其本性，先软后硬，其本质是资本的扩张和掠夺。由此，从某种程度上我们可以说中国现代化是一个简单的"刺激—反应"过程。

事实上，对于中国来说，现代化既是古老的历史在新世纪的骤然断裂，又是这一历史在以往的传统中静悄悄的绵延。在鸦片战争200年之前，西方就通过传教士和外交使臣开始了对中国进行宗教和科技生的渗透和影响。19世纪上半叶，清政府内部的一系列社会动向也为以后的变革提供了历史和心理的准备。即使在1840年之后，人口过剩、土地兼并，农民起义，地方武装割据，攘外与安内之争，文化上的激烈反传统等历史性的社会文化现象并不是消失不见了，只不过是历次皇权更迭或权力转移过程中必然的征候而已。因此，有学者说，在大部分时间里，中国面对的主要问题还不是外部世界的挑战，而是源自内部的传统危机。① 但到了19—20世纪，当西方的示范展示出另外一种截然不同的发展道路的时候，中国才对自己历史的内部挑战产生了一种不同的回应方式。这样，内部危机与外来冲击和示范效应叠加在一起共同制约了中国现代化的反应类型与历史走向。在"刺激—反应"中，抵御外敌，内部改革，中国现代化的历史课题逐步提上日程。

习惯上，人们对中国现代化历史课题的提出有一个明确的时间点或重大事件，但事实并不是如人们后来研究和理性思考时有那么明确的时间、地点和人物。对此不同的学者有不同的观点。对于"中国现代化的初始"，许纪霖、陈凯达在其主编的《中国现代化史（1800—1949）》（第1卷）中认为，中国现代化启动的历史象征是模糊的，"为了论述的方便，我们暂且将其上限追溯到19世纪初，从1800年这样一个没有明确时限和特定事件的时间开始。"② 而罗荣渠认为，"中国现代化的思想启动发端于嘉庆、道光年间的'经世致用'思潮，经历了'洞悉夷情''师夷长技''变通自强''维新变强''中体西用'等许多演变，都是在传统儒学思想框架中进行的。"③ 通常，我们把1840年的鸦片战争看作是中国现代化的开端，这是我们现行的教材、官方文献及多数研究者共同认同和使用的时间点和重大事件。

---

① 许纪霖，陈凯达. 中国现代化史（1800—1949）（第1卷）[M]. 北京：学林出版社，2006，第3页.
② 许纪霖，陈凯达. 中国现代化史（1800—1949）（第1卷）[M]. 北京：学林出版社，2006，第3页.
③ 罗荣渠. 现代化新论：世界与中国的现代化进程 [M]. 北京：商务印书馆，2009，第59页.

第二节　中华民族对现代化的历史追求与选择

一、对现代化的历史追求

（一）中国早期现代化的尝试

1. 第一阶段——鸦片战争后

这一阶段主要包括洋务运动、戊戌变法运动和清政府"新政"。

（1）洋务运动开始了中国早期现代化的初步尝试

工业革命后的先进国家对后发国家展开掠夺，从而引发了鸦片战争，但同时也带来了新的文明的因素。英国的"坚船利炮"打开了中国的大门，强迫中国接受西方的贸易制度与国际法观念，并签订了很多的不平等条约来强制中国市场的自由开放并且在沿海城市开办工厂，西方近代科学随之流入中国，对中国产生了强烈的影响，一定程度上为中国的发展提供了引领和示范。

19世纪50年代，广东、上海出现了中国人自己开办的工厂，开始涌现出现代机器工业。第二次鸦片战争，西方列强从中国掠取了更多的经济、政治利益和特权，大大加深了中国的半殖民地化程度。这一阶段，太平天国运动几乎使清王朝遭到了覆灭性的打击，清政府勾结侵略者镇压太平天国运动，以曾国藩、李鸿章为代表的封建官僚率先受到西方资本主义的影响，他们先后以"自强""求富"为口号，从西方引进先进的机器设备，陆续创办了一批军事和民用工业。这些官办的工业又带动了民间商人出资办厂，于此，展开了中国现代化的步伐。

经过了洋务运动，一方面，中国的工业化得到发展，社会结构也发生了初步的变化，形成了近代工商业者、产业工人、现代知识分子和其他现代专业工作者等新阶层。他们具有有现代思想和知识技能，代表了新的生产方式和社会形态，这一阶层的力量成为清末社会发生变革的新的社会基础，另一方面，西方社会思潮随着帝国主义入侵的加深而快速涌入。但是洋务运动的变革不彻底，没有从根本上改变当时的社会现状。19世纪末20世纪初的时候，新一轮殖民扩张兴起，对中国正在进行着的现代化产生了重大的影响，在1894—1905年的10多年间，中国连续遭到甲午中日战争、八国联军侵华、日俄对中国争夺战等打击，签订了诸多丧权辱国的条款，割让了大片领土，而中国无力反击，几乎沦为所有西方工业与日本共管的半殖民地。

（2）戊戌变法推动了中国早期现代化的步伐

1895 年 4 月，日本逼迫中国在日本马关签订《马关条约》的消息传到北京，康有为发动在北京应试的 1300 多名举人联名上书光绪皇帝，痛陈民族危亡的严峻形势，提出"拒和""迁都""变法"的主张。史称"公车上书"。这次上书，轰动了全国，揭开了维新变法的序幕，成为推动中华民族大觉醒的契机。当时形势的严峻如严复所讲，"法终当变，不变于中国，将变于外人。"正是在这种异乎寻常的严峻形势下，内外压力迫使清政府在最后的统治时期（1896—1911 年）加快了改革的步伐。

甲午战争之后，康有为所领导的变法运动作为中国近代史上救国救民族的第二个方案由此揭开序幕。戊戌维新运动把从地主阶级分子中分化出来的讲求新学的改革派以及从洋务运动中分化出来的具有朦胧资产阶级意识的改革派作为主体。希望通过和平的、非暴力的方式，全面变革陈旧落后的社会制度，建立君主立宪政体，自下而上、循序渐进地推进变革。戊戌维新运动迅速扩展到各界和全国各地。为了推动民主运动走向深入，促使清政府维新变法，维新派开展了一系列的活动，如创办学会、开办新式学校、创办新式报刊。在康有为、梁启超等为代表的维新派的推动下，一场以建立君主立宪政体为目标的民主运动于 1898 年达到高潮并导致戊戌新政。光绪皇帝颁布《定国是诏》，宣布正式实施变法，并先后发布一系列变法诏令。

戊戌变法是中国近代以来现代化进程的一个重要转折点。由于清政府权力斗争出现白热化，戊戌变法运动遭遇层层阻力，最终这场行政改革刚刚开始就被以慈禧太后为首的保守派发动"政变"碎为齑粉。但是这场流产的"政治现代化"的尝试的意义十分重大。民主化是现代化不可缺少的一项内容，也是工业化发展的必然结果。但民主化必须经过长期的积累，这是一个漫长的过程，绝非是一两次的民主运动就能够完成的。戊戌维新运动正是这一历史过程的始发点，是中国历史上第一次具有现代意义的民主运动。它开始突破了物质与精神分割的"中体西用"的思维定式，全面提出了西方科学技术和民主政治制度的现代化纲领和措施，大大改变了中国传统的价值观念和理论结构。[①]

（3）清末立宪运动铸就了早期现代化的模糊轮廓

①清末"新政"时期出现了中国历史上第一次工业化的高潮。20 世纪初，清政府调整了工业化的政策，改过去工业官僚垄断为积极扶持民间工业的发展，并赋予法律制度的保障。从 1903 年起，清廷成立商部（后改组成农工商部），陆续颁布了《奖励公司章程》

---

① 谭来兴. 中国现代化道路探索的历史考察 [M]. 北京：人民出版社，2008，第 112 页.

《商会简明章程》等一系列法律法规，承认民间商人自由经营现代工商、铁路和金融业的权利，确立现代企业的合法地位，正式建立了现代企业制度，加上回收权力、抵制洋货运动等其他历史因素，20世纪初，中国出现了一次工业化的浪潮。民办企业数量明显增加，出现了私人集资办企业取代官办企业的明显转变。中国从沿海口岸到内地农村，都强烈地受到现代经济成分的影响。

②清末"新政"使民主化重新焕发生机并迅速得到发展。与戊戌维新运动比，清末民主运动在模式、运动方式、组织水平和结局等方面有了明显的提高，而使民主运动不断走向成熟。从规模上看，民主阵线扩大了，参加民主运动的阶级、阶层增多。在不同时期、不同程度上，现代知识分子、现代工商业者、产业工人、农民、市民、军人甚至一些具有开明思想的官僚和军阀都加入民主阵线或被卷入民主运动，其社会动员的广泛性大大超过戊戌维新时期。民主思想已经深入人心，并转化成具有广泛影响的社会运动。从运动方式来看，呈现出多样化的趋势，形成了民主运动的两大阵营，一派是革命派；另一派是立宪派。无论是革命派还是立宪派都对早期现代化的全面展开都有一定的"贡献"。这主要表现为：一是民主思想宣传和民主意识的唤醒。革命派利用报刊大力宣传民主思想，唤醒了民众的民主意识，还发动武装起义，组织民众投身到民主运动中去。可以说，革命派对清廷造成了直接的威胁和巨大的压力，迫使清政府加快变革的步伐。立宪派则积极推动宪政改革，清政府1905年宣布废除科举制，并派五大臣出洋考察（这比日本派遣政府代表团出洋考察变法晚了35年）。1906年9月，清政府终于决定大幅度改革行政组织，进行西式立宪准备，并重建中央对地方的控制。二是现代政团、政党组织的出现。戊戌维新运动的组织者是各地的学会，而清末民主运动中则出现了现代政团、现代政党组织。革命派以中国同盟会为领导核心，中国同盟会是中国第一个现代政党。立宪派也先后建立了一些社团、学会，比如预备立宪公会、政闻社等，后来又建立了宪友会、宪政实进会等现代政党。尽管后来民主运动失败了，但也取得了一些实质性的成就，为政治体制的变革奠定了现代政治组织的基础。

③清末"新政"下，工业化、民主化运动推动了清末经济、教育、军事领域的变革，使传统社会开始解体。首先，在教育方面，"新政"中，教育制度改革最突出的贡献是废除了科举制度，确立新学制、现代教育制度。1903年颁布了《奏定学堂章程》，订立了全国统一的新学制。1905年清廷宣布废除科举，上千年的人才选拔制度、社会阶层流动模式发生了质变。1905年夏，载泽等五大臣出洋考察各国宪法，表示要预备立宪。1906年9月，厘定中央官制。1907年设资政院于北京，作为中央的民意机关，设咨议局于各省，作为地方的民意机关。1908年颁布宪法大纲并规定九年预备立宪时期。

其次，在军事制度方面，改革军事行政机关和军制以及编练新军。自 1903 年开始，清朝开始在全国普练新军，建立了新军制。1911 年，设立了陆海军部军咨府等新式军事统率机构、兴办一批新式军事学堂、向国外派遣一批军事留学生，还编练了 14 个镇的新军。

再次，在政治制度方面，虽然清末"新政"中政治制度的改革刚刚起步，但仍具有不可忽视的意义。"新政"初期，清政府主观动机是希望通过振兴以工商业为核心的工业化，以增强自身的统治基础，把变革限制在非政治领域，至多调整一下现有的行政组织，合并或增加一些行政机构，不愿意进行社会变革。然而，腐朽的政治体制已经成为中国社会变革的重大障碍，工业化、民主化运动的发展要求冲破专制政治的牢笼，政治改革不可回避。1906 年 9 月，清廷被迫宣布实行仿行宪政，按照立法、司法、行政三权分立的现代政治原则改革现行的政治体制。至高无上的皇权在逐渐觉醒的民权意识冲击下，被迫接受法律条文的规限；资政院、咨议局得到设立并开展活动，在封建专制政体上凿开了一个民主政治的缺口，标志着中国传统君主专制制度正在向君主立宪制转变。①

尽管"新政"后，中国社会开始形成中央政府领导下的全国性的早期现代化的潮流，把中国的工业化、民族化和民主化运动提升到一个新高度，但是，中国社会封建专制统治依然如故，传统社会的结构没有明显变化，真正的资产阶级议会制度不可能确立，发展的资产阶级还没有真正掌握政权，整个社会还处在封建的框架内。

2. 第二阶段——辛亥革命以后

这个阶段包括辛亥革命及后来的北洋军阀时期、南京政府时期。

（1）辛亥革命

1911 年辛亥革命后，清王朝覆灭，中国早期现代化进入一个新的发展阶段。以孙中山为首的中华民国临时政府、北洋政府以及南京国民党政府为推进中国现代化也进行了努力，但因为资产阶级的软弱性，导致并没有达成现代社会的目标。辛亥革命对中国的突出贡献是毋庸置疑的，它推翻了两千多年的封建君主专制制度，确立了共和制度。这是一项大的国家结构模式转换。尽管有后来人对辛亥革命的评价亦如此，但辛亥革命后中国的现代化进程也是有波澜的。

要考察辛亥革命后中国现代化的状态，必然离不开对孙中山关于中国现代化的设想。孙中山既是中国民主革命的先行者，又是中国现代化的伟大先驱。他对中国早期现代化的卓越贡献，不仅表现在他带领中国人民推翻了封建专制统治，为中国早期现代化的正式启动创造了必要的条件，而且在于他突破前人单一现代化框架，为中国指明了一条包括政治

① 谭来兴. 中国现代化道路探索的历史考察 [M]. 北京：人民出版社，2008，第 117 页.

改革、经济改革、社会教育、思想文化和价值观现代化的思路。

　　孙中山对中国现代化的设想，总体的参照系还是西方。孙中山上书李鸿章，首次提出中国走向现代化，可以借鉴西方、超越西方、后来居上的战略构想，即"间偿统筹全局，窃以中国之人民材力，而能步武西泰，参行新法，其时不过二十年，必能驾欧洲而上之"①。但是，上书失败，这就导致孙中山对清朝统治者失去信心，转而从事反清革命斗争。在长期的革命实践中，孙中山针对当时中国社会面临的民族危机、政治危机和社会危机的实际情况，结合西方的社会政治理论，逐步为中国的政治、经济以及文化教育等方面的现代化做了理论设定和实践的付出。当然，孙中山对中国的现代化的阐述散见于三权分立、五权宪法、建国大纲、建国方略等重要论著中，并没有专门的著述。

　　①政治方面。孙中山现代化理论和实践之首是政治的现代化。面对国内封建专制暴政"妨碍我们在智力方面和物质方面的发展"，造成可怕的贫穷和落后，人民处于无权状况，而国际帝国主义阻止中国走上现代化之路，孙中山主张，通过"国民革命"的途径和手段推翻作为"恶劣政治之根本"的封建专制制度，而"讲到那政治革命的结果，是建立民主立宪政体"②。他深信，"一个新的、开明而进步的政府"的建立，必将为中国未来经济发展打下基础，并在短期内使自己摆脱困境，跻身于世界发达国家的行列。具体为主张建立一个中央集权的政府，形成一个"集中人民力量来为人民"的合法权威；在国家制度上，设计了立法权、司法权、行政权、考试权、纠察权构成的"五权分立"政治构想，国家机构由行政院、立法院、司法院、考试院、检察院"五院"组成，实现选举权、罢免权、创制权、复决权和治权，包括行政权、立法权、司法权、考试权和监督权的分离；以政党政治为政治现代化的重要目标，提出全民政治的观念。

　　②经济方面。经济现代化是孙中山现代化思想框架中的杠杆，主要包括：以交通运输业为突破口，重点发展"关键及根本工业"，相应发展"本部工业"，为中国设计了一条由重工业到轻工业的发展道路；实行开放主义，通过对外开放加速本国经济现代化的步伐，同时，重视农业的基础地位，促进农业的发展；等等。

　　③思想文化方面。通过思想文化现代化促使人的现代化。孙中山围绕"心理建设""革新为本"的目标，构建了改造民族心理的理论。首先是对中国传统文化的批判。认为中国传统文化专制主义的恶性膨胀禁锢了人民的思想，摧残了人才，养成了国民盲目崇拜的恶习和苟且偷生的心理。进而强调要吸收外来养分，用欧洲学术思想启发同胞才智，主张培养具有现代民权意识、现代国民性格的政治主体，努力创造出现代化社会和现代化的

①　孙中山全集（第1卷）[C].北京：中华书局，1981，第236页.
②　孙中山全集（第1卷）[C].北京：中华书局，1981，第236页.

中国人所需要的价值取向。还强调，用新式的教育来更换现存教育结构，改变很多人尤其是很多妇女目不识丁的状况，培养更多的掌握科学技术的人才。

孙中山所构想的中国现代化道路是一条以资本主义为发展方向的现代化道路。这种构想的形成，是其"外察世界潮流"和"内审中国国情"的一种"创制"，与孙中山的人生经历有着极为密切的关系。

（2）北洋军阀统治时期

北洋军阀的统治始于 1912 年袁世凯就任中华民国临时大总统，止于 1928 年"东北易帜"。北洋军阀统治时期是一个动荡与流血的时代。这一时期的现代化进程出现鲜有的特点。

第一，政治现代化出现停滞和倒退。辛亥革命后，资产阶级民主共和国成立，南京临时政府成立后 3 个月，一系列有利于民主政治和资本主义发展的法令，以法律的形式明确规定了资产阶级民主共和国的国家制度、政府组织机构和一般的民主权利。但当袁世凯窃取了辛亥革命果实成为临时大总统后，资产阶级民主共和国就迅速开始蜕变。资产阶级民主派为改变这种状况做出了努力。先是试图用《临时约法》限制袁世凯的权力，继而联合各党派，组建国民党，希望通过政党政治将中国引向西方民主之路。按理讲，民国就这样走上轨道了。但事情并不如我们所想，应该看到辛亥革命推翻了清朝，不是一个新的朝代开始，而是一个新的时代开始。袁世凯上台后，利用他手中的军事实力，刺杀宋教仁，迫害国民党成员，解散国会，修改《临时约法》，抛弃临时内阁，辛亥革命所建立的民主制度一步步被肢解。但是，辛亥革命所高扬的民主共和观念已经深入人心。袁世凯复辟帝制，就是走到尽头。1916 年，袁世凯在人民的唾骂声中被钉在历史的耻辱柱上。袁世凯可耻地死去，不仅标志复辟帝制的企图失败，而且触发了中国早期政治现代化的倒退，形成了军阀割据。北洋军阀一分为三，各地势力纷纷拥兵自重，控制地方军、政、财权，借此与中央对立。中国社会陷入了空前的军阀混战状态。这种状态从 1916 年持续到 1928 年。军阀混战状态彻底打破了中国传统的权力结构。中央政府无力控制地方割据，社会混乱，政治不稳定；军阀割据打乱了经济现代化的进程，造成社会生产力的破坏；军阀割据完全破坏了民主，彻底断绝了中国以非军事的方式重建民主宪政国家的可能性。

第二，经济现代化在割据中高速成长。北洋军阀统治时期，是中国早期经济现代进程中的唯一一个"黄金时期"。现代产业、金融业打破长期"有增长而无发展"的被动局面，呈现出增长势头。这一时期，一大批现代产业涌现出来。工业和手工业的迅猛发展，农产品的进一步商业化，使城乡商品交换和出口贸易量激增，商品流通的领域得到扩大，流通量大幅度提高，地域间经济联系加强，国内市场不断扩大。商业繁荣同时推动城市化及金融业的发展。

第三，现代化推动力的兴起与聚合。在近代工业、金融业和城市发展过程中，形成了现代化推动力的兴起、聚合，主要是民族资产阶级、工人阶级、新兴知识分子力量壮大起来，成为一种不可忽视的社会力量。各种社会团体兴起。

第四，思想解放运动的兴起和蓬勃发展。显然，北洋军阀时期政局混乱，其思想也混乱。一方面，中国传统思想文化和价值体系，从洋务运动、戊戌变法到辛亥革命，以皇权为中心的政治、经济和思想文化已经遭到巨大的冲击以致解体。然而，冲击之下的社会价值体系很难在短时间里建构起来，整个社会价值观自然陷入一种真空、混乱和矛盾之中。另一方面，辛亥革命并没有如人们预想的那样带来民族独立、民主和进步，相反社会思潮混乱带给知识分子苦闷和徘徊。在这种情况下，从19世纪末尤其是废除科举后开始形成，到1915年后已经相当有力量的新兴知识分子，勇敢地承担了重构价值体系的历史重任。1915年，陈独秀在上海创办《青年杂志》（后改名《新青年》），以《新青年》为阵地，高举"民主"和"科学"的大旗，用民主和科学来"救治中国政治上、道德上、学术上、思想上的一切黑暗"，掀开了中国社会思想解放的潮流。

1928年12月，张学良通电全国："服从国民政府，改旗易帜。"接着，国民党政府采取军事讨伐与经济收买、政治诱惑等手段，基本上打败了当时所有的地方军阀派系。1931年以后，国内基本不存在能单独以军事实力向南京国民政府挑战的派系和人物。自此，始于辛亥革命后的军阀割据局面基本结束，初步实现了形式上的"统一"。

党治国家的政治模式与政治现代化。"以党治国"的党治国家的模式是执政后国民党形式上按照孙中山晚年所构想的政治纲领，即"军政—训政—宪政"的理论程序设计出来的。1928年10月，国民党中央执行委员会通过《训政的纲领》，宣布进入"以党治国"的训政时期，在对孙中山的党治模式设计进行重大修改之后，逐渐形成了国民党一党专政的政治体制。

国家资本主义的经济现代化道路。在1928—1937年间，中国的经济有一定幅度的推进。这个时期，在经济上采取"发展国家资本、节制私人资本"的指导原则。出台《统一财政、确定预算、整理税收，并实行经济政策、财政政策，以植财政基础而利民生建议案》《训政时期经济建设实施纲要方针案》《关于建设方针案》以及后来的《特种工业奖励办法》《工业技术奖励条例》《工业奖励法》等扶植工业发展的法规，对旧有的厂矿、电力企业进行了清理整顿，鼓励发明创造，奖励民营企业。上述这些措施，在特殊的历史条件下，客观上也促进了经济现代化水平的提高。

从中国现代化的工业化、民主化和民族化三项主体内容而言，民国时期的资本主义现代化，在民主化和民族化方面成效不大。只是在以工业化为主的经济资本主义化方面取得了一些成效。并且在日本侵华之后，国民生产有所降低，离实现工业化还有很大的差距。

（二）早期现代化思潮及其反思

从 1840 年鸦片战争到 1949 年中华人民共和国成立，中国探索现代化可分为多个时期。有学者把这个历史时期从现代化视野看，称为中国早期现代化。对这一百余年的近代历史进程中每一个局部事件、运动的微观审视，早期现代化的无数方案对推动中国现代化都有不同程度的作用和意义。但从整体上看，这些努力并没有从根本上改变中国实现现代化的条件和状态。

世界现代化的历史证明，任何国家、民族实现现代化都需要一定的社会历史条件。没有这个条件，无论多么美妙的现代化蓝图都是海市蜃楼。当然，由于时代的变化以及国际环境的差异，各国家、民族进行现代化建设所需要的条件不是千篇一律的，也不是一成不变的。就西欧现代化来看，在 15—16 世纪前后，西欧社会经历了农奴制解体、文艺复兴、宗教改革、地理大发现等重大历史事件。在这个过程中，民族国家的出现具有重大的意义，它为现代化提供了制度的保障，经济发展与社会转型都是以此为依托而进展的，为一种新的文明开辟了道路。这些经验也为我们考察早期中国现代化提供了经验及参考标准。但是在近代中国半殖民地、半封建的社会中实现现代化的条件是不成熟的。具体表现为：一是庞大的人口过剩压力与自然资源的相对短缺造成人地关系失衡。在中国现代化启动之时，人口重负、农村劳动力过剩、自然资源有限，原有的生产关系难以消化掉这种境况，局部性民变、匪患和骚动、天灾人祸，最后蔓延为农民暴动和起义。二是在民族生存危机的重压下启动现代化而具抗拒和追赶特点。鸦片战争之前，仅从 18 世纪到 19 世纪上半叶 150 年间看，社会秩序稳定，商业、手工业日趋繁荣。中国人的民族主义意识是文化意义上的，他们认同的是一个外延可以推及天下的华夏文化共同体及其以此为体制合法性的世袭君主，所以，对世界的态度是自大、抗拒而不理不睬。鸦片战争前，英国使臣几次来华遭拒就是最好的说明。鸦片战争之后，中国的国门被迫打开而向世界开放以后，人们逐渐认识到中国不过是多元世界中的一个有限的政治实体，这才萌发了现代意义的民族主义。随着亡国灭种威胁的加深，民族主义也成为最有效的政治动员力。鸦片战争之后，"洋务运动"造枪造炮是器具的追赶，"维新运动"是制度的追赶，"五四运动"是文化上的追赶，这种追赶延续至今。三是政治衰败、国家四分五裂的乱世局面，没有现代化需要的安定、理性和有序的环境。19 世纪中叶，现代化启动时的清王朝，传统的秩序以王权为中枢的政治、社会、文化、道德"大一统"秩序已经处于江河日下的政治衰败之中，已无力扮演领导现代化的角色。辛亥革命推翻王权之后，传统秩序分崩离析，使中国处于前所未有的混乱。因此，早期现代化领导力量多变，参与力量复杂，经济能力不足，整个社会环境既有内乱，也有外侵，战争、暴动和不安，这是早期现代化的真实写照。尽管在这个时期，中国历史上也出现了现代政党，辛亥革命改变了中国社会的封建性质，建立了资产阶级共和国。然而，新建立的资产阶级共和国不稳定，有过复辟，出现了军阀混战。可以说，既没有一个现代化建设需要的社会环境，也没有一个足以担当领导中国现代化的强大政治力量和统一的稳定局面。

总体上看，现代化的进程在世界不同地区、不同文化背景下，并没有一成不变的模式。尽管如此，伴随近代百年早期中国现代化，各种思潮迭起，为中国的现代化也留下了宝贵的历史经验和思想遗产。

1840—1911 年是现代化思想的萌芽阶段。这段时期已开始器物和制度层面的现代化，即罗荣渠认为的"御夷图强"到"中体西用"中的现代意识萌芽。中国现代化运动最早启动，应该是两次鸦片战争与太平天国革命之后，由清朝政府中洋务派发起的模仿西方先进兵工技术的自强运动，也叫洋务运动。西方列强的到来，逐渐地使中国人认识到这是"三千年未有之大变局"而产生了应变的思想。19 世纪 60 年代开始的自强运动，是在传统的思想框架内认识世界大变局和中国大变局的实践活动。支持自强运动是源于国家的根本传统体制是不能动的。

当西方冲击中国思想文化的时候，中国的统治者以及他的知识分子首先是排斥，进而演变为御夷图强，再到变法图强。但其深层次的还是变"表"而不变"质"。维新运动与自强运动一样遭到了失败，但在这个过程中，办工厂、兴实业、派遣留学生、翻译西方著作，为西方思想传入打开了入口，也引起了中国思想界的变化。一个突破性的变化是，西方进化论输入中国，给予中国知识界认识世界、观察历史以新的思想武器。激进的革命派提出了"种族革命理论"（孙中山、章炳麟等），维新派思想家梁启超提出从保国保种的思想转向根本改造国民素质的"新民"理论，"新"化思想中已经包含着现代意识、自由意识、竞争意识等。"要救国，只有维新，要维新，只有学外国。"这是自强运动以来近代中国仁人志士达成的基本共识，也是近代中国现代化意识萌芽的初现。

1912 年至 20 世纪 20 年代现代意识逐渐明确，经历了"中体西用论""中西调和论"和"中西互补论"几个阶段。辛亥革命后，"中体西用论"逐渐衰落，"中西调和论"占据上风。五四运动前后，平民知识分子登上了历史舞台，开始向封建旧文化宣战。陈独秀更是旗帜鲜明地主张接受近代西洋文明，全盘否定中国的传统文化，彻底地否定了"中体西用论"。这就是 20 世纪初中国思想界对现代化的理解，其内涵就是科学化和民主化。后来胡适明确指出"西化"优于"东方化"，并将成为东方各国的发展趋向。

1902 年，梁启超就提出了"新民说"，已经隐约道出了现代人的特征。五四运动前后，陈独秀"新青年"的特征更加明确，那就是自主的而非奴隶的；进步的而非保守的；进取的而非隐退的；世界的而非锁国的；实利的而非虚文的；科学的而非想象的。"五四"时期的"西化论"的主流思想是输入西方民主与科学精神，通过激进的"文化革命"来彻底改造中国旧文化，以争取中国的文艺复兴。梁启超后来又提出最新观点，"拿西洋的文明来扩充我的文明，又拿我的文明去补助西洋的文明，叫它化合起来成一种新文明。"这就是"中西互补论"。

20 世纪 20 年代至 30 年代现代化的概念被提出和现代化思想初步形成。从 20 世纪 30 年代初，在新的论战中提出了"现代化"的概念来，以用代替"西化"的概念，同时把中国的出路问题从文化领域延伸到经济领域，实际上就是引出了中国出路即发展道路问题这一论述。

很长时间以来，人们都认为现代化是一个外来词，罗荣渠在《现代化新论》中指出，中国提出"现代化"的概念和观点，要早于西方 20 年。20 世纪 20 年代至 40 年代，现代化思想逐渐深化，探索现代化道路中出现了发展道路之争。当西方列强炮轰国门时，中国还处在农业社会，如同世界上所有现代化进程国家一样，都面临工业化的问题。对一个拥有悠久历史并创造了辉煌的农业文明的国度，其现代转型是不容易的。但是，转型是必需的。实际上，当时中国的现代化的发展方向到底如何，在意见和认识方面也是不一致的。主要分为农业立国和工业立国两大阵营。农业立国与工业立国的实质是对文明形态认识的差异，是传统与现代之争。

二、对现代化的选择与探索

（一）新民主主义革命胜利与中国现代化的整治前提和制度基础

要实现中国的现代化必须先实现中国的民族独立。马克思和恩格斯强调民族独立问题对于现代化非常重要。这是马克思、恩格斯对资本主义生产方式实现现代化局限的本质认识。在《共产党宣言》中，马克思指出：随着资本主义生产方式在全球的扩张，资产阶级"使未开化和半开化的国家从属于文明的国家，使农民的民族从属于资产阶级的民族，使东方从属于西方"[①]。所谓"从属"，就是指资本主义生产方式在这些国家的扩张，实质就

---

① 马克思恩格斯文集（第 2 卷）［C］. 北京：人民出版社，2009，第 36 页.

是掠夺财富并为方便它们的掠夺通过殖民而建立其自己在全世界的统治。殖民地可能有发展，但其发展也是受约束的，是付出代价的、有限的发展。这些论述揭示了没有实现民族独立的国家而成为殖民地的国家发展现象背后的实质。

鸦片战争以后，中国逐渐沦为半殖民地半封建的社会。外国资本主义的入侵让中国的国门被迫打开，中国开始了洋务运动、戊戌变法、清末新政的"刺激—反应"模式，中国的现代化有了起步。但这些"起步"，并非真正意义上的"进入"。

辛亥革命后，开始进入社会变革加速发展时期，同时也是民族觉醒的时期。1911—1949 年的近 40 年间，中国旧秩序的崩溃和旧结构的分化，比从鸦片战争到辛亥革命期间要快得多。国际资本加大对中国政治、经济等方面的渗透，群众性的社会动员和革命运动风起云涌，加之第一次世界大战，帝国主义暂时放松了对中国的经济侵略，加之中国资产阶级的自身努力，中国资本主义经济有了快速发展的主客观条件，出现一度增长较快的发展势头。当时社会上各种因素的相互作用，推动了中国社会向现代社会的缓慢转变。比如，清末立宪运动时期颁布了一些具有现代化意义的各种经济法规，在社会中所起的作用并没有因为辛亥革命而中断。北洋军阀时期，这些法规还得到了初步完善，直到国民政府时期才得以最终完成并促使资产阶级的利益得到保护和发展。又如，辛亥革命后，共和政体的建立以及经济和法制建设上的进展，中国资产阶级已经基本上成为中国资本主义现代化的主干，中国资本主义社会机制也得到积极改善。资产阶级开始作为独立的政治力量登上历史舞台，并在以后相当长的一段时间发挥重要作用，成为资产主义现代化的新兴代表力量。

然而，这一切并没有带给当时的中国一个好的社会发展方向。中国社会在辛亥革命后，在一系列现代化发展趋势中，严重的政治危机和社会混乱局面依然存在，这就是其领导资本主义现代化不成功的重要原因之一。1911—1930 年的 20 年间，各省之内和各军阀之间的大混战和其他小规模战争共达 140 余次，甚至在北伐战争之后，战乱仍然继续不断。可以说，这些战乱导致社会不稳定，政治环境恶劣，加之西方列强的经济掠夺，经济现代化只能在夹缝中艰难生存。当政的北洋军阀政府对外投靠帝国主义，出卖民族利益，对内实行独裁专政倒退复古，而第一次世界大战结束后，帝国主义把视线又转向了中国，侵略势力又卷土重来，仅有的那么一点发展又陷入困局。因此说，没有一个独立的、有力的政治集团，必然错失那么一点难得的发展机遇。总之，辛亥革命后，中国现代化尽管有所缓慢推进，但没有坚强的领导者。软弱的民族资产阶级并没有担负起引领中国进行现代化建设的历史重任，革命果实反而被封建军阀所窃取。经历了袁世凯和张勋的两次"帝制复辟"之后，中国政坛变得更加混乱。可见，没有强有力的政权支撑的现代化，希望只能以失望为结果。国民政府成立后，更将独裁作为统治手段，但即使这样，也不能有效抵抗外族的入侵。日本帝国主义对中国的侵略，使本来并不先进的中国遭受摧残。三年解放战争使原本脆弱的中国经济变得更为脆弱。

在 20 世纪最初的 20 多年里，中国大地上各个阶级、多少仁人志士为现代化的努力在历史的洪流面前被淹没。中国的现代化在哪里？追赶世界潮流，建立现代化国家的重任究竟会由谁来担当？

历史在 1921 年做出了选择。这一年的 7 月 23 日，在嘉兴南湖的小船上，中国共产党成立了。这个代表着无产阶级的政党，从她诞生之日起，就注定了要担负起领导工农大众完成民族独立与解放，进而建立现代化国家的历史重任。从 1921 年成立到 1927 年，中国共产党都在不断丰富和发展着自己的革命理论，对中国社会各阶级和中国现代化的现状进行了深入的分析。以毛泽东为代表的中国共产党人，把马克思主义与中国革命实践相结合，提出了用社会主义救中国的主张，领导了新民主主义革命，适应中国近代社会发展历史进程的要求，带领中国人民推翻了帝国主义、封建主义和官僚资本主义在中国的统治，建立了新中国，也就是通过新民主主义革命的胜利实现了民族独立，为实现现代化创造了政治前提——国家独立、民族解放。

中华人民共和国成立，一个独立的民族国家屹立于世界，建立了现代的民族国家和社会主义的基本经济政治制度，奠定了社会主义现代化根本的政治前提和制度基础，它的价值不仅在于一个现代的、以马克思主义为指导的工人阶级政党因执政而耀眼，更在于一个民族因独立而崛起将开始新的历程。如此宏大久远的价值，定会吸引我们的眼光，必将引起我们的深思。

第一，中国共产党的成立，使中国的现代化有了一个先进、团结而有能力的现代无产阶级政党来承担。先进性源于政党的阶级性和组织性。领导能力来源于中国共产党在新民主主义革命中经受的考验和积累的经验。

第二，新中国的成立，使中国的现代化有了民族国家独立立足的支撑点和进程的新起点。有学者在研究西欧现代化时，对西欧现代化的起步做了这样的描述："西欧国家都先后解决了民族国家的构建问题，使其发展的起始阶段获得了一个关键的立足点。这个立足点是如此重要，以至于没有它，或者是在某个特定的历史阶段缺少了它，所有现代化的目标都无从谈起。这并非意味着世界上的每一个民族都必须建立自己的国家，但在现代化起始阶段，这个民族如果没有一个独立的国家机器，那么，它肯定无法挤进现代化国家的行列。在这个意义上，一个民族是否能够建立自己的民族国家，建立一个什么样的民族国家，是一个国家发展的关键性要素之一。"① 当然，西欧现代民族国家的建立也经历了一个孕育阶段，也是从西欧中世纪的温床中孵化出来的。那些民族国家的母体无外乎是原来在西欧各个区域存在的大大小小的君主国，后来发展为"民族君主国"。那时的君主国，在本质上是官商勾结的国王"家天下"，所以还不是一个真正意义上的民族国家。以此对照，近代中国也经历了这样一个过程。鸦片战争后，"刺激—反应""追赶"型现代化也并不是在真正意义上的民族国家背景下展开的。经历了近百年的折腾，还是进步不大，也没有进入大国、强国之列。西欧在经历了"民族君主国"向"民族股份公司"的转换之后，渐渐有了现代民族国家的基本要素，才进入了西欧民族国家的初始阶段。而同期的荷兰的命运就截然不同。荷兰在 16 世纪末至 17 世纪上半叶的大半个世纪里执世界贸易牛耳，其后却走向衰败。尽管有战争的原因，但深层次的原因还在于荷兰摆脱西班牙独立后就成立了共和国，但这个共和国却是一盘散沙。这里让人想起辛亥革命后的中国，成立了资产阶级共和国，对内却掌握和控制不了中国，不能实现国家统一，政令难以贯彻，更谈不上具有现代国家统一对外的能力。荷兰没有创立真正的民族国家，不能为经济的发展提供持续的保障和动力。想想辛亥革命后的中国，情形有太多的相似，结果也基本相同。而中国共产党领导的新民主主义革命，其目标指向就是建立一个把中国现代化作为首要任务的现代民族国家。

第三，中国共产党选择走社会主义道路而开辟了中国现代化的新道路。我们知道，一个民族建立什么样的民族国家，是一个国家发展的关键性要素。新中国是符合中国人民意愿、反映时代进步的人民共和国。因为"一旦建立了某种性质的国家，其发展战略往往也会从这种民族国家的性质中派生出来。也就是说，一个民族国家的性质与其发展战略往往具有某种难以分割的同源性。"② 以西欧为例。西欧各国，民族君主国是现代化的开启者，他们都面临发展本国经济而必须消灭原有的封建割据，建立一个完整的统一国家的任务。当他们完成这个任务时，这个民族就会呈现出繁荣的景象。英国的都铎王朝时期和法国路易十四时期创造了这样一个景象。社会主义被中国人作为现代化发展道路的选择对象，开始于 1912 年，形成于俄国十月革命之后，确认于中国共产党成立之时。此后在中国共产党领导下的革命根据地逐步尝试，并对整个旧中国的现代化进程产生了积极的影响，使社会主义现代化道路的认同面逐渐扩大，成为多数人的选择。从此，中国共产党领导全国人民开启了社会主义现代化的新里程。

① 陈晓律. 世界现代化历程（西欧卷）[M]. 南京：江苏人民出版社，2010，第 3 页.
② 陈晓律. 世界现代化历程（西欧卷）[M]. 南京：江苏人民出版社，2010，第 3 页.

（二）社会主义现代化建设探索经历了严重曲折

中华人民共和国的成立，是 20 世纪的中国乃至人类历史上的一个重大事件。自此，中国结束了长期的社会动荡，逐步建立起一个现代化建设所需要的稳定的政治社会环境并开始了全面建设社会主义现代化的新时期。以毛泽东为代表的第一代领导集体克服重重困难，第一次将现代化的进程置于现实社会主义前提下，从而使现代化有了新的制度保证。中国也正式步入了社会主义现代化建设的新阶段。

社会主义现代化建设的探索分为三个时期。

第一个时期，从新中国成立之初到 1956 年，这是经济形态转变和国民经济恢复重建时期。从新中国成立到 1956 年宣布进入社会主义的七年时间，我国社会主义现代化经历了从资本主义到新民主主义，再到"苏式"社会主义的两次重大转变；进行了三大改造，完成经济形态两次转变、社会主义工业化启动，社会主义现代化建设取得初步成就。这些成就激发了中国人民的劳动热情，使包括毛泽东在内的所有中国人，对在短时间内实现共产主义信心十足，相信超英赶美、迅速实现共产主义指日可待。这也是后来出现人民公社化运动等阻碍的思想根源之一。

第二个时期，从 1957 年到 1966 年，这是全面进行社会主义经济建设和第一次探索中国社会主义现代化发展时期。学习"苏式"社会主义——高度集中的政治、经济体制，使新中国在成立初期取得了巨大的成就。在建设初期，政治热情高涨的条件下是可能的，但今天看来，是不具有可持续性的。在"一五"计划末期，各种弊端就逐渐显现出来。以毛泽东为代表的第一代领导集体意识到苏联的经济模式的弊端，试图开始突破苏联教条主义的束缚，解放思想，独立地探索中国现代化进程。但是，历史的进程并没有按照领导人的主观逻辑进行。在第二个五年计划时，中央就提出了发展速度可以放慢一些，但在 1957 年反右斗争之后，膨胀的"左"倾思想又占了上风。1958 年 5 月，党的八大二次会议上提出了"鼓足干劲、力争上游、多快好省地建设社会主义"的总路线，这是不断批判右倾保守思想、思想冒进的产物。

第三个时期，1967—1978 年，这是政治、经济曲折发展的时期，同时也是拨乱反正的时期。现代化事业遭受了挫折，人们也逐渐地反思探索社会主义现代化建设正确的道路。

毋庸置疑，强大的社会主义现代化国家的建设，是以毛泽东为代表的中国共产党人追求的目标。事实也如此，因为有了以毛泽东为代表的中国共产党的领导和选择而使中国的现代化有了社会主义性质。但在这个阶段，中国的现代化进程有苏联的经济援助和技术支持，党和人民的努力取得了巨大成就，但也遭遇了前所未有的挫折。

20世纪50~60年代，毛泽东关于社会主义现代化建设的理论与实践，主要是为创造现代化建设所必需的条件而做出的努力。1953年以后，按照过渡时期总路线的要求，社会主义改造和社会主义工业化同时并举。为此，毛泽东在理论和实践两个方面都进行了积极的努力和探索。在当时，中国经济文化十分落后，建设社会主义现代化是非常特殊而又复杂的，从马列的书中是找不到现成答案的。所以，才有了新中国成立之初对"苏联模式"的仿效。

第二次世界大战以后，"苏联模式"毫无例外地移植到东欧社会主义国家。逐渐地，"苏联模式"被国际化，成为一种与西方资本主义现代化模式相对立的形式。中华人民共和国成立之初，建设现代化我们没有任何经验。对"苏联模式"的"抄袭"也是有具体的历史原因的：一是从当时的现实必然性看，高度集中的计划经济模式，使苏联在短短的十多年时间实现了国家的工业化，从二三流国家一跃成为世界上第一个社会主义强国，所以成了我们效仿和学习的榜样。当时美苏两大阵营对峙，美国推行反共反华，中国在国际上"一边倒"，"走俄国人的路"，并与苏联携手，是必然选择。既然中国与苏为友，那么，当时斯大林关于社会主义和资本主义"两种世界市场"的权威论断，必然成为中国选择现代化模式的重要依据。二是在特定的社会经济背景下，新中国诞生，面对的外敌压力和内部困难，新生政权要巩固，必须快速摆脱经济困境和建立强大国防，只有一条路，像苏联那样，走优先发展重工业的战略是必然选择。三是仿效"苏联模式"有政党、社会发展历史文化渊源。中国人，包括中国共产党是通过第一个社会主义国家苏联来认识社会主义的。中国共产党是在苏联共产党帮助下建立起来的，并且在苏联控制的共产国际的长期领导之下。

学习抄袭苏联模式，在今天看来需要汲取一些经验和教训。首先，要肯定"苏联模式"对新生的社会主义中国现代化建设的意义是重大而不可以简单否定的。因为这种现成的模式为中国提供了"国家组织形式、面向城市的发展战略、现代的军事技术和各种各样特定领域的政策和方法"[①]。其次，我们可以看到，经过第一个五年计划时期的大规模的经济建设，我国工农业都有较大幅度增长，初步改变了我国经济以农为主的局面，初步形成了社会主义工业化的基础，初步建立了一个比较完整的国民经济体系。国防工业从无到有地建立起来，国家的科学技术水平也得到了大幅度提高。

（三）走自己的社会主义现代化道路

人类文明的现代化进程是不可逆的。人类文明进程到如今，所展示的是多样发展性，

---

①　费正清. 剑桥中华人民共和国史（上册）[M]. 北京：中国社会科学出版社，1988，第65页.

而非千篇一律。现代化模式也如此，没有一成不变的模式，也没有尽善尽美的模式，"苏联模式"在中国发挥重要作用的同时，也暴露出越来越多的弊端。比如，在国民经济发展比例上，最突出的是优先发展重工业，而造成过于甚至片面发展重工业，导致国民经济发展比例失调，这与中国国情不适宜。又如，在资源问题上，人口众多但素质低下，地域广大但资源有限。还如，在经济运行体制上，中国是农业大国，工业基础微弱，在从农业社会转向工业社会过程中遇到的制约因素更加复杂；所有制结构单一，市场机制的作用微弱；高度集中的计划经济体制赋予生产活动的活力小且僵化；分配上的平均主义、"吃大锅饭"对调动积极性和创造性影响大。对此，以毛泽东为代表的党中央也逐渐意识到了。斯大林去世后，苏联在体制和发展中的弊端逐渐暴露出来，苏联经验并非十全十美。经过朝鲜战争、日内瓦会议、万隆会议之后，1956 年，我国进入了第二个五年计划的开局之年。之后，我国开始了以钢铁生产为抓手的工业化发展道路。

中国的国情是人口众多的农业大国，农业是解决中国人吃饭最重要的产业，农业上不去，吃饭问题就解决不了，更谈不上工业化。中国的工业化底子极其薄弱，有个我们熟悉的词，叫"一穷二白"，没有中国的工业化，就没有中国的强大。我们既不能走西欧式的资本积累，通过"羊吃人"的方式把农民从土地上赶出来成为雇佣劳动者，也不能简单照抄"苏联模式"，通过工农产品"剪刀差"掠夺农民的方式完成资本积累。通过对新中国成立初期"苏联模式"现代化的反思和一系列的调查研究，以毛泽东同志为代表的中国共产党人提出了，在社会主义建设中，以"农、轻、重"为序、工业与农业并举的发展战略，开始了社会主义现代化的历史性探索。

1956 年后，毛泽东在大量艰辛探索基础上，形成了指导中国社会主义现代化建设的若干理论。这些理论在一定的历史条件下产生，也服务于一定的历史时期。客观地讲，为中国社会主义现代化建设在理论上也做了很好的探索，丰富了社会主义现代化建设的思想资源，从实践方面也促进了中国社会主义现代化的进程。

第一，提出中国社会主义现代化建设的指导思想。开始把探索新的工业化道路的任务提上日程，提出了中国的社会主义工业化必须根据自己的国情走自己的路。

第二，提出社会主义社会的主要矛盾及党和国家的主要任务。1956 年 9 月党的八大召开，宣告了社会主义革命的基本完成和社会主义制度的基本确立，宣告了社会主义全面建设新时期的开始，制定了一条正确的政治路线，指出了社会主义的主要矛盾，即"国内主要的矛盾，已经是人民对于建立先进的工业国的要求同落后的农业国的现实之间的矛盾，已经是人民对于经济文化迅速发展的需要同当前经济文化不能满足人民需要的状况之间的矛盾"。由此，明确党和国家的主要任务"就是要集中力量来解决这个矛盾，把我国尽快地从落后的农业国变为先进的工业国"，也就是要"保护和发展生产力"。

第三，提出社会主义社会的基本矛盾和正确处理人民内部矛盾的理论。1956 年下半年，国内经济出现了生产资料和生活资料供应紧张，社会矛盾也出现了紧张。有的地方甚至发生了工人罢工、学生罢课及农民要求之退社的情况。对此现象，毛泽东对社会主义改造基本完成以后出现的这些问题和情况，用矛盾分析给予解答。毛泽东认为，在社会主义社会中，基本矛盾仍然是生产关系和生产力之间的矛盾，上层建筑和经济基础之间的矛盾，不过这些矛盾同旧社会具有根本的不同的性质，它不是对抗性的矛盾，可以经过社会主义制度本身的逐步完善不断地得到解决。对于正确处理人民内部矛盾，毛泽东指出，如果处理得不适当也可能发生对抗，凡属于思想性质的问题，凡属于人民内部的争论问题，只能用民主的方法去解决，只能用讨论的方法、批评的方法、说服教育的方法去解决，而不能用强制的、压服的方法去解决。

毛泽东提出社会主义社会的基本矛盾理论，在马克思主义发展史上具有创新性意义，不仅对中国在社会主义现代化建设中面临的各种新问题、新矛盾给予了指导，而且对于我们今天改革开放以后面临的社会问题的解释和解决也有重要启示。

自 1953 年 7 月，朝鲜停战以来，毛泽东和党中央就为国内大规模工业化建设争取一个和平的国际环境做了许多努力。比如，建立国际和平统一战线，改善与西方国家的关系。1954 年 4 月 26 日至 7 月 21 日（中间休会 1 个月）召开的日内瓦会议，是新中国第一次以世界五大国之一的身份和平等地位出席的国际会议。本着"建立国际和平统一战线"的方针，中国代表团在参加日内瓦会议期间，与英、法、美等西方国家政界人士接触，在谋求与西方国家建立和平共处五项原则的基础上关系取得了进展。

综上所述，党的八大前后几年间，毛泽东为创造中国社会主义现代化建设的国内和国际条件在理论和实践上的努力，对中国现代化进程产生了深远影响。从现代化视野来考察，在实现社会主义工业化道路重大突破的过程中，以毛泽东为代表的党中央对现代化的目标、步骤、道路、动力诸多方面都进行了思考和探索，取得了一系列重大成果。

关于现代化的战略目标的认识上，以毛泽东为代表的党中央在不断深化对社会主义建设和现代化内涵的认识之上，逐步确立了"四个现代化"的目标。1964 年 12 月，根据毛泽东的建议，周恩来在全国人大三届一次会议《政府工作报告》中，正式提出"全面实现农业、工业、国防和科学技术的现代化"的宏伟目标。

尽管以毛泽东为代表的第一代领导集体在探索社会主义现代化建设上有过失误，甚至付出了重大代价，致使社会主义现代化建设中断。究其原因是多方面的，也是需要我们研究和汲取教训的。但是，在探索社会主义现代化建设上，以毛泽东为代表的第一代领导集体对社会主义现代化的贡献是不可否定的。新民主主义革命中，毛泽东思想的形成，系统回答了在中国这样一个半殖民地半封建的东方大国，怎样进行革命才能使中国走上社会主义道路的问题。在新民主主义革命胜利的基础上，以毛泽东为代表的第一代领导集体把中国成功地引上了社会主义道路。新中国的诞生和社会主义制度的建立以及社会主义建设初期的探索对中国现代化的价值，正如党的十八大报告的评价："党在社会主义建设中取得的独创性理论成果和巨大成就，为新的历史时期开创中国特色社会主义提供了宝贵经验、理论准备、物质基础"，为实现中国的现代化、实现民族复兴开辟了新的途径，特别是对当代中国共产党人找到中国特色社会主义道路实现中国的现代化的意义是重大而深远的。

第三节　当前中国式现代化的新进程

一、中国式现代化的内涵

中国式现代化，是中国共产党领导的社会主义现代化，既有各国现代化的共同特征，更有基于自己国情的中国特色。

（1）中国式现代化是人口规模巨大的现代化。我国十四亿多人口整体迈进现代化社会，规模超过现有发达国家人口的总和，艰巨性和复杂性前所未有，发展途径和推进方式也必然具有自己的特点。我们始终从国情出发想问题、做决策、办事情，既不好高骛远，也不因循守旧，保持历史耐心，坚持稳中求进、循序渐进、持续推进。

（2）中国式现代化是全体人民共同富裕的现代化。共同富裕是中国特色社会主义的本质要求，也是一个长期的历史过程。我们坚持把实现人民对美好生活的向往作为现代化建设的出发点和落脚点，着力维护和促进社会公平正义，着力促进全体人民共同富裕，坚决防止两极分化。

（3）中国式现代化是物质文明和精神文明相协调的现代化。物质富足、精神富有是社会主义现代化的根本要求。物质贫困不是社会主义，精神贫乏也不是社会主义。我们不断厚植现代化的物质基础，不断夯实人民幸福生活的物质条件，同时大力发展社会主义先进文化，加强理想信念教育，传承中华文明，促进物的全面丰富和人的全面发展。

（4）中国式现代化是人与自然和谐共生的现代化。人与自然是生命共同体，无止境地向自然索取甚至破坏自然必然会遭到大自然的报复。我们坚持可持续发展，坚持节约优先、保护优先、自然恢复为主的方针，像保护眼睛一样保护自然和生态环境，坚定不移走生产发展、生活富裕、生态良好的文明发展道路，实现中华民族永续发展。

（5）中国式现代化是走和平发展道路的现代化。我国不走一些国家通过战争、殖民、掠夺等方式实现现代化的老路，那种损人利己、充满血腥罪恶的老路给广大发展中国家人民带来深重苦难。我们坚定站在历史正确的一边、站在人类文明进步的一边，高举和平、发展、合作、共赢旗帜，在坚定维护世界和平与发展中谋求自身发展，又以自身发展更好维护世界和平与发展。

中国式现代化的本质要求是坚持中国共产党领导，坚持中国特色社会主义，实现高质量发展，发展全过程人民民主，丰富人民精神世界，实现全体人民共同富裕，促进人与自然和谐共生，推动构建人类命运共同体，创造人类文明新形态。

二、中国式现代化提级加速：中国特色社会主义新时代

党的十八大以来，以习近平同志为核心的党中央团结带领全国人民，统筹推进"五位一体"总体布局，协调推进"四个全面"战略布局，确立了新形势下党和国家工作的战略目标和战略举措。党的十八大明确提出实现社会主义现代化和中华民族伟大复兴的总任务，确定了全面建成小康社会的目标。

党的十九大确立了新的"两步走"战略：从2020年到2035年，基本实现社会主义现代化，从2035年到2050年，把我国建成富强民主文明和谐美丽的社会主义现代化强国。

党的二十大报告中提出："到二〇三五年，我国发展的总体目标是：经济实力、科技实力、综合国力大幅跃升，人均国内生产总值迈上新的大台阶，达到中等发达国家水平；实现高水平科技自立自强，进入创新型国家前列；建成现代化经济体系，形成新发展格局，基本实现新型工业化、信息化、城镇化、农业现代化；基本实现国家治理体系和治理能力现代化，全过程人民民主制度更加健全，基本建成法治国家、法治政府、法治社会；建成教育强国、科技强国、人才强国、文化强国、体育强国、健康中国，国家文化软实力显著增强；人民生活更加幸福美好，居民人均可支配收入再上新台阶，中等收入群体比重明显提高，基本公共服务实现均等化，农村基本具备现代生活条件，社会保持长期稳定，人的全面发展、全体人民共同富裕取得更为明显的实质性进展；广泛形成绿色生产生活方式，碳排放达峰后稳中有降，生态环境根本好转，美丽中国目标基本实现；国家安全体系和能力全面加强，基本实现国防和军队现代化。

在基本实现现代化的基础上，我们要继续奋斗，到本世纪中叶，把我国建设成为综合国力和国际影响力领先的社会主义现代化强国。

未来五年是全面建设社会主义现代化国家开局起步的关键时期，主要目标任务是：经

济高质量发展取得新突破，科技自立自强能力显著提升，构建新发展格局和建设现代化经济体系取得重大进展；改革开放迈出新步伐，国家治理体系和治理能力现代化深入推进，社会主义市场经济体制更加完善，更高水平开放型经济新体制基本形成；全过程人民民主制度化、规范化、程序化水平进一步提高，中国特色社会主义法治体系更加完善；人民精神文化生活更加丰富，中华民族凝聚力和中华文化影响力不断增强；居民收入增长和经济增长基本同步，劳动报酬提高与劳动生产率提高基本同步，基本公共服务均等化水平明显提升，多层次社会保障体系更加健全；城乡人居环境明显改善，美丽中国建设成效显著；国家安全更为巩固，建军一百年奋斗目标如期实现，平安中国建设扎实推进；中国国际地位和影响进一步提高，在全球治理中发挥更大作用。

全面建设社会主义现代化国家，是一项伟大而艰巨的事业，前途光明，任重道远。当前，世界百年未有之大变局加速演进，新一轮科技革命和产业变革深入发展，国际力量对比深刻调整，我国发展面临新的战略机遇。同时，世纪疫情影响深远，逆全球化思潮抬头，单边主义、保护主义明显上升，世界经济复苏乏力，局部冲突和动荡频发，全球性问题加剧，世界进入新的动荡变革期。我国改革发展稳定面临不少深层次矛盾躲不开、绕不过，党的建设特别是党风廉政建设和反腐败斗争面临不少顽固性、多发性问题，来自外部的打压遏制随时可能升级。我国发展进入战略机遇和风险挑战并存、不确定难预料因素增多的时期，各种"黑天鹅""灰犀牛"事件随时可能发生。我们必须增强忧患意识，坚持底线思维，做到居安思危、未雨绸缪，准备经受风高浪急甚至惊涛骇浪的重大考验。前进道路上，必须牢牢把握以下重大原则。

——坚持和加强党的全面领导。坚决维护党中央权威和集中统一领导，把党的领导落实到党和国家事业各领域各方面各环节，使党始终成为风雨来袭时全体人民最可靠的主心骨，确保我国社会主义现代化建设正确方向，确保拥有团结奋斗的强大政治凝聚力、发展自信心，集聚起万众一心、共克时艰的磅礴力量。

——坚持中国特色社会主义道路。坚持以经济建设为中心，坚持四项基本原则，坚持改革开放，坚持独立自主、自力更生，坚持道不变、志不改，既不走封闭僵化的老路，也不走改旗易帜的邪路，坚持把国家和民族发展放在自己力量的基点上，坚持把中国发展进步的命运牢牢掌握在自己手中。

——坚持以人民为中心的发展思想。维护人民根本利益，增进民生福祉，不断实现发展为了人民、发展依靠人民、发展成果由人民共享，让现代化建设成果更多更公平惠及全体人民。

——坚持深化改革开放。深入推进改革创新，坚定不移扩大开放，着力破解深层次体制机制障碍，不断彰显中国特色社会主义制度优势，不断增强社会主义现代化建设的动力和活力，把我国制度优势更好转化为国家治理效能。

——坚持发扬斗争精神。增强全党全国各族人民的志气、骨气、底气，不信邪、不怕鬼、不怕压，知难而进、迎难而上，统筹发展和安全，全力战胜前进道路上各种困难和挑战，依靠顽强斗争打开事业发展新天地。"

随着全面深化改革不断向纵深推进，创新驱动发展战略大力实施，一批具有标志性意义的重大科技成果不断涌现，持续助力现代化建设。这个时期，国家治理体系和治理能力现代化迈出了重大步伐，国防和军队现代化、中国特色大国外交和推动构建人类命运共同体全面推进，党的全面领导和党的建设质量系统提升，我国各项事业欣欣向荣、蓬勃发展。2021 年，国内生产总值突破 114 万亿元，全年全国居民人均可支配收入 35128 元，年末全国常住人口城镇化率为 64.72%，整体经济实力显著增强。在党的坚强领导下，我们实现了第一个百年奋斗目标，在中华大地上全面建成了小康社会，历史性地解决了绝对贫困问题，中华民族迎来了从站起来、富起来到强起来的伟大飞跃，中国式现代化持续提级加速。

第三章　马克思主义基本原理融入中国式现代化道路的前提和现实条件

第一节　马克思主义基本原理融入中国式现代化道路的理论前提

关于现代化，马克思没有单独论著，但其谈到了现代大工业、现代生产力、现代生产关系等相关范畴，此外在阐释全球化、世界历史、东方社会发展等问题时，也涉及现代化的相关观点。其基本观点有以下几个方面。

一、明确工业革命和资本主义对现代化进程具有重要作用但也带来问题

马克思认为，大工业"创造了交通工具和现代的世界市场，控制了商业，把所有的资本都变为工业资本……它首次开创了世界历史"①，打破了各国自给自足和闭关自守的状态，促进了世界各国之间和个人之间的交往、联系。"地理大发现只是拉开了世界历史的帷幕，真正推动形成世界历史的则是工业革命。"② 马克思指出："大工业建立了由美洲的发现所准备好的世界市场。世界市场，使商业、航海业和陆路交通得到了巨大的发展。这种发展又反过来促进了工业的扩展。"③ 18世纪中叶的工业革命，极大地推动了资本全球化的浪潮。马克思肯定工业和资本主义现代化极大地解放了生产力，在推进世界现代化进程中发挥着重要作用。"资产阶级在它的不到一百年的阶级统治中所创造的生产力，比过去一切世代创造的全部生产力还要多，还要大。"④ 从工业文明和资本主义社会开始，人

---

① 马克思恩格斯文集（第1卷）[C]. 北京：人民出版社，2009，第566页.
② 丰子义，杨学功，仰海峰. 全球化的理论与实践——一种马克思主义的视角 [M]. 南京：江苏人民出版社，2017，第12页.
③ 马克思，恩格斯. 共产党宣言 [M]. 北京：人民出版社，2014，第29页.
④ 马克思，恩格斯. 共产党宣言 [M]. 北京：人民出版社，2014，第32页.

类历史才发展成为真正的"世界历史"。"从等级资本到商人资本再到工业资本，既是资本的形成发展史，又是世界历史的孕育生成史。"① 在这个过程中，社会生产和市场日益全球化，生产力得到极大的解放和发展，人与人之间的交往与合作日渐频繁、密切，世界逐渐变成了"地球村"。当然，在肯定资本主义带来的全球性变革的同时，马克思也指出资本主义带来了一切社会状况的不安定、变动乃至动荡："一切固定的僵化的关系以及与之相适应的素被尊崇的观念和见解都被消除了，一切新形成的关系等不到固定下来就陈旧了。一切等级的和固定的东西都烟消云散了，一切神圣的东西都被亵渎了。"②

二、不存在放之四海而皆准的现代化统一模式

在马克思看来，各国民族因素和地理形态、环境气候的不同，基本国情、历史文化传统和现实情况的差异，特别是现代化进程中的各种不确定性因素的层出不穷，导致各国现代化路径和方法有所差异，因而也就不可能存在普遍适用的现代化统一模式，所谓"不可能产生'全盘西化'的齐一性、均质化的世界文明图景"③。在分析资本主义世界贸易和殖民主义过程中，马克思发表了《不列颠在印度的统治》和《不列颠在印度统治的未来结果》两篇文章，提出了与"西方社会"相区别的"亚洲社会"概念。马克思指出"亚洲社会"与"西方社会"在土地所有制、经济组织形态、社会生产方式和社会结构、权力运行制度和机制、社会发展动力等方面存在巨大差异，意味着东方落后国家不具备西方现代化的基本条件。因此，马克思认为，人类终将实现共产主义，但未必所有国家和民族都要走上西欧资本主义的发展道路。"他一定要把我关于西欧资本主义起源的历史概述彻底变成一般发展道路的历史哲学理论，一切民族，不管它们所处的历史环境如何，都注定要走这条道路……（他这样做，会给我过多的荣誉，同时也会给我过多的侮辱）。"④ 特别值得一提的是，在《给〈祖国纪事〉杂志编辑部的信》和《给维·伊·查苏利奇的复信》中，马克思论述了关于俄国现代化的问题，他指出俄国可能存在两种发展路径：一是遵照西欧各国的先例成为资本主义国家，但"如果俄国继续走它在1861年所开始走的道路，那它将失去当时历史所能提供给一个民族的最好的机会，而遭受资本主义制度所带来的一切灾难性的波折"⑤；另外一条是有可能跨越资本主义的卡夫丁峡谷而吸取资本主义的一

①　丰子义，杨学功，仰海峰. 全球化的理论与实践——一种马克思主义的视角 [M]. 南京：江苏人民出版社，2017，第21页.

②　马克思，恩格斯. 共产党宣言 [M]. 北京：人民出版社，2014，第30-31页.

③　肖鹏，张春美. 论中国现代化道路的逻辑及其和平主义性质 [J]. 上海行政学院学报，2016，17 (04)：11-16.

④　马克思恩格斯文集（第3卷）[C]. 北京：人民出版社，2009，第466页.

⑤　马克思恩格斯文集（第3卷）[C]. 北京：人民出版社，2009，第464页.

切优秀成果，不通过资本主义制度直接进行社会主义革命。"先验地说，两种结局都是可能的，但是对于其中任何一种，显然都必须有完全不同的历史环境。一切都取决于它所处的历史环境。"① 此外，马克思还进一步指出西方式资本主义现代化"这一运动的'历史必然性'明确地限制在西欧各国的范围内"②。很明显，马克思认为西欧资本主义现代化方式的运用是有其前提和条件的，并非世界各国现代化的普世模式。

三、对资本主义现代化要批判性地吸收和借鉴

马克思指出，资产阶级开拓了世界市场，资本主义现代化给世界带来了生产力的极大解放和提升。然而在马克思看来，资本主义有其适用性和局限性。因此，后发国家在其现代化的进程中有必要借鉴西方现代化国家优长之处，同时又要立足基本国情，不能盲目嫁接和移植其理论和制度。马克思分析了资本主义现代化的问题和弊端，他指出："它的商品的低廉价格，是它用来摧毁一切万里长城、征服野蛮人最顽强的仇外心理的重炮。它迫使一切民族——如果它们不想灭亡的话——采用资产阶级的生产方式……它按照自己的面貌为自己创造出一个世界。资产阶级使农村屈服于城市的统治……它使未开化和半开化的国家从属于文明的国家，使农民的民族从属于资产阶级的民族，使东方从属于西方。"③概而言之，世界市场和资本全球化形成的西方现代化有其"文明的一面"，但其立足的资本剥削和资本宰割世界的通约原则，带来了殖民扩张和资本掠夺，诚如恩格斯指出的："你们消灭了小的垄断，为的是使一个巨大的根本的垄断，即私有制能够更自由地更漫无止境地发展起来：你们把文明带到世界的各个角落去，为的是夺取新的天地来施展你们的卑鄙的贪欲；你们使各民族结为兄弟（但是是盗贼兄弟）……"④ 如此势必导致世界各国，特别是资本主义国家与发展中国家出现摩擦、冲突乃至战争。与此同时，马克思、恩格斯认为要注意吸收西方现代化的有益成果。马克思主张俄国要注意吸收资本主义制度所取得的一切肯定成果。恩格斯在《论俄国的社会问题》中，批评了特卡乔夫所谓俄国公社的农民是天生的共产主义者，他指出："较低的经济发展阶段解决只有高得多的发展阶段才产生了的和才能产生的问题和冲突，这在历史上是不可能的……每一种特定的经济形态都应当解决它自己的、从它本身产生的问题；如果要去解决另一种完全不同的经济形态的问题，那是十分荒谬的。"⑤ 此后，恩格斯进一步指出，俄国公社要获得发展，必须有良

---

① 马克思恩格斯文集（第 3 卷）[C].北京：人民出版社，2009，第 574 页.
② 马克思恩格斯文集（第 3 卷）[C].北京：人民出版社，2009，第 589 页.
③ 马克思，恩格斯.共产党宣言[M].北京：人民出版社，2014，第 31 页.
④ 马克思恩格斯全集（第 1 卷）[C].北京：人民出版社，1956，第 602 页.
⑤ 马克思恩格斯选集（第 4 卷）[C].北京：人民出版社，2012，第 312-313 页.

好的工业支持、技术管理思想等作为基础条件。也就是说，如果没有西方现代工业文明、经营管理思想和技术等资本主义积极成果支持，仅凭农村公社本身并不能产生出生产力发达的共产主义。由此可以看出，马克思和恩格斯并没有教条化政治经济学的基本原理，而是明确后发国家只有在积极吸收借鉴发达国家现代化文明成果的基础上，才能实现生产力和生产关系的跨越式发展，才能筑牢迈向社会主义和共产主义的物质文明和精神文明的基础。

第二节　马克思主义基本原理融入中国式现代化道路的文化条件

一、马克思主义与中国传统文化相结合的原因

马克思主义认为，理论在一个国家实现的程度，总是决定于理论满足这个国家的需要的程度。马克思主义之所以能够与中国传统文化结合起来，根本原因在于马克思主义适应了近代以来中国社会变革实践的需要，同时，把马克思主义与中国传统文化结合起来，也符合马克思主义与中国传统文化发展的共同要求，而这两种文化本身之间存在的大量相通之处，又使马克思主义很容易在中国传统文化中找到结合点。

（一）中国社会变革实践的需要

1. 中西方文化都不能适应近代中国社会变革实践的需要

党的十八大以来的新一届党中央提出的民族复兴中国梦重大战略思想之所以如此激动人心，重要原因在于中华民族在历史上历经辉煌与苦难。为了挽救民族危亡，争取国家的独立和富强，中国人民始终没有间断过对救国救民真理的艰辛探索。鸦片战争以后，很多思想家都认为"要救国，只有维新，要维新，只有学外国。"[①] 但向外国学什么？洋人的大枪大炮使人们学习西方先进制度的必要，"戊戌变法"没有触动封建思想文化的根基，孙中山领导的"辛亥革命"是试图在制度层面改造中国的又一次尝试，但也很快证明在中国是行不通的。人们逐渐认识到要改变中国的政治经济落后状况，必须要改变反映这种政治经济状况的传统文化。实践已经证明，中国传统文化在近代中国毫无疑问地衰落了，它

---

① 毛泽东选集（第4卷）[C]. 北京：人民出版社，1991，第1470页.

不能适应近代中国社会变革实践的需要。

与中国传统文化一样，西方文化在近代的发展也遇到了前所未有的挑战，中国的有识之士逐渐认识到，西方文化也不能适应近代中国社会变革实践需要。1914 年第一次世界大战的爆发，把资本主义制度固有的矛盾以极其尖锐的形式暴露出来。人们第一次从世界范围内感觉到资本主义制度已丧失光明的前途，失去了原有的吸引力。1918 年斯宾格勒的《西方的没落》一书首先敲响了西方文化的丧钟，稍后梁启超的《欧洲心影录》也揭露了西方文化的弊端，并转向了文化保守主义。也正如毛泽东后来所说的那样，中国人也曾努力地学习西方文化，"从一八四〇年的鸦片战争到一九一九年的五四运动的前夜，共计七十多年中，中国人没有什么思想武器可以抗御帝国主义。旧的顽固的封建主义的思想武器打了败仗了，抵不住，宣告破产了。不得已，中国人被迫从帝国主义的老家即西方资产阶级革命时代的武器库中学来了进化论、天赋人权论和资产阶级共和国等项思想武器和政治方案，组织过政党，举行过革命，以为可以外御列强，内建民国。但是这些东西也和封建主义的思想武器一样，软弱得很，又是抵不住，败下阵来，宣告破产了。"[①] 对中华民族来说，尤其是帝国主义的侵略打破了中国人学西方的迷梦。

2. 马克思主义解决了"中国向何处去"这一时代主题

为了完成反帝反封建这一历史任务，中国的不同阶级曾提出过不同的理论并进行过不同的实践，如洋务运动、太平天国运动和辛亥革命等。但由于农民阶级和资产阶级的阶级局限性，他们既没有先进理论的指导，又没有进行彻底革命的勇气，面对异常强大的反动势力，失败是必然的。但中国近代社会的矛盾，一个也没有解决，迫使先进的中国人寻找新的思想武器。正当中国人为了选择社会变革的指导思想而上下求索的时候，"俄国人举行了十月革命，创立了世界上第一个社会主义国家。过去蕴藏在地下为外国人所看不见的伟大的俄国无产阶级和劳动人民的革命精力，在列宁、斯大林领导之下，像火山一样突然爆发出来了，中国人和全人类对俄国都另眼相看了。这时，也只是在这时，中国人从思想到生活，才出现了一个崭新的时期。中国人找到了马克思列宁主义这个放之四海而皆准的普遍真理，中国的面貌就起了变化了。"

在马克思主义指导下，中华民族初步实现了繁荣和富强。马克思主义不仅能够适应中国社会革命的需要，成功解决中华民族"救亡图存"的这一历史任务，而且还为中华民族的发展指明了方向，也完全能够适应中国社会建设的需要。现在，我们之所以取得了举世瞩目的成果，比历史上任何时期都更接近中华民族伟大复兴的目标，比历史上任何时期都

---

① 毛泽东文集（第 4 卷）[M]. 北京：人民出版社，1991，第 1513 页.

更有信心、有能力实现这个目标。关键在于找到了实现中华民族伟大复兴的正确道路，这条道路就是中国特色社会主义。在当代中国，马克思主义之所以可以中国化，可以与中国传统文化结合起来，其根本原因在于马克思主义适应了我国社会现代化建设实践的需要，推动了中国社会的极大发展，初步实现了中华民族的繁荣和富强，并为中华民族的伟大复兴打下了坚实的思想基础。2014 年 4 月 1 日，习近平在比利时布鲁日欧洲学院发表的演讲中指出：“历史是现实的根源，任何一个国家的今天都来自昨天。只有了解一个国家从哪里来，才能弄懂这个国家今天怎么会是这样而不是那样，也才能搞清楚这个国家未来会往哪里去和不会往哪里去。”①

（二）马克思主义与中国传统文化发展的共同需要

马克思主义作为一个以全人类解放为自己的历史使命的世界性的革命学说，它既具有德国民族的特性，又具有世界性。但正如一般只能存在于个别之中一样，马克思主义作为一种世界性的学说，揭示了人类社会的发展的一般规律，马克思主义学说的世界性必须借助一个个具体的民族性才能实现。离开具体的、历史的、有特色的民族形态，马克思主义的世界性就是一句空话。世界社会主义运动的实践已经证明，只有把马克思主义基本原理同各国的具体实际相结合，才能取得社会主义革命和建设的胜利。此外，马克思主义与中国传统文化结合起来，也是中国传统文化发展的必然要求。

中国化的马克思主义是马克思主义，但是又是中国的，是接着马克思主义讲的，也是接着中国传统文化讲的。从更长的历史时空来看，中国化的马克思主义也是中国文化的一部分。毛泽东思想和中国特色社会主义理论都既是马克思主义的，也是中国文化现代化的结果，这样就在一定程度消解了很多人的心理疑虑。同样，马克思主义中国化也吸收西方文化的有益成果，并没有背离人间的大道。从市场经济到社会主义核心价值观，从国家治理体系和治理能力现代化建设到党的建设都吸收了西方文化的有益成果。

就中国来说，要做到马克思主义与中国具体实践相结合，也必须使马克思主义取得中华民族的形式，“使之在其每一表现中带有必须有的中国的特性”，取得“为中国老百姓所喜闻乐见的中国作风和中国气派”。也就是说，把马克思主义与中国革命的具体实践相结合的过程，同时也是把马克思主义同中国传统文化相结合的过程。实现中华民族伟大复兴的中国梦，必须坚持以马克思主义为指导，坚定不移走中国特色社会主义道路，但这条道路是在改革开放 30 多年的伟大实践中走出来的，是在中华人民共和国成立 70 多年的持

---

① 习近平. 在布鲁日欧洲学院的演讲 [N]. 人民日报，2014-04-02 (002).

续探索中走出来的，是在对近代以来 170 多年中华民族发展历程的深刻总结中走出来的，也是在对中华民族五千多年悠久文明的传承中走出来的，因此具有深厚的历史渊源和广泛的现实基础。必须推进马克思主义与中国传统文化的进一步结合。

二、马克思主义与中国传统文化相结合的经验

（一）坚持以马克思主义为指导

在马克思主义与中国传统文化相结合的过程中，中国共产党始终坚持以马克思主义为指导对中国传统文化进行批判继承。毛泽东在 1938 年正式向全党提出马克思主义中国化的任务时就指出："学习我们的历史遗产，用马克思主义的方法给以批判的总结，是我们学习的另一任务。"正是因为坚持以马克思主义为指导，才使毛泽东辩证地对待中国传统文化。他说，对于传统文化，"既不是一概排斥，也不是盲目搬用，而是批判地接受它，以利于推进中国的新文化。"这样，既促进了两种文化之间的结合，又从根本上决定了我国文化的性质和今后正确的发展方向。

在马克思主义与中国传统文化相结合的过程中，坚持以马克思主义为指导，并不是仅仅表现在以马克思主义为指导对中国传统文化进行整体性批判和对其中的某些概念、范畴、命题等思想资源进行具体改造，赋予它们新的含义；也不仅仅表现在克服中国传统文化中的非科学性和不彻底性；更主要的是表现在从中国社会发展的实际需要出发，在批判吸收中国传统文化的基础上，创造出具有"中国作风"和"中国气派"的马克思主义。这样，既推动了中国传统文化向现代化的转型，又实现了马克思主义的与时俱进。毛泽东思想、邓小平理论、"三个代表"重要思想、科学发展观和习近平新时代中国特色社会主义思想，就是马克思主义与中国传统文化在当代相结合的理论成果。在这里需要提及的是，由于马克思主义是我国革命和建设的指导思想，因此推进马克思主义与中国传统文化的结合不仅是理论问题，它还是甚至首先就是一个实践问题。在理论上创造出符合实际需要的具有中国特色的马克思主义以后，还要把这种中国化的马克思主义理论转化为广大人民群众认识世界和改造世界的实际行动，并在这种实际活动中得到进一步的丰富和发展。

（二）切实贯彻批判继承的方针

1. 中国传统文化的精华与糟粕是批判继承的基本依据

中国传统文化是中华民族经过长期积淀而形成的，它内容丰富，但杂而多端，既有精华，也有糟粕，这是我们对其进行批判继承的基本依据。张岱年在分析为什么要对中国传

统文化进行批判继承时指出："文化传统具有两个方面的意义和作用，一方面它是一种精神财富，是继续前进的基础；一方面它是一种沉重的包袱，是前进的障碍。这就要进行分析。必须注意的情况是：传统文化中积极的贡献常常是难以理解、不易掌握，而易于丧失、忘却；传统文化中消极的阻碍进步的东西却不易克服、不易摆脱。优秀传统不易保持，而沉重的包袱却难以甩掉。如果不区分精华与糟粕，对于传统文化全盘否定，其结果是精华被否定了，而糟粕却依然如旧，或且变本加厉。"①

（1）传统文化的精华促进了中国社会的发展

毫无疑问，中国传统文化能够绵延几千年而不绝，其中自有精华之所在，而且，这些精华是"一以贯之"的，在当代仍然具有一定的价值，如中国传统文化中独立自主、自强不息的精神；经世致用、实事求是的精神；阴阳互补、辩证思维的精神；民贵君轻、以民为本的精神；穷变通久、探索创新的精神；等等。对于这些传统文化的精华，当然应当以马克思主义为指导，赋予它们新的含义，使其转变为社会主义现代化建设所需要的思想资源。张岱年认为："中国传统文化包含两个方面。有消极方面，也有积极方面。我们要清除消极方面的流毒，同时也要发扬积极方面……假如中国光有劣根性，中华民族就应该灭亡，就没有存在的价值了。我认为中华民族绝对不会光有劣根性，还有良根性，还有反压迫、反侵略、积极斗争、保持民族独立的这种优良的品质。我们要认识，要有自觉性，要有自我认识，要改造劣根性，发扬良根性。"中国共产党在马克思主义中国化的过程中，发扬自强不息的精神，坚持独立自主地进行革命和建设；把中国传统文化中经世致用的精神，改造为中国共产党的实事求是的思想路线；吸收阴阳互补的思想，丰富马克思主义的辩证法；等等，就充分说明了这一问题。毛泽东指出："我们这个民族有数千年的历史，有它的特点，有它的许多珍贵品。对于这些，我们还是小学生。今天的中国是历史的中国的一个发展；我们是马克思主义的历史主义者，我们不应当割断历史。从孔夫子到孙中山，我们应当给予总结，继承这一份珍贵的遗产。"1944 年，毛泽东在同英国记者斯坦因的谈话时说："我们像其他国家的共产党一样，坚信马克思主义的正确性……可是，我们信奉马克思主义是正确的思想方法，这并不意味着我们忽视中国文化遗产和非马克思主义的外国思想的价值。"

坚持对中国传统文化，特别是中国传统文化精华的继承，就必须批判"全盘西化"思潮。"全盘西化"思潮在中国发展有两个高潮，一是在五四运动前后，以胡适和陈序经为代表；二是在当代，以《河殇》派和一部分新自由主义学者为代表。他们共同的特点是都

①　张岱年. 史化与哲学 [M]. 北京：中国人民大学出版社，2006，第 312 页.

认为中国传统文化是传统社会的文化，已经不能适应现代社会发展的需要，只有全盘移植西方文化，才能根本解决中国的现代化问题。如果说五四运动前后的"全盘西化"派还在一定程度上看到了传统文化的精华，并且有矫枉过正式的反封建意义的话，那么当代的"全盘西化"派把中国传统文化说得一无是处，则往往更多的是一种非理性的宣泄。

（2）传统文化的糟粕阻碍了中国社会的进步

在对中国传统文化的精华充分肯定的同时，我们还应该看到，中国传统文化毕竟是在长期的封建社会中产生的农业文化，它具有一些与现代社会格格不入的东西，如宗法等级、鄙视劳动、因循守旧、天命神权以及谶纬迷信等观念。近代以来的中国社会发展史已经证明，中国传统文化既不能解决近代中国"救亡图存"的问题，更不能解决中国现代化的问题，特别是传统文化中的糟粕，严重地阻碍了社会的发展进步，"死的托住活的"是近代中国革命异常艰难的一个重要原因。对于传统文化中的糟粕，必须无情抛弃，即使是一些在封建社会带有历史进步意义的思想，也只能在批判的基础上进行继承。对中国传统文化，我们在看到它的优秀的、有价值的、需要继承一面的同时，还要看到它的不适应现代化社会、需要变革创新的一面。对中国传统文化应取分析的态度，区分精华和糟粕，不可一概肯定，不能只说好，不说坏。即使对于好的，也要分析。

坚持对中国传统文化，特别是对传统文化糟粕的批判，需要对 20 世纪 20~30 年代的"文化本位主义"派，特别是现代新儒家进行批判。他们共同的特点是都坚持认为中国传统文化优于外来文化，未来的中国，乃至世界将由中国传统文化，甚至儒家文化所主导。

2. 批判继承传统文化是马克思主义的一个基本观点

马克思主义认为，社会存在决定社会意识，经济基础从根本上决定思想文化上层建筑。恩格斯指出："每一历史时代主要的经济生产方式和交换方式以及必然由此产生的社会结构，是该时代政治的和精神的历史所赖以确立的基础。"但马克思主义同时还认为，社会意识具有相对独立性，这种独立性的表现之一就是社会意识在发展过程中有着自身系统的特殊历史继承性。马克思早就说过："人们自己创造自己的历史，但是他们并不是随心所欲地创造，并不是在他们自己选定的条件下创造，而是在直接碰到的、既定的、从过去承继下来的条件下创造。"恩格斯在 1890 年 9 月 21—22 日致约·布洛赫的信中也指出："我们自己创造着我们的历史，但是第一，我们是在十分确定的前提和条件下创造的。其中经济的前提和条件归根到底是决定性的。但是政治等等的前提和条件，甚至那些萦回于人们头脑中的传统，也起着一定的作用，虽然不是决定性的作用。"列宁在《青年团的任务》中教导青年："应当明确地认识到，只有确切地了解人类全部发展过程所创造的文化，只有对这种文化加以改造，才能建设无产阶级的文化，没有这样的认识，我们就不能完成这项任务。无产阶级文化并不是从天上掉下来的，也不是那些自命为无产阶级文化专家的人杜撰出来的。如果硬说是这样，那完全是一派胡言。无产阶级文化应当是人类在资本主义社会、地主社会和官僚社会压迫下创造出来的全部知识合乎规律的发展。"当然，马克思主义经典作家所说的继承，是指一种扬弃，因为按照辩证法的本性，它是批判的革命的，它在对一切事物的肯定的理解中包含着对这一事物否定的理解，即必然灭亡的理解。所以，列宁在回答"为什么马克思的学说能够掌握最革命阶级的千百万人的心灵"时候说过，那是因为"凡是人类社会所创造的一切，他都有批判地重新加以探讨，任何一点也没有忽略过去。凡是人类思想所建树的一切，他都放在工人运动中检验过，重新加以探讨，加以批判，从而得出了那些被资产阶级狭隘性所限制或被资产阶级偏见束缚住的人所不能得出的结论。"

自从 1938 年毛泽东向全党提出马克思主义中国化以来，中国共产党一直坚持对中国传统文化采取批判继承的方针，努力使马克思主义与中国传统文化结合起来。毛泽东《在延安文艺座谈会上的讲话》中就如何对待中外文化的文学艺术遗产问题进行了系统的阐述："我们必须继承一切优秀的文学艺术遗产，批判地吸收其中一切有益的东西，作为我们从此时此地的人民生活中的文学艺术原料创造作品时候的借鉴。有这个借鉴和没有这个借鉴是不同的，这里有文野之分，粗细之分，高低之分，快慢之分。所以我们决不可拒绝继承和借鉴古人和外国人，哪怕是封建阶级和资产阶级的东西。"而且毛泽东还指出："继承和借鉴决不可以变成替代自己的创造，这是决不能替代的。"七大党章在规定"以马克思列宁主义的理论与中国革命的实践之统一的思想——毛泽东思想，作为我们党一切工作的指针"之后明确指出："对于中国的与外国的历史遗产，我们既不是笼统地一概反对，也不是笼统地一概接受，而是以马克思主义的辩证唯物主义与历史唯物主义为基础，批判地接受其优良的与适用的东西，反对其错误的与不适用的东西。"江泽民在庆祝中国共产党成立八十周年大会上的讲话中指出："发展社会主义文化，必须继承和发扬一切优秀的文化，必须充分体现时代精神和创造精神，必须具有世界眼光，增强感召力。中华民族的优秀文化传统，党和人民从五四运动以来形成的革命文化传统，人类社会创造的一切先进文明成果，我们都要积极继承和发扬。我国几千年历史留下了丰富的文化遗产，我们应该取其精华、去其糟粕，结合时代精神加以继承和发展，做到古为今用。"

实际上，就每一时代具体的社会意识形成来说，都有两个来源：一是反映那个时代的社会存在，二是继承历史上先辈们留下来的精神文化成果。社会意识就是在这两种来源的相互作用中形成的……在二者的相互作用中形成的社会意识，对社会就不可能是一种绝对的依附关系，而是一个具有自身特殊发展规律的系统。如果片面强调社会存在决定社会意识的原理，机械地认为既然中国传统文化所赖以建立的封建主义经济基础和政治上层建筑已经消失了，中国传统文化也就应该寿终正寝了。有人指出："中国传统文化是农业封建主义文化。这个文化，辛亥革命动摇了它的政治基础，而新文化运动使它遭到了带根本性的打击。随着中国经济的发展，随着政治革命的发展，传统文化已经土崩瓦解，而在中国土地上逐渐形成了一种新的文化。因此，不存在中国传统文化的现代化问题，只存在中国文化的现代化问题。"而这恰是有些学者"站在马克思主义"立场上否认马克思主义可以与中国传统文化结合起来的原因，他们机械地对待社会存在决定社会意识的原理，把中国传统文化等同于封建文化，认为马克思主义是现代的科学的意识形态，而中国传统文化是封建意识形态，两者是根本不同的，并不能结合起来。

三、切实推进马克思主义与中国传统文化的深度结合

（一）推动马克思主义大众化

马克思指出："理论在一个国家实现的程度，总是决定于理论满足这个国家的需要的程度。"虽然马克思主义是科学的世界观和方法论，是关于自然界、人类社会和思维的最一般规律的概括，是人们改造主观世界和客观世界的锐利思想武器，但这一思想武器如果不和客观的实际的事物相联系，如果不为人民群众所掌握，也是不起作用的。所以，马克思主义中国化需要把马克思主义与群众的实践结合起来，赋予马克思主义鲜明的实践特色。宣传普及马克思主义同样要把马克思主义与广大人民群众的实践结合起来，即从广大人民群众的日常生活出发来解释马克思主义，实现生活化，这是马克思主义大众化最本质的诉求。而且，当代中国马克思主义大众化实现的程度，也只能通过人民群众把它应用于实践的广度和深度来得以展现和确证。

马克思主义中国化之所以能够成功，一个重要的原因就在于中国化的马克思主义具有鲜明的民族特色，实现了与中国传统文化的有机结合。在宣传普及马克思主义，推动马克思主义大众化的过程中，我们也需要把马克思主义与中国传统文化，特别是传统文化中的大众文化结合起来。作为广大人民群众所创造和传承的文化，大众文化包括广大人民群众的物质生活和精神生活的一切方面，主要体现于中国传统的习俗、文学和艺术之中。有学者指出："当代中国马克思主义大众化必须贴近大众文化生活、满足大众文化需要、尊重大众文化权利、反映大众文化理想和提升大众文化人格，实现主流文化与大众文化的整合与共生，提高主流意识形态的亲和力和对各种社会思潮的整合力，从而达到当代中国马克思主义的大众化与化大众的有机统一。"在我国，中国共产党是执政党，党的理论创新成

果可以通过宪法和党章等形式确立为指导思想，但是要使这些理论成果成为广大人民群众的政治信仰和行动准则，还必须转化为"大众话语"。这就要求我们在把马克思主义与大众文化相结合的时候，必须认真学习广大人民群众日常生活的语言，特别是中国老百姓习惯的口头语言的形式，要善于对他们经常使用的警句、格言、谚语和中国古代典籍中的成语、语录、词汇、历史典故和文学故事等加以引申和发挥来表达马克思主义的某些重要的原理或原则。通过编写通俗读物、发布公益广告、宣传先进典型等多种形式，把马克思主义的内容和要求通俗化、具体化、现象化。这样，才会使马克思主义具有"新鲜活泼的、为老百姓所喜闻乐见的中国作风和中国气派"，从而易于让广大人民群众接受。

在当代社会，现代通信手段特别是互联网的产生和发展极大地改变了信息传播方式和人类交往方式，当代中国马克思主义的宣传普及，也必须广泛利用网络、手机、电视等现代传播手段，构建传输快捷、覆盖广泛、立体互动的马克思主义理论传播体系，推进马克思主义特别是当代中国马克思主义理论传播方式的现代化，努力把马克思主义的基本理论化为大众的文化理念，渗透到大众的生活中，潜移默化地引导人们，以至达到百姓寻常日用而不知的境界，这才是彻底的马克思主义大众化。习近平在8·19讲话中指出："宣传思想工作创新，重点要抓好理念创新、手段创新、基层工作创新，努力以思想认识新飞跃打开工作新局面，积极探索有利于破解工作难题的新举措新办法，把创新的重心放在基层一线。"有学者在分析《百家讲坛》的成功对马克思主义大众化的启示时指出："现代化的传播手段在《百家讲坛》栏目的运作过程中发挥了重要作用。如果没有中央电视台品牌的强大影响力，没有网络快速、免费的传播，没有精美书籍的大量印刷和DVD光盘的机器化刻录，《百家讲坛》不可能在短时间内跃升为收视率仅次于《新闻联播》的知名栏目，也不可能在国内迅速掀起一阵阵'国学'热潮。马克思主义大众化同样需要传播手段的现代化，这是适应信息社会传播要求的必然选择。现代化的传播手段具有实时性、交互性、开放性、快捷性等特点，对推进马克思主义大众化具有重要作用。马克思主义大众化要主动适应信息时代的新要求。"事实上，我们在推进马克思主义大众化的过程中，有些地方已经大量采用了现代化的传播手段，并且取得了很好的效果。"湖州市建立了宣传思想工作专业网站，发挥其传播迅速、影响广泛、交流互动等优势，把理论教育与党务政务、政策法规信息服务结合起来，使理论普及和宣传的内容图文并茂、声像俱全、生动活泼；利用手机短信这一方便快捷、覆盖面广的新兴信息传播方式，及时、准确地传播党的理论创新成果、重大方针政策、重要工作举措，使之为广大人民群众所了解和掌握，从而较好地凝聚了人心和力量，推动了工作和事业。"

（二）推动马克思主义价值观中国化

1. 从当代中国的实际需要出发，把马克思主义价值观与社会主义现代化建设的实践结合起来，赋予马克思主义价值观新内容

在社会主义现代化建设，特别是社会主义价值观培育的过程中，必须以马克思主义价值观为指导。但马克思主义价值观从时间定位上来说，它是一种后政治社会的价值观，其实现条件，目前还达不到，切不可不顾历史条件的限制，而照搬照抄马克思主义价值观的一些具体设想。比如，马克思主义公正观把公正理解为消灭阶级，从而实现所有社会成员在经济、政治、文化和社会等各方面的平等，显而易见，这在社会主义初级阶段还达不到，而只能通过"让一部分人先富起来""最终达到共同富裕"。如果想在中国特色社会主义初级阶段就实现完全的"共同富裕"，结果只能是导致"共同贫穷"；如果想在中国特色社会主义初级阶段就实现绝对的"社会公平"，必然导致效率低下。就马克思主义的民主观与自由观来说，在我国社会主义现代化建设的新时期，在实践上也只能循序渐进地实现，而不能希望一蹴而就。就马克思主义所追求的"人的自由全面发展"来说，也只有当人类社会发展到了共产主义社会后，才能完全实现，在社会主义初级阶段应该以"人的自由全面发展"为归宿，通过大力倡导"以人为本"的价值立场来逐渐向这一最终目标接近，也就是说，"人的自由全面发展"既是我国现阶段社会发展进步的理想尺度，也是现实的尺度，但在当前，它只能相对地做到或实现，而不能完全地做到或实现。总之，在推动马克思主义价值观中国化的过程中，一方面，必须坚持以马克思主义价值观为指导，另一方面，又必须从当代中国的实际需要出发，把马克思主义价值观与我国现阶段社会主义现代化建设的具体实践结合起来，割裂了马克思主义价值观与当代中国的实际需要之间的联系，就会失去历史唯物主义的基本立场。习近平指出："一种价值观要真正发挥作用，必须融入社会生活，让人们在实践中感知它、领悟它。要注意把我们所提倡的与人们日常生活紧密联系起来，在落细、落小、落实上下功夫。要按照社会主义核心价值观的基本要求，健全各行各业规章制度，完善市民公约、乡规民约、学生守则等行为准则，使社会主义核心价值观成为人们日常工作生活的基本遵循。"

在这方面我们是有过惨痛的教训的，在"文化大革命"时期，强调"一大二公"，忽视商品、货币、市场和法律在经济发展中的作用，全面实行计划经济，砸烂公检法，追求一种无差别的公平、不受限制的自由和民主，结果导致生产力发展的巨大倒退，使专制在民主的名义下得以肆虐，集权在自由的幌子下得以强化，酿成了社会的"大乱"，而没有实现社会的"大治"（和谐）。其根本原因就在于未能充分意识到马克思价值观是后政治社会的价值观，而将其简单照搬到现实的社会主义社会中来，造成历史意义上的时序错位。

改革开放以后，中国共产党在立足于当代中国实际需要的基础上，逐渐把马克思主义价值观与我国社会主义现代化建设实践结合起来，并赋予了马克思主义价值观中国化的新内容，积极培育和践行中国特色社会主义核心价值观，实现了对马克思主义价值观的丰富和发展。党的十八大报告指出："倡导富强、民主、文明、和谐，倡导自由、平等、公正、法治，倡导爱国、敬业、诚信、友善，积极培育社会主义核心价值观。"

在马克思主义公正观方面，公正是社会主义核心价值观的重要概念，中国共产党把"公平正义"与民主法治、诚信友爱、充满活力、安定有序、人与自然和谐相处规定为"社会主义和谐社会的要求"，注重在实践中妥善处理好公平与效率的关系，在努力提高效率的同时，更加注重社会公平，使全体人民共享改革的成果；把消除两极分化、"最终达到共同富裕"作为基本目标；注重就业和分配公正，在分配方面坚持从我国现阶段国情出发，实行按劳分配为主体、多种分配方式并存的制度，强化政府对收入分配的调节职能；坚持司法公正，十八届三中全会指出："深化司法体制改革，加快建设公正高效权威的社会主义司法制度，维护人民权益，让人民群众在每一个司法案件中都感受到公平正义。""保障在全社会实现公平和正义"；在国际领域，主张建立公正合理的国际政治经济新秩序，反对以大欺小，以强凌弱。

在马克思主义民主观方面，中国共产党始终把人民民主视为社会主义的生命，把坚持党的领导、人民当家做主和依法治国有机统一起来。党的十八大报告指出：要"更加注重健全民主制度、丰富民主形式，保证人民依法实行民主选举、民主决策、民主管理、民主监督"。十八届三中全会指出："发展社会主义民主政治，必须以保证人民当家做主为根本，坚持和完善人民代表大会制度、中国共产党领导的多党合作和政治协商制度、民族区域自治制度以及基层群众自治制度，更加注重健全民主制度、丰富民主形式，从各层次各领域扩大公民有序政治参与，充分发挥我国社会主义政治制度优越性。"

在马克思主义和谐观方面，中国共产党认为社会和谐是中国特色社会主义的本质属性，是国家富强、民族振兴、人民幸福的重要保证。提出构建以"民主法治、公平正义、诚信友爱、充满活力、安定有序、人与自然和谐相处"为特征的"和谐社会"的主张。构建社会主义和谐社会的宗旨是在经济、政治、文化、社会和生态协调发展的基础上，实现全体人民各尽其能、各得其所、共同富裕，实现人的自由而全面的发展。同时，我们党还明确提出，构建社会主义和谐社会，是巩固党执政的社会基础和实现党执政的历史任务的必然要求。为了建设社会主义和谐社会，必须加强社会建设和完善社会管理体系，妥善处理不同群体利益关系，认真解决人民群众最关心、最直接、最现实的利益问题，正确处理新形势下的人民内部矛盾，加强社会治安综合治理。

关于人的自由全面发展方面，中国的马克思主义者把这一马克思主义价值观的根本目标化为中国共产党的根本宗旨——全心全意为人民服务。在新时期，我们党又把促进人自由全面发展和以人为本联系起来，党的十六届六中全会提出，要把以人为本作为构建社会主义和谐社会必须坚持的一个原则，党的十八大报告进一步指出："必须更加自觉地把以人为本作为深入贯彻落实科学发展观的核心立场，始终把实现好、维护好最广大人民根本利益作为党和国家一切工作的出发点和落脚点，尊重人民首创精神，保障人民各项权益，不断在实现发展成果由人民共享、促进人的全面发展上取得新成效。"

2. 把马克思主义价值观与中国传统价值观结合起来，继承和改造中国传统价值观

中国传统价值观不同于马克思主义的后政治价值观，但它既是我们接受马克思主义价值观的思想基础，又是构建中国建设社会主义价值观的重要思想资源。2014年2月24日，习近平在中共中央政治局第十三次集体学习时强调："培育和弘扬社会主义核心价值观必须立足中华优秀传统文化。牢固的核心价值观，都有其固有的根本。抛弃传统、丢掉根本，就等于割断了自己的精神命脉。博大精深的中华优秀传统文化是我们在世界文化激荡中站稳脚跟的根基。中华文化源远流长，积淀着中华民族最深层的精神追求，代表着中华民族独特的精神标识，为中华民族生生不息、发展壮大提供了丰厚滋养。"例如，在中国传统文化中，也有关于公正、和谐、民主、自由等丰富的价值思想。

在民主观方面，《尚书·多方》就有记载："天惟时求民主，乃大降显休命于成汤"，"简代夏作民主"，意为做民之主。《尚书·秦誓》说："惟天地万物父母，惟人万物之灵"；"天视自我民视，天听自我民听。"《尚书·皋陶谟》中还提出："民惟邦本，本固邦宁"，奠定了中国"民本"思想传统的基础。这种思想传统特别在孟子的"民为贵，社稷次之，君为轻"的表述中得到集中的体现。

在公正观方面，《礼记·礼运》中设想的"大道之行，天下为公"的"人同"世界即是公正之道的体现。孔子认为："政者，正也。子帅以正，孰敢不正？"庄子也强调："公而无党，易而无私。"韩非子在《解老》中明确提出"公正"一词："所谓直者，义必公正，心不偏私也。"这些思想和论述，其意义已涉及社会理想、政治制度和伦理道德等各层面。俗话说："不平则鸣"，历代的农民起义几乎都提出了诸如此类的口号，如唐朝末年王仙芝、黄巢先后以"天补均平大将军"和"冲天太保均平大将军"的称号发布檄文，

号召广大农民群众起来推翻唐王朝的封建统治。宋代农民起义领袖钟相、杨么直接在自己的起义大旗上写上"等贵贱、均贫富"的口号。近代的太平天国运动更是把未来的社会描绘成"有田同耕，有饭同食，有衣同穿，有钱同使，无处不均匀，无人不饱暖"的社会状态。康有为写了《大同书》，主张破除国家、阶级、种族、性别、家庭等方面的不平等，建立"无差别"的"大同"社会。孙中山认为未来理想社会的状态是"天下为公"，"使老者有所养，壮者有所营，幼者有所教"，"民不争"，"甲兵不用"。在中国历史上无数的仁人志士为了实现公正的"大同社会"理想而赴汤蹈火，前赴后继。

在和谐观方面，甲骨文和金文中已有"和"字。《广韵》释此概念曰："和，顺也，谐也，不坚不柔也。"《尚书·尧典》载："八音克谐，无相夺伦，神人以和"。《后汉书·仲长统传》中云："政专则和谐。"在古代典籍中，"和"与"和谐"被应用到天、地、人各个方面，用来表示其处于一种均衡、协调和统一的状态。《周易》中有"保合太和"。孔子主张"致中和"、"礼之用，和为贵"，"君子和而不同"。老子强调"合异以为同"。惠施宣扬"氾爱万物，天地一体"。《春秋繁露》中主张"天人之际，合而为一"。张载明确提出"天人合一"以及"仇必和而解"的重要观点。他说："气本之虚则湛一无形，感而生则聚而有象。有象斯有对，对必反其为；有反斯有仇，仇必和而解。故爱恶之情同出于太虚，而卒归于物欲，倏而生，忽而成，不容有毫发之间，其神矣夫！"（《正蒙·太和篇》）这些论述表明，和谐观念向来就是中华民族精神的重要组成部分。

在自由全面发展方面，《后汉书·五行志》提出"自由"这一概念。先秦时期，中国思想家们虽然在形式上未曾使用"自由"一词，但却都论及有关自由的思想。《论语》中"从心所欲，不逾矩"的言论可以理解为孔子对自由的一种理解或规定。而老子主张的"为无为"和庄子主张的"逍遥游"，则典型地表达了道家对自由的体认和追求。慧能讲"内外无住，去来自由。能除执心，通达无碍，能修此行，与《般若经》本无差别。""自性无非、无痴、无乱，念念般若观照，常离法相，自由自在"（《坛经》），代表着佛教对自由的看法。可见，中国古代的思想家认为可以通过两种方式来获得自由，一种是主体服从客体，从而摆脱外在的限制；一种是赋予主体的精神以无限的能动性，主体依靠精神上能动性来摆脱外在的限制。他们虽然把自由当作价值追求的最高目标，但是在现实生活中却不能真正找到实现自由的途径。陈寅恪在《王观堂先生挽词并序》中认为，王国维之死彰显了"其独立自由之意志，非所论于一人之恩怨、一姓之兴亡。"他指出："先生之著述，或有时而不章。先生之学说，或有时而可商。唯此独立之精神，自由之思想，历千万祀，与天壤而同久，共三光而永光。"此外，中国传统文化中友爱、诚实、守信等价值观在当代中国也仍然具有一定的合理性，关键是要在立足于当代中国社会主义现代化建设实际需要的基础上，以马克思主义价值观为指导对其进行批判继承。

3. 吸收各国优秀的价值思想，赋予马克思主义价值观丰富的时代特色

马克思主义价值观不是凭空产生的，而是在批判继承和充分吸收既有人类优秀文化特别是人类基本价值观的基础上形成的，推动马克思主义价值观中国化，构建中国特色的社会主义价值观，当然也离不开对世界各国优秀价值思想的充分吸收。价值观既是文化的核心，也是意识形态的集中表现，以马克思主义为指导的无产阶级价值观与西方资产阶级的价值观是有根本区别的，尤其要认清西方资产阶级借推行他们的价值观以达到"和平演变"的政治目的。吸收各国优秀的价值思想，只能是在马克思主义为指导下，特别是要把对当代资本主义价值观的吸收借鉴与我国社会主义现代化建设的实践需要结合起来。

总之，在推进马克思主义价值观中国化的过程中，一方面，要坚持以马克思主义价值观为指导；另一方面，又要清醒地认识到马克思主义价值观在当代中国还不能完全实现，只有坚持把马克思主义价值观中国化，才能真正发挥其对我国社会主义现代化建设、特别是社会主义价值观建设的指导作用，并最终构建出中国特色的社会主义价值观。

（三）实现马克思主义思维方式与中国传统思维方式的有机结合

1. 直观性与逻辑性相结合

中国传统文化缺乏严整的概念系统，多用格言、比喻、例证的方式表达思想，使用的概念也大多没有明确定义，只能靠人们的直觉去领会和体悟。悟性思维方式是理性直觉，处于辩证思维过程的否定之否定阶段。《老子》开篇就讲"道可道，非常道。"（《老子》第一章）庄子说"得意而忘言"（《庄子·外物》）。孔子亦云"言不尽意"（《易经·系辞》）。慧能则强调"以心传心"，"不假文字"（《坛经》）。悟性思维方式直观性特点的长处在于，它强调人的灵感，强调一种超越，有时能引导人们做出一些原创性的重大发现，这是通常在逻辑思维情况下难以取得的。但是通过直观所得的重大发现往往带有很大的偶然性和不确定性。凡是能够产生一定科学价值结果的直觉思维实际上都与长期艰苦的逻辑思维有密切关系，而且，直觉思维的结果还必须经过严密的逻辑论证才能具有一定的科学意义。马克思主义的实践思维方式是在对西方理性思维方式传统的批判继承上产生的，它对一切社会现象的分析，都是建立在逻辑分析的基础上，可以说具有鲜明的逻辑性特征。这样把马克思主义的实践思维方式的逻辑性和悟性思维方式的直观性结合起来，显然有利于克服悟性思维方式的局限性。李泽厚在谈到如何推动中国传统思维方式向现代转型时说："简单地斥责中国传统思维的模糊笼统、一切以'差不多'为满足，固然不能有

真正的转换性创造，盲目地推崇所谓'东方神秘主义'，更休想转换传统。只有在学习、吸收、输入西方严格的逻辑分析和严密推理的思维方式（这并不难做到，中国人能极有成效地学习现代自然科学，中国传统的实用理性不但与它不矛盾，而且可以极大地助成它）基础上，来重视中国传统中的创造直观的思维特点，这才可能有助于科学和人文，才可能有助于传统思维方式的转换性的创造，而不失去其原有的优点。"① 冯友兰也指出："西方哲学对中国哲学的永久性贡献，是逻辑分析方法。……佛家和道家都用负的方法。逻辑分析方法正和这种负的方法相反，所以可以叫作正的方法。负的方法，试图消除区别，告诉我们它的对象不是什么；正的方法，则试图做出区别，告诉我们它的对象是什么。对于中国人来说，传人佛家的负的方法，并无关紧要，因为道家早已有负的方法，当然佛家的确实加强了它。可是，正的方法的传入，就真正是极其重要的大事了。它给予中国人一个新的思想方法，使其整个思想为之一变。"他还用中国古代"点石成金"的故事来说明逻辑分析方法传入中国的意义，并指出："逻辑分析法就是西方哲学家的手指头，中国人要的是手指头。"②

2. 超验性与实证性相结合

悟性思维方式所要把握的最高本质往往是一种超验性的存在，无论是儒家所说的"极高明而道中庸"，道家所说的"道"，还是佛家所说的"佛性"都有这个特征。《坛经》曰："无上菩提，须得言下识自本心，见自本性，不生不灭。"中国传统思维方式的这种超验性的特点的优点和缺点都在于它会为人们提供一个超验的终极的目标，并诱发人们的激情，不断为之奋斗。马克思主义的实践思维方式虽然也具有一定抽象性，但它更注重的是当下，是现实，不鼓励人们去追求那虚无缥缈的存在，因而具有一种实证性的科学精神，也就是说，马克思主义的科学性也是建立在经验性与实证性的基础上的。马克思主义实践思维方式的实证性特征体现在它的出发点是其从事实际活动的人，它的最终目标是为了建立适合人类生存的共产主义社会，而且要实现这一理想社会也必须通过人们的现实生活过程中改造世界的活动。马克思在《关于费尔巴哈的提纲》中说："费尔巴哈不满意抽象的思维而喜欢直观；但是他把感性不是看作实践的、人的感性的活动。"③ "人的思维是否具有客观的真理性，这不是一个理论的问题，而是一个实践的问题。人应该在实践中证明自己思维的真理性，即自己思维的现实性和力量，自己思维的此岸性。关于离开实践的思维

① 李泽厚. 中国现代思想史论 [M]. 天津：天津社会科学院出版社，2004，第42页.
② 冯友兰. 中国哲学简史 [M]. 北京：北京大学出版社，2010，第265页.
③ 马克思恩格斯选集（第1卷）[C]. 北京：人民出版社，1995，第56页.

的现实性或非现实性的争论，是一个纯粹经院哲学的问题。"① 马克思、恩格斯在《德意志意识形态中》直接称自己的学说为"实证的科学"，他们认为："在思辨终止的地方，在现实生活面前，正是描述人们实践活动和实际发展过程的真正的实证科学开始的地方。关于意识的空话将终止，它们一定会被真正的知识所代替。"② 遵循马克思主义实践思维方式的实证性的科学精神，自然要求我们不唯书，不唯上，只唯实，坚持实践是检验真理的唯一标准，从主体与客体，理论与实践相统一的视角来把握客体，从而有利于克服中国传统思维方式的这种超验性的局限。

从以上几个方面把中国传统的"悟性"思维方式与马克思主义实践思维方式结合起来，主要是从这两种思维方式之间的相异性来说的，正是由于这些相异之处，构成了两者之间相结合的必要性。事实上，中国传统的"悟性"思维方式与马克思主义实践思维方式之间既是相异的，也是相通的，例如，这两种思维方式都具有反思性和辩证性（如恩格斯所言，辩证思维是佛教徒所具有的）等特点，而且也正是因为这些相通之处，构成了两者之间相结合的可能性。在推进当代中国马克思主义思维方式中国化的过程中，必须在立足于当代中国实际需要的基础上，把马克思主义思维方式与中国传统思维方式结合起来，同时吸收各国思维方式的优点，只有这样，才能实现中国传统思维方式向现代化的转型，构建出一种适应当代中国社会主义现代化建设需要的思维方式。

第三节　马克思主义基本原理融入中国式现代化道路的现实基础

一、全球化中马克思主义中国化的现实挑战

全球化是现代经济、科技高速发展的必然产物，也是不以人们意志为转移的客观趋势。对世界而言，全球化已不是一种选择问题，而是一种现实问题，是如何实现平等、公正、互惠、共赢、共存、共同繁荣的问题。对中国而言，加入 WTO 后，我们更要正视全球化这一现实，主动利用全球化带来的巨大机遇。尤其要看到，全球化呈现出新特点，不仅威胁着中国的文化安全，而且将西方资本主义中的意识形态无孔不入地向我国渗透，致

---

① 马克思恩格斯选集（第 1 卷）[C].北京：人民出版社，1995，第 58 页.
② 马克思恩格斯选集（第 1 卷）[C].北京：人民出版社，1995，第 73 页.

使马克思主义在意识形态领域的指导地位受到严重影响，社会意识形态的防御力和竞争力受到严峻挑战。

（一）全球化的实质

关于全球化的实质可以做如下理解：受科学技术发展和世界市场的形成的影响，特别是由于信息化时代的到来，世界各国的联系日益紧密，某一种政治理念、经济形态、文化思想、意识形态在全球范围内传播，得到世界各国的基本认同和接受，从而成为世界公认的规范的过程。要正确理解"全球化"的概念就必须注重它自身具有的历史性、世界性和整体性等独特性质。

全球化具有进步性和历史必然性。全球化促进了生产力的发展和世界范围内的资源重组。但全球化并不仅仅表现在经济领域，随着国际贸易和世界市场的形成，各民族在文化等领域的交流与合作日益频繁，各种矛盾和冲突也不断增加。世界各国都在不同程度上参与了全球化的过程，西方发达资本主义国家凭借其资金和技术优势占据了经济上的主导地位，是全球化的既得利益者。但是全球化并不是纯粹的经济活动，而是一个有特殊的经济、政治、文化意义的历史运动。取得经济主导地位的西方发达国家出于维护其自身经济利益的需要，凭借其经济、政治上的话语权推行西方资产阶级的价值观，给广大发展中国家的经济、政治秩序、思想意识形态和民族精神带来的冲击不仅是全方位的，而且是不断增长的。广大发展中国家和民族的价值观念和民族精神在这种冲击中必然要进行大规模分化和重构。所以我们需要运用马克思主义的立场、观点和方法来分析全球化的历史性，认清西方发达国家运用其经济主导地位维持对发展中国家经济剥削的真实意图。

（二）全球化对马克思主义中国化的挑战

1. 经济全球化加重马克思主义中国化建设的压力

现阶段，无论是在现代化进程中还是在全球化进程中，资本主义世界居于主导地位，持有话语的霸权，而其话语霸权的地位则占据了全球化精神生产的制高点。西方发达国家通过经济全球化时时刻刻都要把自己的世界观和价值观强加给别人，而网络技术的发展把这种全球化的意识形态以无意识的方式带到其他国家，造成文化形态的互相侵入。特别是对于类似以美国为首的西方社会来说，无论是社会主义国家还是一些冲突地区的国家，西方阵营总是倾向于通过网络向他们传播自己的文化，对其已经存在的文化形态进行打击。目的就是维护资本主义的现行统治及其既得利益。

在全球化背景下，西方社会全球性的意识形态渗透在当今是以其文化软实力的扩张形式来实现的，所以对于普通人来说，全球化是一种文化的扩张和融合运动，是经济和文化共同相互作用的一种过程。然而，从文化强弱程度来看，在世界范围内，存在一些强势文化，在扩张的时候倾向于通过经济这类强制的手段侵袭其他弱小的文化。这一过程就产生了文化上的强制性。因此，从世界范围内来看，常常是西方文化在扩张过程中大量控制和侵犯其他不够强势的文化，造成这些不发达地区国家必须按照西方世界的规则进行文化生产或输出，这些主要表现在文化价值观念和学术属于方面。文化的入侵改变了这些国家人们的生活、生产、消费方式，不断强化了西方文化的主流地位，最终使被迫接受的国家丧失了主权力。

2. 思想文化多样化对马克思主义中国化的挑战

中国现在面临着前所未有的机遇与挑战。一方面，在参与经济全球化的过程中，中国走向世界参与国际竞争，能够更好地发展社会主义市场经济；另一方面，影响世界和平与发展的不稳定因素在增多，一些敌对势力的渗透和破坏活动也在危及我国的国家安全和社会的稳定。尤其在全球多极化发展及美国霸权主义并存的今天，马克思主义中国化及其理论在我国的指导思想地位也面临着挑战。

我国建立社会主义制度以后，一直坚持马克思主义在社会主义意识形态中的指导地位。在社会主义现代化建设的过程中，全国人民共同努力，在实践中不断创新与发展马克思主义。可以说，当前社会的主流是积极向上、健康进步的。但是改革开放以后，中国开始与世界各国进行广泛的交流。在这一过程中，不可避免地会接触到西方资本主义文化与价值观念。随着价值观的多元化发展，各种非马克思主义、反马克思主义的意识形态在中国传播开来。尤其是改革开放以来出现的一些负面社会问题，也使得"马克思主义无用论"一时甚嚣尘上，各种封建迷信残余、邪教思想和落后保守的观念沉渣泛起，影响着社会的安定团结。总之，当前社会是一个非常时期，各种思想文化相互交融，相互激荡。与此同时，国外资本主义的腐朽思想观念也乘虚而入，对中国实施"西化"和"分化"。可以说，世界范围内的资本主义和社会主义在意识形态领域的斗争将长期存在。我国作为世界上最大的社会主义国家，必然会受到西方资本主义国家资本主义意识形态扩张和渗透的压力。

目前，我国社会总体上是和谐的，但矛盾和问题也普遍存在。不能因为在社会主义发展的进程中暂时出现的问题而否定马克思主义，否定社会主义道路。面对当前社会出现的问题我们要更加积极主动地去正视矛盾、化解矛盾，最大限度地促进社会和谐。在当代开放的社会环境下，人们的思想变得越来越具有独立性、选择性、多变性和差异性。这本是无可厚非的，但多样化的思想文化不应当削弱马克思主义的指导地位，而应当坚持主导性与包容性的统一。既尊重差异、包含多样，又坚持马克思主义的一元指导，用社会主义核心价值观引领多样化的价值观，抵制各种错误和腐朽思想的影响。

当今世界，随着世界多极化和经济全球化的深入发展，各国综合国力的较量愈发激烈，意识形态领域也是风云激荡。正因为如此，我们更要坚持马克思主义。马克思主义是完整而完备的科学思想体系，是广大人民群众认识和改变世界的理论武器，是我们的立党立国之本。我们要加强马克思主义的指导力量，牢牢把握马克思主义在意识形态领域的主动权、指导权和话语权，形成有利于马克思主义的舆论强势。

始终将马克思主义作为基本的价值指导原则与方向，努力推进马克思主义的普及化。推进社会主义主流意识形态的宣传和和谐文化建设，使马克思主义深入到人们的头脑中去，渗透到精神和心理层面，共同抵制消极、反动和不良的社会思潮。

二、社会转型中各利益阶层价值诉求对马克思主义中国化的影响

（一）社会主义经济结构的变化对社会主义共同理想的影响

改革开放使得中国的社会经济基础发生了深刻的变革，从而对社会的意识形态也产生了影响。改革开放之前，我国在所有制结构几乎是单一的公有制结构，即国有制和集体所有制两种形式，个体和私营等非公有制经济所占的比重微乎其微。改革开放之后，我国鼓励和支持非公有制的发展，其他经济成分也迅猛发展，形成了以社会主义公有制为主，多种经济形式并存的所有制结构。

从计划经济向市场经济的转轨，社会经济结构的变化必然导致分配方式与利益格局的重组。改革前吃大锅饭以及平均主义现象严重，挫伤了广大劳动者的积极性。改革后实行市场经济，利益主体的多元化要求分配方式的多元化，导致了利益关系的多元化以及人们在利益上的冲突。而且，社会经济结构变动的过程中也会不可避免地因社会结构失衡而出现各种社会问题。这一系列的问题反映到人们的头脑中来，势必引起人们价值观的变化和冲突。

理想决定行动，有共同理想才有共同步调。随着我国经济和社会发生的深刻变化，不可避免地出现价值观取向多样化，多重价值观相互碰撞的现象。在这个关键的时刻，人们容易在理想、信念、价值追求与人生意义等方面产生困惑、迷茫、焦虑和无所适从。社会主义市场经济对人们的价值判断和选择具有双重效应。一方面，人们摒弃了因循守旧、不思进取、得过且过的旧观念，变得勇于创新、积极进取，使得竞争、风险、公平、效益等观念深入人心；另一方面，受商品经济的影响，人们的价值观也出现偏差，如金钱至上、

诚信缺失、唯利是图、责任感淡漠等。社会上出现的各种问题加重了人们的不安全感，也加深了对社会主义道路的质疑。

改革带动了利益重组，产生了利益上的差异与冲突。利益冲突的客观存在必然会使整个社会存在价值观的冲突，这些都给确立中国特色的社会主义共同理想提出了迫切的要求。自 1848 年以来，中国人的共同理想一直都是建立一个富强的东方国家，这一共同理想在社会主义时期转变成为建设中国特色社会主义社会。

回顾历史，正是由于我们党始终坚持以发展着的马克思主义指导社会主义新的实践，坚持走社会主义道路，才能够团结和带领全国各族人民夺取一个又一个辉煌胜利。

所以说，坚持社会主义的共同理想、走社会主义道路是历史的必然。当前，中国社会处于理想实现的关键时期，同时也是热点难点问题及群体性事件增多、经济容易失调、社会秩序与伦理道德需要完善及重建的重要时期。在这个关键的时刻，坚持马克思主义的指导思想，坚持不懈地走社会主义道路尤为重要。用共同理想凝聚信念，在全社会形成拥护社会主义的共识，形成全民族奋发向上的精神力量和团结和睦的精神纽带，推进我们建设社会主义伟大事业的顺利进行。

（二）经济社会转型中利益格局的调整引发意识形态冲突

经济体制的改变也关系到利益关系的不断调整，主要表现是利益主体从一元走向多元。在计划经济体制下国家几乎垄断着全部社会资源，对社会生活实行严格而全方位的控制。个人的经济选择极少，对国家、集体高度依赖，个人生存所必需的基本条件都要从国家那里得到。社会高度强调的是国家利益与集体利益，追求个人自由与个人利益的行为受到极大的压抑。改革开放以后，原有的利益格局被打破，经济体制的转轨增强了人们的自主意识与自利倾向，人们变得敢于追求个人价值与个人利益。这种观念与行为在市场经济条件下也越来越受到肯定。因为它符合开放、公平、竞争的市场特征。人们通过诚实劳动与合法经营来追求个人利益，有利于社会的进步与发展，这也成了人们的共识。因此，随着新的社会阶层与利益群体产生与不断增多，原有的社会利益格局已被打破，利益格局多元化的局面已经形成。然而利益主体的独立化、复杂化改变了人们对国家过分依赖的同时也增加了人们之间的利益差距。市场经济一方面满足了公众得到普遍利益的愿望，另一方面也激发了人们追求更大利益的欲望。在这一时期，传统的道德伦理与价值观念已不再对社会成员构成强有力的约束力量。社会分化不断加速，社会异质性不断加强，使追求同一性和稳定性的传统社会控制机制失去了基础。因此，人们在面对价值选择时，不再像过去那样拥有统一的价值观念，而是呈现出多元化的趋势。

马克思主义认为，一切社会矛盾和冲突发生的根源最终来源于经济利益的矛盾和冲突。当代中国正处于社会变革的关键时期，在这一过程中利益格局的调整必然会引起社会分化，产生种种的社会矛盾和冲突，反映到上层建筑中必然会呈现出不同的社会意识形态，从而很大程度上影响广大民众的社会主流意识形态。因此，如何保持和增强社会主流意识形态的凝聚力，这是一个我们在社会主义初级阶段实践中面临的新问题。

三、多元化社会思潮向马克思主义中国化提出挑战

（一）社会思潮的概念与特点

1. 社会思潮的概念

1902 年，梁启超发表了《论时代思潮》一文，其在文章中指出："今之恒言，曰'时代思潮'。此其语最妙于形容。凡文化发展之国，其国民于一时期中，因环境之变迁，与夫心理之感召，不期而思想之进路同趋于一方向，于是相与呼应汹涌，如潮然。凡'思'非皆能成'潮'；能成'潮'者，则其'思'必有相当之价值，而又适合于其时代之要求者也。凡'时代'非皆有'思潮'；有思潮之时代，必文化昂进之时代也。"这是我国学者对社会思潮的最早阐述。从梁启超对社会思潮的分析和理解中，可以看出其是从四个方面来对社会思潮进行定义的。第一，社会思潮与时代变革息息相关；第二，在社会变革时期，广大群众无论是在心理上还是在思想上都不约而同地趋向于同一个方向，进而产生了社会思潮；第三，无论何种社会思潮，其出现必然符合时代的需要，并且必定具有一定的价值；第四，凡是出现社会思潮的时代，其必定是正处于发展和进步的时代，但需要注意的是，并不是每一个时代都会产生社会思潮。在梁启超看来，对社会思潮的出现不应该出现恐慌，反之，社会上出现思潮应该被视为是一项高兴的事，因为其说明时代在发展。从这里我们可以看出，梁启超对社会思潮的理解还存在很多的漏洞，因为其并没有对社会思潮的性质进行区分，也就是说梁启超没有对社会思潮的正确与否、先进与否和革命与否进行区分。

随着我国社会经济文化的不断发展，人们对于社会思潮的研究也越来越重视，1987年，《中国大百科全书：哲学卷》中对于"思潮"的解释为：社会思潮反映特定环境中人们的某种利益并对社会生活有广泛影响的思想趋势或倾向。

上述中对于社会思潮的解释也存在很多的不足之处，其最大的漏洞是缺乏对引导思潮出现的理论导向的研究。这是因为，任何社会思潮的出现都是在一定社会理论的引导下所产生的，尽管从表面上看，很多人参与社会思潮都是一种不自觉的表现，但是从根源上研

究就会发现，只有在某种社会理论的引导下，才会导致社会思潮的出现。

综上所述，我们可以将社会思潮定义为：社会思潮是在一定时期内，能够反映某一阶级或是阶层群众利益和要求的、以某种理论学说为主导或依据的思想趋势或倾向。思潮发生发展的规律为向着成熟的学术理论发展，向着普遍的社会心理发展、渗透和沉淀，影响力不断扩大。

2. 社会思潮的特点

（1）社会思潮具有一定的群体性

从本质上来说，社会思潮是一种社会意识现象，因此其必然存在意识主体。从意识主体的方面来看，社会群体就具有了群体性的特征。从社会思潮的定义上来看，社会思潮是由各种思想要素汇集成的某种思想潮流，而在社会时代的矛盾冲突中，这些意识要素就会产生一些共生点，进而也就出现了意识倾向。需要注意的是，这种意识共生点的出现就是造成人们参与到社会思潮中的重要原因，这是因为，在这些意识共生点中，其符合了一些人的利益追求，或是唤起了人们在内心深处的诉求，也或许是符合了人们思维方式的惯性。因此，在意识共生点产生之后，社会思潮才会迅速传播开来，对整个社会都造成猛烈的思想冲击。从上述中我们就可以看出，社会思潮必然具备一定的群体性特征，无论该社会思潮是先进的还是落后的。

（2）社会思潮具有很大的涌动性

社会思潮具有涌动性的特征，这是因为其通常在某一个领域产生之后，会迅速流向其他的社会方面。社会思潮产生的历史背景是造成其具有涌动性特征的重要原因，是由社会思潮中各层意识要素所处的状态所决定的。

在上述中，我们已经得知，群体的意识要素汇集才形成了社会思潮。对这些意识要素进行深入的分析过程中，可以将其分为三个层次：第一，广泛的心理张力；第二，流行的理论观点；第三，激烈的思想趋势。在社会思潮的运动过程中，其所包容的各种意识要素都会处于一种激发的状态，它们之间相互作用，相互影响，进而形成社会思潮的涌动性特点。

（3）社会思潮具有不同程度的极端性和盲目性

对于社会思潮来说，其可以分为进步思潮和落后思潮两种，但需要注意的是，无论是何种社会思潮，其都会具有不同程度的极端性和盲目性。

落后思潮的极端性和盲目性特征表现得极为明显。对于进步的社会思潮来说，其也会存在有一定程度的盲目性和极端性。例如，在新文化运动过程中，掀起了新文化运动思潮，它提倡科学，反对封建和迷信，是辛亥革命失败后出现的封建复古思想逆流的对立物。从这个方面来看，该思潮是积极的，具有很大的进步意义。但是，在这种思潮传播的过程中，其主张无政府，肯定一切或否定一切的形式主义，以及历史虚无主义等观点，却对新文化运动思潮蒙上了一定盲目性和极端性的色彩。

（二）西方社会思潮的传入及影响

1. 新自由主义

自由主义思潮产生于 17、18 世纪英国和法国反封建专制的资产阶级革命时期，是在自由主义的基础上发展演化而来的，是资本主义的核心价值体系和主流意识形态。而新自由主义最初产生于 20 世纪 50 年代末 60 年代初，当时，西方发达国家相继出现了经济停滞、通货膨胀和失业增加等诸多经济疾病，而凯恩斯主义又无法解释这一现象，因而新自由主义思潮于 20 世纪 70 年代在西方国家中流行起来，它是对自由主义的复活和发展。在以哈耶克为代表的伦敦学派和以弗里德曼为代表的货币主义学派的大力鼓吹下，新自由主义在西方社会的地位开始不断上升，并逐渐成为西方发达国家占统治地位的思想和意识形态。新自由主义作为对凯恩斯主义的继承和批判，有它自身合理的成分，但由于它主张贸易经济自由化、市场定价（使价格合理）、消除通货膨胀（宏观经济稳定）和私有化，所以本质上是在维护资本主义，因而对发展中国家特别是对社会主义国家来说，就是西方发达国家控制和剥削发展中国家的一种工具和手段，是另一种"新帝国主义"。这种社会思潮对社会主义国家的经济体制改革、意识形态建设都带来很大的冲击和影响。

2. 民主社会主义

民主社会主义是从社会民主主义一词演化而来的，它经过了一个发展的过程。在 19 世纪中后期，受马克思的影响，欧美国家建立了一些具有社会主义性质的政党，对资本主义的生产关系和政治制度持批判和否定的态度。19 世纪末俄国十月革命爆发后，欧美国家走上了改良主义和修正主义的道路。但这一时期，民主社会主义对社会主义代替资本主义，建立公有制，推行国有化的社会主义道路还是赞成的。第二次世界大战以后，各国社会党在 1951 年组建了社会党国际，发表《法兰克福声明》，这标志着民主社会主义与科学社会主义的正式决裂，它成了与科学社会主义相对抗的意识形态，在实现社会主义的手段、目标等方面开始与科学社会主义有了本质的不同。1959 年德国社会民主党在《哥德斯堡纲领》中提出自由、公正、互助是社会主义的基本价值，并很快被各国社会党和社会党国际所接受。从此以后，民主社会主义与马克思主义已经成为两种根本不同的思想理论体系。民主社会主义或社会民主主义是在对资本主义的批判和否定的基础上产生的，但他们认为资本主义可以通过改良产生一种新的社会制度，即他们所谓的社会主义。民主社会主义与科学社会主义有着本质的区别。民主社会主义的本质是反对马克思主义的，并企图与资本主义共同生存，这显然与马克思主义以推翻资本主义建立共产主义为目标有着本质的区别。民主社会主义在目前的中国危害极大，他们主张指导思想的多元化，大肆鼓吹中国要实行私有制，更有甚者，他们认为只有民主社会主义才能救中国，中国已经走上了民主社会主义的道路。对此，我们要认清他们的本来面目，对它严厉批判。

3. 极端个人主义思潮

极端个人主义思潮是在经济全球化的过程中，伴随着中国市场经济的建立和发展，掺杂在形形色色的西方社会思潮中涌入中国的。在改革开放的过程中，极端个人主义开始在我国逐渐泛滥起来。个人主义或极端个人主义并不是西方特有的社会思潮，而是一种在东西方、古代和现代都存在的人性特征。在中国古代就有关于人性善恶的辩论，具体来说就是集体主义和个人主义的纷争。在私有制消除以前，这种思想在中国也一直存在。同样，在私有制占主体地位的西方，个人主义或极端个人主义更是始终存在的。在资本主义社会里，追求利润的最大化是资本的唯一属性，反映在人与人的关系上，就是最大限度地保护自己的利益，因而极端个人主义思想在资本主义社会十分流行。

在当代的中国，在经济全球化的背景下，资本主义的这一思想逐渐传入中国，加上中国的封建主义思想仍有残存，中国正处在社会转型时期，在建立社会主义市场经济的过程中，由于我国的经济体制发生了深刻的变化，利益格局发生了深刻的调整，因而这种社会思潮在中国仍有较大的市场。在这种条件下，个人与社会的关系在某些人看来是模糊不清的，因而有些人就不能正确处理个人与社会的关系，这就引起了极端个人主义思想的抬头。极端个人主义不可避免地导致拜金主义、享乐主义。以这样的观点为世界观的人主张金钱万能，金钱至上。在他们眼里，金钱能够使之得到任何想要的东西，全然不顾法律、道德、是非、荣耻的约束。他们主张及时行乐，得过且过，只对自己负责，全然不顾自己的社会责任和义务。极端个人主义是资产阶级自私自利的世界观、人生观在生活方式上的表现，是主流意识形态建设过程中的一个巨大障碍。

4. 实用主义思潮

实用主义强调以人的价值为中心，以实用、效果为标准，倡导教育与社会相联系等。实用主义主张哲学应该以解决人生问题为主题，强调价值中心。实用主义的根本纲领是：把信念作为出发点，把采取行动当作主要手段，把获得实际效果当作最高目的。

这种实用主义的观念凸显个人主义的价值观点。实用主义完全忽视国家和社会的利益，将人民利益和个人利益对立起来，不能正确处理好社会利益与个人利益的关系，缺乏对国家前途和民族命运的关注和思考。

这种实用主义的观念导致了唯利是图的价值观。实用主义认为"有用就是真理"，把能否满足和实现个人利益作为人生最高的道德标准。在这种思想不断冲击和渗透下，一部分国人的价值取向和道德观念开始动摇，人们的价值判断出现了偏差。甚至一些人为达目的不择手段、不辨正误、不知荣辱、不讲诚信、不负责任，在社会中造成了极坏的影响。

（三）对多元化社会思潮的科学引领

1. 坚持以社会主义核心价值体系引领社会思潮

一个社会的形成、发展和壮大，必定有一个核心价值观作为引领和支持。每一个社会都有一个主导思想引领人们的价值判断和价值选择。社会主义核心价值体系是中国共产党在探索社会主义精神文明建设过程中取得的重大成果，是对我国社会主义现代化建设和全球化趋势的理论体现。社会主义核心价值体系是一个历史结构，也是一个不断积累和不断丰富发展的科学整体，它包括马克思主义在发展进程中关于科学社会主义的理论、价值和目标以及在这种意识形态指导下逐步形成的社会主义核心价值观念体系。社会主义核心价值体系是最具决定社会性质和发展前途意义的价值体系，是引领社会思潮的内在机制。

《中共中央关于构建社会主义和谐社会若干重大问题的决定》提出："坚持以社会主义核心价值体系引领社会思潮，尊重差异，包容多样，最大限度地形成社会思想共识。"社会思潮的差异性和多样化是一种客观存在，但尊重差异绝不是放任自流、任其发展，包容多样，也绝不是放弃主导。随着改革开放的不断深入，由于市场经济的负面作用以及腐朽落后思想的侵蚀，不利于社会发展的社会思潮在国内某些领域和阶层中滋生蔓延。与此同时，西方国家的各种社会思潮不断涌入，对我国的主流意识形态产生严重冲击。

因此，迫切需要立足国内现实、把握时代潮流，巩固马克思主义在意识形态领域的指导地位，以社会主义核心价值体系引导社会风气、教育广大人民，整合和引领多样化的社会思潮，以确保我国社会主义意识形态主导地位，确保中国特色社会主义建设沿着正确方向前进。

2. 不断提高科学引领社会思潮的能力

一要提高认识社会思潮的能力。认识社会思潮的能力是一种正确把握引领对象的能力。社会思潮是对社会变迁的一种观念反映，同时它的流行和传播在特定的时期对特定的群体具有促发特定行为倾向的作用。当代中国社会思潮随着社会政治和经济的变化不断改变其形式和性质，呈现出变化多端、性质复杂等特点。与此相应的是，多样化社会思潮使人们的价值观念变得混乱和迷茫。因此，科学引领当代中国社会思潮，必须正确判断社会思潮的性质，具体分析社会思潮的结构、层次、类型和趋势，才能始终保持引领的主动权。

二要提高理论创新的能力。引领社会思潮必须敢于正视社会思潮反映出的社会问题，对社会思潮做出及时有力的正面回应。没有先进的理论，就没有话语权和引领权。因此，要推进理论创新，将研究重心前移，深入回答重大理论和实际问题，创新理论的话语体系，不断赋予马克思主义鲜明的实践特色、民族特色和时代特色。当前，特别要重视在和社会思潮的互动中，以高度的理论自觉和理论自信，打造具有中国特色、中国风格、中国气派的哲学社会科学学术话语体系，形成既符合马克思主义基本原理，又符合当代中国实践和时代特征的马克思主义理论成果，用中国的理论研究和话语体系解读中国实践、中国道路，不断概括出理论联系实际的、科学的、开放融通的新概念、新范畴、新表述。

三要提高宣传教育的能力。要实现对社会思潮的成功引领，必须把社会主义核心价值体系切实"融入"国民教育和精神文明建设全过程，并把它切实"转化"为人民的自觉追求。引领是一种理解的对话、理性的沟通，接受引领是一种"心悦诚服"的思想自觉、道德自觉和文化自觉。要发挥国情国策教育的作用，增强宣传教育的说服力、感召力，以形式多样的活动为载体，动员和引导社会群体参与和支持社会主义核心价值体系建设。把引领社会思潮同解决人民群众最关心、最直接、最现实的利益问题结合起来，不断夯实形成社会共识的群众基础。

3. 建立系统合理的社会思潮引领机制

一是信息反馈机制。社会思潮是一种反映"民意"的显性形式，如若不能准确地反馈到主流意识形态那里，民意便会受到压抑或压制，转而变成"民隐"，亦可能形成"民怨"或"民愤"。良好的信息反馈机制能够在社会思潮和主流意识形态之间搭建一座沟通的桥梁，这样一来，主流意识形态能够及时了解新兴的社会思潮，为其分析、批判和吸收新的思想做好准备。

二是传播控制机制。随着社会生活实践的不断深入，科学技术的发展，社会思潮早期那种线性的传播已经或正在向网状式传播转化。尤其是网络信息平台的交互性、开放性、虚拟性等特点，使得社会思潮传播的各个环节都发生了巨大变化，社会思潮传播的速度、传播的信息量以及受众的群体都是以往无法比拟的。在这种情况下，灵活的信息传播控制就显得尤为重要。

三是分析预测机制。社会思潮的分析必须以马克思主义的基本立场和原理为立足点和依据，在划清思想界限、澄清理论是非、区分思想理论体系和个别观点的基础上，判明各种社会思潮的基本性质及其社会作用，进而揭示社会思潮之间的主要关系。社会思潮的预测是指人们对某社会思潮产生的可能性，发展的条件、根据、蔓延及其社会影响进行分析评估。对社会思潮进行预测，也是运用马克思主义理论对社会思潮诸问题进行剖析、比较、鉴别的过程。

四是渗透转化机制。主流意识形态对社会思潮的引领往往是通过把思想体系的内容经过传播渠道转化为人们普遍接受的社会思潮，以形成强大的精神力量来实现的。主流意识形态在与社会思潮的互动中最大限度地寻求共识，继而将其核心体系循序渐进地融入思潮的精髓当中，以促进其性质的转化，使思潮健康发展。各种社会思潮有不同的特性和发展阶段，渗透转化机制也必须多样化。

马克思主义基本原理融入中国式现代化道路的理论成果

第一节 毛泽东思想

一、毛泽东思想的历史分析

（一）诞生时期（1921—1927）

1921年7月，中国一些先进知识分子受到马克思主义的洗礼，同时震撼于十月革命苏俄取得的伟大胜利，这些知识分子开始探寻救国救民的道路，在组建中国共产党之后，依托组织，进行了激烈的革命斗争，在党的一大、二大上确立了中国革命的最高纲领和最低纲领。李大钊、陈独秀、瞿秋白、周恩来等在开展工人运动的同时，还对马克思主义理论进行了深入研究，将马克思主义理论在工人群众中进行了普及和宣传。中共四大明确地将中国资产阶级划分为买办官僚资产阶级和民族工业资产阶级两部分。中共二大提出了统一战线的问题，中共三大正式决定同中国资产阶级政党——国民党建立统一战线。关于武装斗争问题。中国共产党人参加了以北伐战争为中心内容的武装斗争，周恩来等在武装斗争方面已有精辟的论述。在对中国革命综合研究方面，毛泽东做出了独特的贡献。这一时期，毛泽东发表了《国民党右派分离的原因及其对于革命前途的影响》《中国社会各阶级的分析》和《湖南农民运动考察报告》等重要著作，对分清敌友的重要性、中国革命的领导力量、中国革命的敌人、盟友、前途等重大问题，做了概要的回答，给中国革命指出了明确的方向。这是毛泽东思想开始萌芽的重要标志。

（二）基本形成时期（1927—1935）

毛泽东思想基本形成于土地革命的前期和中期，这个时期是以毛泽东为代表的中国共

产党人发动武装起义、开展土地革命、创建农村根据地、开辟革命新道路的时期。

土地革命时期，一些共产党人将马克思主义教条化，将苏联经验神圣化，这使中国共产党人开始思考适合于中国的革命道路，在这期间，毛泽东发表了《中国的红色政权为什么能够存在》《井冈山的斗争》《星星之火，可以燎原》《反对本本主义》《怎样分析农村阶级》等著作，对中国红色政权存在的原因和条件、人民军队建设和作战的原则、土地革命的阶级路线和土地分配方法、政权建设等问题进行了全新的、深入的理论思考和丰富的实践探索。把武装斗争、土地革命、建立革命政权三者密切结合起来是毛泽东运用马克思主义理论的重要成果，标志着毛泽东思想的初步形成。

（三）思想成熟时期（1935—1945）

毛泽东思想在土地革命后期和抗日战争时期逐渐达到成熟。在遵义会议确立了毛泽东在党内的领导地位之后，这为毛泽东思想的成熟与发展奠定了基础。毛泽东能够站在制高点上领导中国革命，进行中国革命政策及理论的发展指导。在长征途中以及抗日战争的过程中，毛泽东总结革命经验教训，结合实际为革命的进行提出了具有较高价值的指导意见，此外，中国共产党人理论素养的提升及思想观念的端正也为毛泽东思想的成熟奠定了基础。此外，在党内通过开展整风运动使党员的马克思主义理论水平得到了提升，为毛泽东思想的发展提供了条件。在此期间，毛泽东进行了大量的理论研究，撰写了许多理论著作，包括《中国革命战争的战略问题》《抗日游击战争的战略问题》《战争和战略问题》《实践论》《矛盾论》《论持久战》《目前抗日统一战线中的策略问题》《论政策》《整顿党的作风》《在延安文艺座谈会上的讲话》《论联合政府》等。这些著作内容丰富，从军事战略、哲学、党建等方面提出了毛泽东自己的理论，形成了体系化的理论构架，主要包括以下几个方面：一是毛泽东哲学思想体系逐渐完善，这为中国革命、建设提供了科学的世界观和方法论；二是对中国战争规律进行了深入分析与挖掘，形成了人民战争思想和完备的军事理论；三是在新民主主义革命的实践基础上，将革命经验总结、升华为新民主主义革命理论论；四是深入剖析抗日战争中的经验、教训，发展了统一战线理论；五是完善和发展了党的建设，特别是思想建设的理论；六是提出了文化艺术工作的方针，形成了比较系统的文艺理论。1945 年，中共七大正式确立了毛泽东思想在全党的指导地位。

（四）继续发展时期（1945—1956）

解放战争的胜利及新中国成立等新的实践为毛泽东思想的进一步充实和发展提供了新的素材与内容。在这一时期，毛泽东又写下了大量的理论著作，包括《集中优势兵力，各个歼灭敌人》《论人民民主专政》《抗战胜利后的时局和我们的方针》《革命的转变和党在过渡时期的总路线》《在资本主义工商业社会主义改造问题座谈会上的讲话》《论十大关系》等。这些著作主要涵盖了以下方面的内容与思想：政策和策略的理论、人民民主专政理论、军事建设原则、新民主主义向社会主义转变的思想、社会主义改造的理论、社会主义工业化道路理论、社会主义民主政治建设、执政党建设理论。这些思想正确地指导了解放战争和中国社会主义革命。

（五）曲折发展时期（1957—1978）

在中国建设社会主义是前无古人的伟大事业，所以，中国共产党人面临着新形势的考验。在这一时期，毛泽东也进行了理论研究，形成了一些成果，包括《关于正确处理人民内部矛盾的问题》《组织力量反击右派分子的猖狂进攻》《1957年夏季的形势》《反对官僚主义，克服"五多五少"》《加强对技术革新和技术革命运动的领导》《学习马克思主义的认识论和辩证法》《关于三个世界划分问题》等，这些著作主要阐述了以下思想：其一，正确区分和处理人民内部矛盾的理论；其二，阶级斗争的理论；其三，反修防修、培养无产阶级革命事业接班人理论；其四，经济建设与四个现代化的理论；其五，注重马克思主义理论学习，用无产阶级世界观武装全党的理论；其六，坚持为人民服务的宗旨、保持党的优良作风的理论；其七，维护党的团结统一，严格贯彻民主集中制原则并加强党内外监督的理论；其八，三个世界划分的理论，等等。在这些理论中，有些是正确的，如关于正确处理人民内部矛盾的理论，三个世界划分理论；有些是不正确的甚至是错误的，如阶级斗争理论；有些欠成熟，有待完善，如经济建设与四个现代化理论，培养接班人理论，等等。

总的来说，新中国成立后，国内开始进行社会主义革命和社会主义改造，逐渐探索出了适合中国国情的社会主义改造和社会主义建设的道路和理论，这些理论也发展成为毛泽东思想的一部分。

二、毛泽东思想的理论体系

（一）新民主主义革命理论

1. 新民主主义革命理论发展过程

（1）初步提出

中共一大完成了党的组建，党纲的颁布等任务，确立了党的性质是无产阶级政党，明确决定中国共产党对资产阶级私有制的抵制，同时对党的组织形式采取苏维埃的形式，即实行代表会议和代表大会制度，这次会议表明了共产党实现共产主义的坚定的政治立场，虽然会议对党的性质与革命对象有了明确规定，但实际上对革命形式的认识还不是很深入，没有将民主革命和社会主义革命区别开来。

1922 年，中共二大召开，中共二大在一大的基础上，根据革命形势和中国政治经济状况，制定了党的最高纲领和最低纲领，大会认为党的最高纲领是废除私有，通过武装斗争的方式达到革命的目的，并以此建立一个共产主义的社会。二大对最低纲领和最高纲领的区分是革命目的上的一个进步，但这还不等于革命的两步走，还没有认识到如何把握革命的领导权，主导革命的问题，即无产阶级要牢牢把握革命领导权的问题。虽提出了建立民主联合战线的原则，但仍搞不清社会各阶级在民主革命中的地位及其关系。党的三大提出联合各阶级致力于反帝反封建的斗争，制定了同国民党建立民主联合战线的策略，但多数人还没有意识到要把握革命领导权的问题，甚至认为革命的领导权属于资产阶级，可以说，中共四大召开以前，党对如何实现革命统一战线，如何把握革命领导权的问题还是比较模糊的。1923 年陈独秀在《资产阶级的革命与革命的资产阶级》《中国国民革命与社会各阶级》等文章中，开始提出二次革命的思想，认为在积贫积弱的中国，首先应进行争取民族独立和人民民族的国民革命，即资产阶级革命，之后再进行社会主义革命。但陈独秀只看到了民主主义革命和社会主义革命的区别，而未看到二者之间的联系，所以，他认为资产阶级专政国家的建立是民主主义革命的目标，这无形中就放弃了资产阶级对民主革命的领导权，导致了大革命的失败。

（2）形成与发展

中国共产党人深刻反思大革命失败的原因，确立了新的斗争方式，即要通过武装革命的方式对国民党的进行抗争。以毛泽东为代表的中国共产党人以追求真理为人生信念，以实事求是为做事风格，在国民党的剿杀中，选择向敌人力量薄弱的农村地区进发，在井冈山建立红色政权，组建武装队伍，进行游击战争，有力地推进了新民主主义革命的向前发展。

在抗战时期，中共共产党带领人民群众进行了反帝、反殖民统治的斗争。1939 年，毛泽东在《中国革命和中国共产党》一文中首次提出了新民主主义革命的概念，并以此为基点，构建了新民主主义革命理论。抗战胜利后，国民党发动内战，在与国民党争取全国政权的斗争中，新民主主义理论得到进一步的完善，1948 年毛泽东在晋绥干部会议上的讲话中，将新民主主义革命的总路线完整表述了出来。即"无产阶级领导的人民大众的反帝反封建的革命"。之后，毛泽东对新民主主义革命的内容进行了论述。

2. 新民主主义革命的内容

新民主主义革命道路怎么走，在马列著作中并没有现成答案，需要中国共产党人自己摸索，以毛泽东为首的中国共产党人将中国革命与中国实际进行了结合，创造性地回答了"什么是新民主主义革命、怎样进行新民主主义革命？"这一贯穿马克思主义中国化历史进程和毛泽东思想形成过程的问题，形成了"农村包围城市"的革命道路，通过创建农村革命根据地，进行武装斗争，使革命力量一步步发展壮大。无产阶级领导权的确立，工农联盟的组建，统一战线的实现，在抗日战争和解放战争中，这些策略和方法都产生了重要作用。

新民主主义革命由纲领与目标指引，主要包括新民主主义政治纲领、经济纲领、文化纲领等。新民主主义政治纲领主要包括新民主主义革命对国体及政体的设想，即要建立一个由工人阶级领导的、以工农联盟为基础的统一战线的国家。这种国家制度适合当时中国国情，为人民群众所渴望，这种政权形式与人民民主专政的政治制度相适应。新民主主义的经济纲领，是中国共产党在新民主主义革命时期的经济主张和斗争目标。它的主要内容是实行土地改革，没收封建阶级的土地归农民所有；没收官僚资本，把官僚资产阶级的垄断资本归新民主主义的国家所有；保护民族工商业。这三大经济纲领与军事战略、政治策略互相配合，指导着新中国成立前后的革命和建设事业，是中国共产党制定经济政策的基础。

新民主主义文化是新民主主义政治、经济的折射和反映。新民主主义文化的主要内容是对帝国主义、官僚主义、封建主义的批判，目的是消除腐朽落后的思想，使进步、团结、向上、奋进、反抗、解放等积极的思想得以传播，使中华民族精神得到弘扬，使广大民众团结一致进行革命运动。总之，要形成一种人民大众的、反帝反封的、民族的、科学的、大众的文化。

新民主主义革命纲领和思想路线是对客观规律的反应，是建设规律、革命规律、军事斗争规律、文化发展规律的反映，在新民主主义革命时期，曾发挥着重要的指导作用。关于中国新民主主义革命的基本经验，毛泽东指出，统一战线问题、武装斗争问题、党的建设问题，是我们党在中国革命中的三个基本问题，是中国共产党在中国革命中战胜敌人的三个主要的法宝。以三大法宝为主要内容的中国革命基本经验，极大地丰富了新民主主义理论的体系，使其具有更为鲜明的创造性。

（二）社会主义改造理论

1. 新民主主义向社会主义的过渡

新中国的成立标志着新民主主义革命的胜利，中国进入了新民主主义社会，但新民主主义社会只是一个过渡性质的社会，其发展方向是社会主义社会。在新中国成立后不久，中国开始进行社会主义革命，毛泽东也提出了新民主主义向社会主义过渡的理论，对新民主主义革命理论进行了推进和升华，解决了新民主主义社会如何过渡到社会主义的问题。期间中央领导人对如何过渡、何时过渡的认识也经历了转变，主要表现为由先进行工业化建设，再一举过渡到建设与改造并举、彻底完成新民主主义革命起即逐步过渡到社会主义的思想转变。

2. 社会主义改造的道路

社会主义改造的出发点和目的是消灭私有制，毛泽东从中国的实际出发，提出了符合国情的理论和方针政策，开辟了一条有中国特色的社会主义改造道路。

（1）对资产阶级实行和平赎买

和平赎买是一种以不流血的方式进行的革命，主要通过团结、教育与改造的方式。在实际改造过程中，采取比较人性化的方式，对资本家的利益和需要进行照顾，通过赎买的方式将资本家的生产资料变为社会主义国家所有，将资本主义私有制变为社会主义公有制。这是从中国特殊的历史条件中产生的、既符合马克思主义原则又对工人阶级有利的政策。

对资本主义工商业的改造主要是国家资本主义在起作用，国家资本主义和和平赎买是一个问题的两个方面，和平赎买是内容，国家资本主义是形式，国家资本主义是一种无产阶级能够控制和利用的资产阶级，其目的是为了直接过渡到社会主义。在改造过程中，中国创造性地提出了多种改造方式，如加工、订货、统购、包销、全行业公私合营等。这是中国对国家资本主义理论的发展与创新。

（2）对个体农业和手工业实行合作化

落后的农业和手工业难以支撑工业化的发展要求。毛泽东根据马克思主义关于对农民的私有制不能剥夺的原理，提出了对农业进行社会主义改造的理论和方针政策。

国家对农业采取了积极引导、稳步前进的方针，并采取了过渡形式，将发展农业生产和改造农业生产关系结合了起来，逐步实现农业的机械化和现代化。农业生产关系实现了变革，个体所有制向社会主义集体所有制转变，促进了我国经济结构的变革和社会主义改造事业的发展。

我国对手工业的改造也采取了积极引导、稳步前进的方针，通过耐心说服教育、典型示范和国家援助的方式，引导手工业者自愿联合起来，从而提高了手工业劳动生产效率、扩大了生产规模、适应了国家经济建设和人民生活的需要。

（3）社会主义改造与社会主义建设同时并举

社会主义改造与社会主义建设是相辅相成的。社会主义改造与社会主义建设同时进行，实际上是社会主义革命道路的特色。这一道路和方针是符合客观规律的。在农业上贯彻执行这个方针，就是既要抓好农业合作化，又要不失时机地抓好农业生产。与此同理，在其他方面也是如此。

（三）人民民主专政的理论

人民民主专政的理论是与社会主义革命和社会主义建设紧密地联系在一起的重要理论。1949 年 6 月，毛泽东发表了《论人民民主专政》一文，全面系统阐述了"人民民主专政"思想。

毛泽东对人民民主专政的内涵做了界定，认为人民民主专政就是"对人民内部的民主方面和对反动派的专政方面"的"结合"，其认为人民民主专政的建立是由中国的社会性质和阶级结构决定的。对人民实行广泛的民主，对敌人实行专政，这是人民民主的基本政治职能。推动经济的恢复与发展，大力发展社会生产力，逐步对生产资料私有制进行社会主义改造，这是人民民主专政的基本经济职能。在人民民主专政中，工人阶级处于领导地位，农民和城市小资产阶级是工人阶级的同盟军。毛泽东对民主与专政的辩证关系也进行了深入阐述，这有助于我们对人民民主专政形成深入认识，从而更好地坚持这一国家制度。

（四）执政党建设的理论

毛泽东认为党的建设是一项伟大的工程，中国共产党人应该以马克思列宁主义为指导，以中国革命实践为基础，不断丰富和发展马克思主义建党学说。

1. 党是社会主义事业的领导核心

中国共产党是无产阶级的先锋队，秉持着人民利益至上的原则，积极为广大人民群众谋福利，中国共产党成为社会主义事业的领导核心是历史必然。中国共产党在成为执政党以后，其领导地位得到增强，中国共产党不仅是要领导某一方面、某一领域，更是要领导一切，这一思想在毛泽东的《论人民民主专政》一文中得到体现，其认为中国共产党应该领导工、农、商、学、兵、政、党这七个方面，对一切问题拥有核心领导权。

2. 执政党的建设要围绕经济建设进行

执政党建设的根本方向和任务是进行经济建设，党的建设要紧紧围绕党的任务来进行是一贯原则，社会主义改造完成以后，党的工作重心就转移到了经济建设上来了，党的八大更是明确指出，国内的主要矛盾是人民日益增长的物质文化需求同落后的社会生产之间的矛盾，大力发展生产力才是党的主要任务。

毛泽东不仅指出了党的建设的中心任务，而且对如何实现这一中心任务进行了阐述。一是要加强认识，即要各级领导干部和广大党员充分认识到经济建设的重要性，只有这样才能激发其建设热情，才能保证党的建设任务的顺利完成。二是全党要学会做经济工作，并且要做好、做专。三是要处理好一切关系，调动广大人民群众的建设热情。1956年毛泽东在《论十大关系》中强调要处理好关系国计民生的十大关系，如重工业与轻工业、农业的关系，沿海与内地的关系，国家、集体与个人的关系等，这些思想对经济发展做出了重大贡献。

3. 执政党要和腐败做斗争

无产阶级掌握政权以后，如何避免腐化堕落，这是毛泽东在新中国成立前后一直思考的问题，为此，其提出"务必使同志们继续地保持谦虚、谨慎、不骄、不躁的作风，务必使同志们继续地保持艰苦奋斗的作风。"中华人民共和国成立之初，党内又进行了"三反"运动，将党内贪污、浪费和官僚主义的作风和行为进行了彻底批判和清查。

4. 执政党内要保持高度的团结、统一

民主革命时期，我们处于敌人的包围绞杀之中，为了更好地防范与进攻，一些地方组织具有较大的自主权，新中国成立之后，一些领导干部还没有完全转变思想，对维护党的团结统一的认识不够。我们党多次进行党性教育，深化党员干部对党的团结统一重要性的认识。

5. 健全和完善民主集中制

民主集中制是我们党的基本组织制度和领导制度，党的八大上明确提出和处理了民主集中制建设面临的三大问题：一是正确解决组织与党员的关系问题、党的上下级组织之间的关系、党的中央组织与地方组织之间的问题，党的领导机关要经常聆听党员的意见与建议，党的下级组织要及时向上级汇报工作，这样，才能上下沟通，形成合力；二是党的各级组织要坚持集体领导的原则；三是各级领导要摆正位置，不能搞个人突出和个人歌功颂德的举动。

（五）文化方面的理论

马克思、恩格斯和列宁对文化的性质，文化与政治、经济的辩证关系进行阐述之外，还对无产阶级文化的工作方针进行了指示。其主要思想是：第一，正确对待人类历史的文化遗产，对待的态度主要是批判、继承、革新、创造；第二，无产阶级在掌握政权之后，要积极进行文化建设，以满足广大人民群众的需要；第三，文化建设要经历一个较长的时期，不能急于求成。毛泽东就是运用这些原理来解决党的文化工作方针问题的。

1. 发展中国新文化的"三化"方向

在新民主主义文化纲领中，毛泽东将新民主主义文化的本质和要求概括为"民族的科学的大众的文化"。民族化，即反对帝国主义的压迫，注重民族独立和民族尊严的文化，同时，从形式上，文化要根据民族的特点，把握民族实际，向人民群众喜闻乐见的形式发展。科学化是指文化的内容要实事求是、主张科学的思维方式和逻辑，反对迷信和愚昧。大众化是指文化要为广大劳苦大众服务，维护广大人民群众的利益，并且文化发展要采取广大人民群众喜闻乐见的形式。"三化"文化方针虽然是作为具有特殊性质的中国新民主主义革命的文化纲领而明确提出的，但其在今天仍然具有指导意义。

2. 对待中外文化遗产的"两用"原则

如何对待中外文化遗产，是毛泽东文化建设思想中的一个重要方面，其提出"古为今用，洋为中用"的原则，即对待中国文化遗产要批判地继承，对待国外文化要批判性的吸收。这个原则是根据文艺发展规律提出，对文化建设具有重要的指导意义。

（1）文化艺术在民族范围内的继承性

毛泽东对中国文化遗产进行了高度评价，认为中国文化源远流长，博大精深，中国文化一直是宝贵财富，需要我们不断地去学习，中国共产党人更是要对中国的过去进行深入了解，对中国的经济、政治、文化史等进行深入研究，这样才能建设好中国的未来。毛泽东虽然重视中国文化、历史的价值，但绝对不主张复古主义，抗战时期，就有人鼓吹尊孔读经，推崇复古，毛泽东对这种倾向进行了批判，其认为文化遗产必须要变为自己的东西，要与时代不断发展，简单、固守一些旧的思想是没有益处的，传统文化中的糟粕还是要剔除，传统文化中的精华需要我们保留、发扬和创新。

毛泽东在批判复古主义的同时，对否定中国传统文化的虚无主义也进行了抨击，尤其是五四时期，一部分知识分子对封建文化和思想进行猛烈抨击的同时，对中国传统文化采取了一种全盘否定的态度，这种割裂历史的做法是不可取的，要知道，新事物孕育于旧事物中，中国文化的向前发展是要有基础和根基的，对过去的全盘否定是对中国文化向前发展的一种阻碍，应该看到新旧事物之间的继承与发展，充分发挥出文化的继承性。

（2）文化艺术在各民族之间的相互影响

各民族之间的文化艺术产生着相互影响的作用。从中华民族文化的视角，我们对待外国文化，既不能盲目排外，也不能全盘吸收。要取其精华、去其糟粕。"洋为中用"就是反映这个客观规律和这种正确态度的又一个马克思列宁主义的方针和原则，是毛泽东的独特的中西文化思想的集中体现。

3. 发展社会主义艺术和科学的"双百"方针

1956 年 4 月 28 日毛泽东在中央政治局扩大会议上明确提出了"百花齐放、百家争鸣"的文化建设方针，这符合文艺和科学发展的规律，文学艺术本就流派纷呈，各有千秋，应秉持着对不同风格、不同流派自由的发展的态度，让艺术界和学术界自由讨论艺术和学术中的是非问题，这样，艺术和科学才能持续繁荣，才能为广大人民群众提供丰富的文化艺术产品，学术之树才能长青。

（六）军事方面的理论

1. 人民军队建设理论

在中国革命中，毛泽东认识到"枪杆子里出政权"，无产阶级必须要有自己的武装，没有人民的军队，人民的利益、人民的一切便无强有力的保障。人民军队的性质和宗旨是全心全意为人民服务，人民军队的主要任务主要体现在三个方面：战斗队、生产队和工作队。这三项任务是有主次之分的，人民军队的主要任务还是战斗，只有充分发挥战斗队的作用，才能保卫人民安全与利益，在不妨碍作战任务的前体下，要成为工作队和生产队。人民军队的作用是多个方面的。

人民军队应遵循一定的建军原则，如党对军队的绝对领导，这是人民军队建设的基本原则和保证，党指挥枪，而绝不允许枪指挥党。中国共产党作为无产阶级的政党，具有革命性、先进性和阶级性，我军作为党领导的人民军队，也具有一定的阶级性，人民军队只有在无产阶级的领导下，才具有无产阶级的性质。

人民军队建设要有强有力的政治工作做后盾，政治工作是人民军队的生命线，政治工作能够达到官兵和谐，能够增强士兵的战争热忱。政治工作遵循"官兵一致、军民一致、瓦解敌军"的三大军事原则，官与兵应该是平等的阶级兄弟关系，军队应该保持人民军队的本色，同时政治工作要注重对敌军的攻心，对其征服和瓦解。

2. 国防建设指导思想

随着新中国的成立，我国军事建设的重点向国防建设转移，毛泽东在国防建设理论上也进行了突破与发展。一是重视国防部队的建设，提出建设诸军种、兵种合成的国防军，并不断推进国防军的正规化、现代化建设。二是提升国防技术建设，对一些对国家安全具有重要意义的技术如原子武器技术等重点发展，使这些尖端技术装备能够发挥出震慑力，加强国防自卫能力。三是要坚持人民战争的道路，要注意动员人民群众的力量。四是要做好全面准备，为未来的反侵略战争建立雄厚的物质基础和可靠的支援。五是要注重国际战略环境的营造。

3. 人民战争理论

战争观是指人们对战争的看法与态度、立场与观点，它决定人们用什么样的方法来研究战争、指导战争。毛泽东坚持和发展了无产阶级的战争观，深刻阐述了战争的本质、起源、目的等问题，认为战争是政治的继续，是国家之间、阶级之间的最高的斗争形式，战争是扫除政治障碍的一种手段。而战争的出发点和目的则要归结为经济因素，革命战争的目的是为了解放生产力，最终促进经济的发展，同时，经济是革命的物质基础。同时，毛泽东在无产阶级战争观的指导下，阐述了革命战争的方法。人民战争是广大人民群众为反抗阶级压迫和民族压迫而组织和进行的战争，其具有正义性、组织性和群众性等特征。中国革命战争的力量源泉存在于人民群众中，只有充分动员群众，才能取得战争的胜利。同时，只有正义的战争才能得到人民群众的支持，他们才能踊跃参加，才能成为最广泛的人民战争。战争真正的决定因素在于人心、人力和人的能动性，总之，人的因素在战争中发挥着比物更重要的作用。

毛泽东人民战争的思想内容主要有坚持中国共产党对人民战争的统一领导；结成最广泛的革命统一战线；实行以人民军队为骨干的三结合的武装力量体制；以武装斗争为主与其他斗争形式密切结合；建立巩固的革命根据地；实行灵活机动的战略战术。

第二节　邓小平理论

一、邓小平理论的历史分析

(一) 邓小平中国式现代化道路命题的提出

从中共十一届三中全会到中共十一届六中全会，中国共产党提出了走中国式的现代化建设道路，标志着邓小平理论的初步形成。

1978 年底召开的中央工作会议，围绕中国共产党的工作重点转移问题进行了热烈的讨论，就一系列重大问题达成了共识，为中共十一届三中全会正式做出把工作重点转移到社会主义现代化建设上来奠定了基础。叶剑英在会上指出，社会主义现代化建设的任务就是要发展社会生产力，要实现从经济基础到上层建筑的一场深刻社会革命①。邓小平在会上做了题为《解放思想，实事求是，团结一致向前看》的报告，报告总结了半年来党内外热烈开展的关于真理标准问题讨论情况，批评了"两个凡是"和个人崇拜，强调了国家建设过程中解放思想的重要性。② 邓小平还对真理标准大讨论做出了高度的评价。他强调社会主义现代化建设事业不能从僵化的"本本"出发，要坚持理论联系实际，从实际出发，基于实际的改革是社会主义事业向前发展的根本动力③。这篇讲话奠定了邓小平理论的基础，同时也为迷茫中的中国指明了发展的方向。

1978 年 12 月召开的中共十一届三中全会是新中国成立以来中国共产党历史上具有深远意义的伟大转折，从此，中国进入了一个新的历史时期。中共十一届三中全会对马克思主义中国化产生了巨大的、划时代的影响，集中体现在如下几个方面。一是重新确立解放思想、实事求是的思想路线，实现了思想路线的拨乱反正。解放思想使中国共产党对马克思主义、对中国的具体国情、对已经变化了的时代特征的认识更加客观深入，从而为实现马克思主义与中国实际的第二次结合创造了条件。二是实现了中国共产党工作重心由"以阶级斗争为纲"到以经济建设为中心的转变，做出了以经济建设为中心的重大决策，因而使我国经济建设和社会主义现代化建设事业获得了前所未有的进步。这是中国共产党在政治路线上最根本的拨乱反正，为中国社会主义事业的发展提供了新的动力，开辟了新的道路。三是组织路线上的拨乱反正，建立与新时期政治路线相适应的组织路线，"解决组织路线问题，最大的问题，也是最难、最迫切的问题，是选好接班人。""中国的稳定，四个现代化的实现，要有正确的组织路线来保证，要有真正坚持马克思列宁主义、毛泽东思想和党性强的人来接班才能保证。"④ 四是实现了从僵化半僵化到全面改革、从封闭半封闭到对外开放的历史性转变。社会主义改革开放由这次全会揭开序幕。这是对中国社会主义现代化事业有决定性影响的重大决策，因为，改革开放是国家实现现代化不可缺少的条件。要大力发展生产力，加快社会主义现代化建设的步伐，就必须解放思想，坚定不移地实行改革开放。

---

① 叶剑英选集 [C]. 北京：人民出版社，1996，第 501-502 页.
② 邓小平文选（第 2 卷）[C]. 北京：人民出版社，1994，第 141、143 页.
③ 邓小平文选（第 2 卷）[C]. 北京：人民出版社，1994，第 150 页.
④ 邓小平文选（第 2 卷）[C]. 北京：人民出版社，1994，第 192、193 页.

在十一届三中全会以后，邓小平坚持从中国社会的国情出发，依据社会发展的基本矛盾，科学把握中国社会主义现代化建设的主要任务，把精力放在经济建设上，大力发展社会主义生产力。全党一定要牢固树立以经济建设为中心的思想。现代化建设从表象上说是要实现各个方面的综合平衡，在本质上则是经济建设为中心，因为这是现代化建设的物质来源。邓小平在 1979 年提出了中国式现代化道路的命题，指出中国搞社会主义现代化建设必须要坚持中国的情况，必须要坚持四项基本原则。坚持中国的情况，坚持四项基本原则，犹如中国社会建设这驾马车在经济建设这匹骏马带动下的车杆，始终保障中国社会建设正确的政治方向。

1979 年 9 月，叶剑英在庆祝中华人民共和国成立 30 周年大会上发表讲话，总结了我国社会主义建设的经验，提出全面建设社会主义的思想。这一思想对社会主义现代化建设的道路进行了进一步的丰富，把民主政治和精神文明作为社会主义现代化建设的内容融合到了中国式现代化道路之中。

1981 年 6 月，中共十一届六中全会召开。这一届会议的历史意义对中国社会来说同样是深刻的。这次会议上通过的《关于建国以来党的若干历史问题的决议》从党的指导性文件上明确了中国特色社会主义道路的内容和方向。这一文件明确了中国特色社会主义现代化建设的主要矛盾，明确了解决这一矛盾的基本方式是加快生产力发展并在此基础上逐渐改善人民生活。除此之外，中国特色社会主义道路还要注意到生产关系变革与生产力的相适应，阶级斗争仍旧存在但是不是主要矛盾，构建政治制度是中国特色社会主义革命的根本任务，社会主义建设要注意有高度的精神文明，改善和发展社会主义民族关系，加强国防建设，维护世界和平与稳定，加强党的建设。从中国特色社会主义制度建设来说，这一文件构建了中国特色社会主义理论的雏形，标志着中国特色社会主义理论体系内容的初步提出。

（二）建设有中国特色社会主义概念的提出与内容的基本形成

中共十二大到中共十四大是中国特色社会主义概念提出和内容扩展的一个关键时期。这个时期的一系列文件标志着有中国特色社会主义理论体系的初步形成。

在 1982 年 9 月，中共十二大在北京召开，大会提出了许多重要的理论创新，对中国特色社会主义理论的形成做出了重大贡献，为后来的探索提供了理论依据。邓小平在开幕词中指出，无论是革命还是建设，要注意学习和借鉴国外经验，但是不能照抄照搬，必须和中国的基本国情结合起来，走自己的道路，建设有中国特色的社会主义。党的十二大是中国建设的一次庄严宣告。同七大相比，十二大是将建设引向胜利的一次庄严宣告。

党的十二大报告首次提出了现代化建设的"两步走"的发展战略，确定了在 20 年以内的党的发展目标——达到小康水平①。对于小康水平的含义，邓小平解释为达到第三世界中比较富裕一点的国家的水平②。"小康"是将中国传统富裕观念和现代社会发展相结合的一次目标设定，也是将现代化目标同广大人民群众的生活直接联系起来的表现。

十二大以后，邓小平反复强调中国特色社会主义的概念。在这之后，中共十二届三中全会通过了《中共中央关于经济体制改革的决定》，对一些重大的理论问题进行了回答，突破了传统的经济体制观念。在此基础上进行的一些有益探索，对我国社会主义发展建设事业提供了实践经验，为以后市场经济理论形成提供了一定的参考。

在党的十二届六中全会上，建设有中国特色的社会主义精神文明被提到了我国社会主义现代化建设总体布局的高度，对中国特色社会主义理论进行了丰富。

1987 年，在十三大上，党提出了社会主义初级阶段理论和基本路线，确定了社会主义现代化建设的三步走战略，为中国特色社会主义理论体系形成奠定了基础。中共十三大报告第一次提出了"建设有中国特色社会主义理论"的概念，阐述了党在社会主义初级阶段的"一个中心、两个基本点"，从哲学和政治经济学的高度对中国特色社会主义事业进行了认识。

中共十三大后，国际国内形势发生了前所未有的变化，中国共产党坚定不移地坚持四项基本原则，坚持以经济建设为中心，坚定地推进改革开放，进一步完善了邓小平建设有中国特色社会主义的理论。一是重新概括了建设有中国特色社会主义理论体系，二是揭示了社会主义的本质，在回答什么是社会主义、怎样建设社会主义这个首要的基本理论问题上取得了重大进展。

十三届七中全会通过的《中共中央关于制定国民经济和社会发展十年规划和"八五"计划的建议》再一次总结了十一届三中全会以来的中国特色社会主义的实践经验，并将其概括为 12 条原则，进一步升华了人们对中国特色社会主义理论的认识。在 1991 年，江泽民在庆祝中国共产党成立 70 周年大会上发表的讲话从正反两方面的经验分析了中国特色社会主义经济、政治、文化的内容。

建设有中国特色社会主义理论是我国社会实践经验的总结，是对"什么是社会主义、怎样建设社会主义"这个问题的再认识。在中共十三大以后，邓小平系统回答了基本理论问题，并将坚持走中国特色社会主义道路视为中国社会建设的基本要求。

① 十二大以来重要文献选编（上）［C］. 北京：中央文献出版社，2011，第 11-12 页.
② 邓小平文选（第 2 卷）［C］. 北京：人民出版社，1983，第 237 页.

（三）邓小平建设有中国特色社会主义理论概念的提出

1992—1997年的5年是中国特色社会主义理论体系进一步丰富和发展的五年，也是邓小平理论成熟的五年。这五年，邓小平对长期困扰中国发展的一些重大理论问题做了回答，要求全国建设必须要坚持"一个中心、两个基本点"，要抓住有利时机搞建设。

1992年初，邓小平视察南方，发表了一系列谈话，对国际国内的经济形势进行了分析。邓小平指出，中国社会建设重点是发展生产力，应以生产力作为判断中国社会建设各方面的是非标准。邓小平回答了什么是社会主义的问题，把吸收和借鉴人类社会的一切文明成果视为中国社会发展的重要借鉴，要不断发展自己，始终围绕生产力推进社会建设。

发展是硬道理。要坚持物质文明和精神文明两手抓，两手都要硬。在整个改革开放过程中必须始终坚持四项基本原则，必须反对腐败，把廉政建设作为大事来抓。

邓小平南方谈话比较全面地回答了什么是社会主义和怎样建设社会主义等一系重大理论问题，是十一届三中全会以来中国改革开放思想的集中体现，以新的论述丰富了建设有中国特色社会主义理论，使建设有中国特色社会主义理论体系的形成有了突破性的进展，为中共十四大的召开作了充分的理论准备。

1992年10月，党的十四大召开，明确提出我国经济体制改革的目标是建立社会主义市场经济体质，并把社会主义市场经济理论作为建设有中国特色社会主义理论的主要内容之一。十四大首次将邓小平的名字和中国特色社会主义理论联系起来，在之前理论发展的基础上提出了邓小平建设有中国特色社会主义理论的内容，对邓小平理论进行了一次完整概括。中共十四大对"邓小平同志建设有中国特色社会主义理论"进行了比较系统完整的概括，较好地体现了十一届三中全会以来邓小平关于中国特色社会主义的论述和南方谈话的精神，比中共十三大的概括更具系统性、理论性和鲜明的时代性，标志着建设有中国特色社会主义理论已经形成体系并走向成熟。中共十四大概括和命名的邓小平建设有中国特色社会主义理论，是马克思主义与中国实践相结合的第二次历史性飞跃的理论成果之一，是改革开放以来马克思主义中国化探索的最新理论成果。

（四）邓小平理论概念的提出和科学体系的确立

从1997年2月邓小平逝世到1997年10月中共十五大召开，中国特色社会主义的理论不断升华，提出邓小平理论的科学概念，确立邓小平理论科学体系。

1997年2月，邓小平逝世。中国共产党对邓小平给予高度评价，称他是中国改革开放的总设计师，建设有中国特色社会主义理论的创立者。1997年10月，中共十五大正式提出"邓小平理论"的简称，取代了"邓小平建设有中国特色的社会主义理论"的概念，同时把它写进党章。全党和全国人民广泛接受这一概念，此后普遍使用"邓小平理论"指称建设有中国特色社会主义理论。党的十五大从十个方面概括了邓小平理论。总体来说，邓小平理论形成了建设有中国特色社会主义理论的科学体系，涵盖了国家建设的方方面面，需要从不同的方面进行进一步丰富和发展。

二、邓小平理论的科学体系

(一) 建设有中国特色社会主义道路

十一届三中全会之后，邓小平对当时的时代主题与国际形势进行了全面的分析，在总结国内外社会主义建设的经验教训之后，根据当时中国发展的实际状况，提出了要"建设有中国特色的社会主义"的理论观点。

所谓的中国特色社会主义，是邓小平在将马克思主义与中国社会实际情况相结合的情况下所提出的，其不仅符合社会主义的发展要求，同时也与中国的国情相适应。在当时的国情下，社会经济发展不发达，人民的生活困苦，因此走中国特色社会主义道路的首要目标就是要发展经济，增加人民的收入，提高人民的生活水平，实现共同富裕。在社会发展初期，想要在国内推行新的社会主义道路是极为不易的，只有满足了人民在各方面的需求，人民的生活得到改善之后，他们才会真正从内心深处支持和拥护中国特色社会主义道路。中国在实行改革开放之后，无论是在经济还是在文化方面都产生了巨大的变化，并在后来的发展中取得了一系列的成果。从我国社会发展的历史实践上表明，中国特色社会主义道路是我国人民发展经济和社会的正确选择，只有这样才能避免在未来的发展中避免更多的错误，也只有这样才符合我国的国情，才可以带领人民实现共同富裕，并最终实现中国民族的伟大复兴。

(二) 社会主义发展阶段

恩格斯认为，对社会主义发展阶段的划分，不可能永远是固定不变的，其必须要根据社会的实际发展情况，灵活地运用马克思主义。俄国在爆发十月革命之后，在社会主义建设的初期，列宁曾提出，在当时经济状况较差的俄国，不可能马上建设"发达的社会主义"，只能是从"初级形式的社会主义"开始发展。此次列宁对社会发展阶段的理论，为未来我国社会主义建设的发展提供了宝贵的经验。

中国共产党在召开的十一届三中全会中进行了激烈的讨论，对当时我国社会发展的现状进行了总结和分析，指出当时的中国正处于社会主义初级阶段，并将长期处于社会主义初级阶段。对当前社会中狐疑发展形式的正确判断，是对确定社会主义处于哪一个发展阶段的重要标准。中国共产党在认真分析马克思主义理论之后，并且我国及其他国家的社会主义发展情况进行全面分析之后，从而最终确定我国正处于社会主义初级阶段。

中国第十三届全国代表大会在 1987 年召开，中国共产党人在报告中总结了中国正处于社会主义初级阶段的基本形势，并对国家在社会主义初级阶段的发展方面和发展目标进行了概括，这标志着社会主义初级阶段的理论在我国正式形成。

（三）社会主义的本质

邓小平指出，想要真正理解社会主义的本质，首先要对社会主义的任务有正确的区分，包括根本任务、首要任务、中心任务等。此外，在对实践的本质进行理解的过程中，必须要注重进行社会实践。所谓的实践标准，实际上就是生产力标准和人民利益标准。应当明确的是，所有活动的执行都必须要将人民的利益放在首位，充分尊重人民，重视生产力的发展，这样才能正确理解社会主义本质的含义。

邓小平对生产力的作用进行了重点讨论，认为应当解放生产力和发展生产力，这同时也是其概括社会主义本质的一个显著特征。从生产力的角度来看，实行社会主义制度的国家的一个重要的优越性表现在，其生产力发展的速度要高于实行资本主义制度的国家。

实现共同富裕是我国社会主义建设发展的目标，为实现这一目标，必须要大力发展生产力，消灭剥削，消除两极分化，这只有在实行社会主义制度的国家才能实现。

从上述理论中我们就可以看出，邓小平对社会主义制度的把握呈现出一种动态的形式。这是因为，邓小平对社会主义本质的论述连续使用了五个动词，即"解放""发展""消灭""消除""达到"，生动地描述了社会主义社会的本质。

（四）社会主义发展动力

从社会发展的历史阶段来看，总是从低级向高级发展，而发展的实现需要一定的动力——持续不断的改革。社会不断进步的一个重要表现就是改革。因此，想要改变中国的现状，实现人民的共同富裕，就必须要在各个领域进行一系列的改革。在对历史发展的经验进行总结之后，邓小平指出，改革开放是推动社会进步的关键。当前我国正处于社会主义初级阶段，社会发展过程中存在着很多的矛盾，想要恰当解决这些矛盾，就必须要进行改革开放。对于改革开放，邓小平指出，必须要从本质上进行改革，这是改革开放的关键，对所有限制生产力发展的体制，包括政治体制和经济体制，都要进行改革。从政治体制上来看，要对我国当前的政治体制不断进行完善，推行民主政治，将原来的一党专政改革为多党执政，让其他党派与中国共产党一起，共同参与到党中央的领导中来，多个党派共同合作，为中国特色社会主义事业的建设做出努力。从经济体制方面来看，要改变以往的计划经济体制，逐渐向市场经济发展，建立与社会发展相适应的市场经济体制。

（五）关于社会主义建设的战略步骤

为实现我国社会的现代化发展，邓小平提出了"三步走"战略。具体如图 4-1 所示。

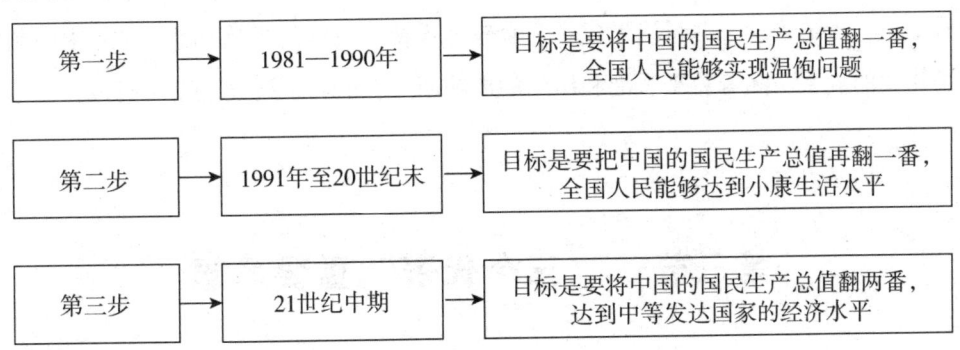

图 4-1　邓小平提出的"三步走"战略

邓小平所提出的"三步走"规划，实际上就是具体化了中国社会主义发展的目标，通过对这三个目标的设定，中国人民就能预测到未来生活的美好，并在中国共产党的带领下，共同为美好生活的实现而做出努力。

在当时，我国的经济发展水平较低，农业作为国民经济的基础，成为改革的重点。邓小平在对农业生产模式进行改革的过程中，废除了人民公社制，转为实行家庭联产承包责任制，为适应生产社会化的需要，提倡实行科学种田，适度发展集体经济和规模经营。由于在当时的社会发展条件下，交通和能源的发展较为薄弱，因此这两个方面被作为了改革的重点，建设了一批重点骨干工程，提倡要提高资源的利用率。在社会主义现代化建设过程中，教育和科学是关键，要对传统的教育方式进行改革，实现教育的现代化和国际化，要面向未来，要提高人民的整体素质，为祖国的发展和中国特色社会主义事业的建设提供优秀的人才。在实现人民共同富裕的过程中，允许一部分人先富起来，先富带动后富，最终实现共同富裕。

（六）关于祖国统一的问题

面对祖国的统一问题，邓小平创造性地提出了"一国两制"的伟大构想，这就为实现祖国的统一提供了更多的选择方式。经过长期的探索，在 1979 年元旦，全国人大常委会发表《告台湾同胞书》，正式表达了和平统一的意愿。在此后的一个月，在访美期间，邓小平提出不再使用"解放台湾"的说法。1981年国庆前夕,叶剑英针对海峡两岸和平统一的方针,向海内外的国家和群众都进行了详细的阐释。1982年,邓小平指出:"九条方针实际上就是一个国家两种制度。"这是邓小平首次提出"一个国家,两种制度"的概念。1982年,邓小平在会见英国首相撒切尔夫人时,第一次使用了"一国两制"的说法。1983年6月,邓小平对"一国两制"构想进行了进一步的系统化,并针对国家的统一问题提出了"六条设想",认为祖国统一是解决台湾问题的核心。在此后的时间内,邓小平多次对"一国两制"的构想进行了阐述,并对"一国两制"的含义、依据、意义和可行性都做了进一步的说明,并最终形成了一套较为系统、完整的战略构想。"一国两制"的提出是伟大的创举,随着后来香港和澳门的成功回归,证明了该设想是可行的,并且是成功的。

第三节 "三个代表"重要思想

一、"三个代表"重要思想的历史分析

"三个代表"重要思想是在科学判断党的历史方位和现实状况的基础上提出来的。1989年6月中共十三届四中全会以来,以江泽民为核心的党中央继承了毛泽东、邓小平两代中央领导集体开创的宏伟事业,领导中国继续向前发展。

为了更好地贯彻执行党的路线、方针和政策,确保社会主义现代化建设的胜利进行,1999年初,中央正式开展在全党党员干部中进行以"讲学习、讲政治、讲正气"为内容的"三讲"教育。至同年底、次年初,省部和中央国家机关以及绝大多数地厅局领导干部的"三讲"教育取得了明显成果,并告一段落。2000年2月20日,江泽民在高州市领导干部"三讲"教育会议上做了重要讲话,并初步提出了"三个代表"的重要思想。后来,江泽民进一步阐发了这一思想。2001年7月1日,江泽民在庆祝中国共产党成立80周年大会上的讲话中进一步具体细致地阐述了"三个代表"的重要思想,使其发展成为完整的理论体系。

二、"三个代表"重要思想的理论成果

（一）关于推进中国特色社会主义事业的理论成果

1. 关于发展是党执政兴国的第一要务

解决中国所有的问题，关键在发展。邓小平总结社会主义建设的经验教训，提出了"发展才是硬道理"的著名论断。江泽民反复强调：发展是硬道理，这是我们必须始终坚持的一个战略思想。围绕发展，江泽民阐述了一系列新观点、新论断。其中包括：要聚精会神搞建设，一心一意谋发展；以发展为主题，用发展的眼光，解决前进中的问题；要调动一切积极因素，大力发展先进生产力；要抓住机遇，全面建设小康社会。

2. 关于国民经济走持续快速健康发展道路

我国是发展中国家，经济上要追赶发达国家，就必须保持一定的发展速度，但更要注重增长的质量，努力实现速度与结构、质量、效益相统一。这条道路有以下基本点。

一是加强和改善宏观调控，根据经济形势变化，制定和实施相应的宏观经济政策，主要运用经济、法律的手段，实现经济总量平衡和结构优化；二是把"三农"放在经济工作的首位，统筹城乡发展；三是加快转变经济增长方式，推进产业结构优化升级；四是实施西部大开发战略，促进区域经济发展；五是把扩大内需作为我国经济发展的长期战略方针和基本立足点；六是正确处理现代化建设中的重大关系，加强统筹兼顾，促进协调发展。

3. 关于社会主义市场经济体制

中国共产党必须代表先进生产力的发展要求，加快发展生产力，要建立更具活力、更加开放的经济体系。根据马克思主义和社会主义的基本原理以及邓小平理论，江泽民提出了"建立社会主义市场经济体制"的改革目标，并围绕这一目标阐述了一系列新观点。其中包括：坚持社会主义与市场经济相结合；坚持和完善社会主义基本经济制度和分配方式；坚持发挥市场对资源配置的基础性作用，坚持实施"引进来"和"走出去"相结合的开放战略。

4. 关于社会主义政治文明

围绕建设社会主义政治文明、发展社会主义民主政治的战略目标，江泽民着重阐述了以下观点。

一是建设政治文明涉及政治思想、政治制度、行政管理、法制建设等方面，是一个内容广泛的系统工程。建设社会主义政治文明，根本是要坚持党的领导、人民当家做主和依

法治国的有机统一；二是民主是社会主义政治的灵魂。要抓紧社会主义民主旗帜，推进中国特色政治发展，发挥党内民主和人民民主的有机统一；三是依法治国，建设社会主义法治国家；四是发挥政治体制改革的作用，发展社会主义政治制度。政治体制改革是社会主义政治不断完善的基础，有利不断调动人民参与社会政治建设的积极性与主动性，维护国家统一、民族团结和社会稳定；五是要重视社会稳定工作，始终保持社会发展的安定团结局面；六是充分尊重和保障人权，这是建设社会主义政治文明的内在要求。

5. 关于社会主义先进文化

全面建设小康社会，必须牢牢把握先进文化的前进方向，大力发展社会主义文化，建设社会主义精神文明，不断满足人民不断增长的精神文化需求，不断丰富人民的精神世界，增强人民的精神力量。围绕这一思想，江泽民主要阐述了以下观点。

第一，当今世界，文化在综合国力中的地位和作用越来越突出。文化的力量凝聚在民族的生命力、创造力和凝聚力之中，并且随着世界多极化和经济全球化的发展不断激荡。努力建设社会主义文化，是实现社会主义现代化的战略任务；第二，当代中国，发展先进文化，就是建设社会主义精神文明；第三，民族精神是一个民族赖以生存和发展的精神支撑；第四，加强社会主义思想道德建设，是先进文化的重要内容；第五，百年大计，教育为本，国运兴衰，系于教育；第六，新闻媒体是党、政府和人民的喉舌。新闻出版、广播影视要坚持团结稳定鼓劲、正面宣传为主，宣传科学理论，传播先进文化，弘扬社会正气，塑造美好心灵，倡导科学精神；第七，文艺是民族精神的火炬，是人民奋进的号角。广大文艺工作者要深入群众、深入生活，在人民的历史创造中进行艺术的创造，在人民的进步中造就艺术的进步；第八，发展文化事业和文化产业，深化文化体制改革。

6. 关于巩固和发展最广泛的爱国统一战线

中国革命和建设的历史经验证明，把绝大多数人团结在中国共产党的周围，结成最广泛的统一战线，是我们战胜一切困难、夺取事业胜利的强大力量源泉，是党在政治上的一个巨大优势。它不仅是中国新民主主义革命的一个基本特点，也是建设中国社会主义的一大特色，是党执政兴国的重要法宝。

7. 关于两岸关系

实现祖国完全统一，是中华民族伟大复兴的根本基础，是中国共产党和人民不可动摇的坚强意志。围绕推进祖国完全统一，江泽民阐述了以下观点。

第一，国家要统一，民族要复兴，台湾问题不能无限期拖延。第二，坚持和平统一、一国两制，任何情况下都必须全面贯彻。第三，坚持一个中国原则，是发展两岸关系和实现和平统一的基础。第四，大力发展两岸人员往来和经济文化交流，开创两岸经济文化合作新局面。第五，广泛团结包括台湾同胞在内的全体中华儿女，共同反对和遏制"台独"分裂势力，坚定不移地捍卫国家主权和领土完整。

8. 关于维护世界和平与发展

当今世界正处在大变动的历史时期，世界的力量组合和利益格局正在发生新的深刻变化。面对国际局势跌宕起伏，江泽民深刻洞察世界形势发展的总趋势，提出了一系列外交和国际战略思想观点。

第一，顺应世界多极化和经济全球化趋势，参与国际经济合作与竞争，促进经济全球化朝着有利于共同繁荣的方向发展。第二，建立国际政治经济新秩序，从当今世界的实际情况出发，反映世界各国人民共同愿望和发展方向。第三，面对新的国际形势，应当树立新安全观。第四，维护世界多样性，提倡国际关系民主化和发展模式多样化。第五，始终不渝地奉行独立自主的和平外交政策。

（二）关于加强党的建设

1. 中国共产党是工人阶级的先锋队，也是中国人民和中华民族的先锋队

从 1921 年成立之日起，中国共产党就把自己定为中国工人阶级的政党，始终代表中国工人阶级的利益。党要为工人阶级奋斗，同时又要为中国人民的利益奋斗。正是坚持了这一点，我们党才团结和凝聚了全民族的力量，组成了浩浩荡荡的大军，战胜种种艰难险阻，赢得了民族独立和人民解放，取得了革命、建设和改革的巨大成就，从根本上改变了中国人民的地位、中国历史的方向和中国社会的面貌。实践已经证明并将继续证明，中国共产党不仅能够领导革命取得胜利，而且能够领导改革和建设取得胜利。在新的历史条件下，我们要战胜前进道路上的各种困难和风险，继续代表中国工人阶级和全国各族人们的利益，已全面建成小康社会为目标，紧密团结全国各族人民共同奋斗。

2. 关于坚持立党为公、执政为民

立党为公、执政为民，这是中国共产党的宗旨，是党的性质的必然要求和具体体现，是共产党人应有的科学理念。围绕立党为公、执政为民的思想，江泽民阐述了以下观点。

第一，人民是国家的主人，要发挥人民在中国特色社会主义事业中的积极性，党的一切工作本质上是为了实现好、维护好和发展好最广大人民的根本利益。第二，要努力构建全国人民共享发展成果的利益机制，整个社会发展的成果要为全体人民共享。第三，能否关心群众、代表群众利益，是衡量领导干部群众观点强不强、工作实不实，实践"三个代

表"重要思想好不好的重要试金石。第四，群众观点是我们党的基本的政治观点，群众路线是我们党的根本工作路线。要始终注意我国社会生活的新变化和群众工作的新特点，善于从群众的实践中汲取经验，从群众的意见中汲取智慧。要经常深入基层、深入群众，老老实实调查研究，老老实实听取群众意见，老老实实改进工作，集中群众的智慧和力量去发展我们的各项事业。

3. 关于加强党的执政能力建设

执政能力建设是党面对新时期复杂社会问题提高自身能力的重点领域。加强党的执政能力建设，就要加强党应对社会问题的能力。党越是执政时间长了，越要抓紧党的自身建设。从党的建设需求来看，党的建设的工作重点是不断提高党科学判断形势的能力、驾驭市场经济的能力、应对复杂局面的能力、依法执政的能力。

推进党执政能力建设的要求是：高举邓小平理论伟大旗帜，全面贯彻党的路线方针政策，保障人民的根本利益和满足时代发展的要求；坚持党要管党、从严治党，进一步提高党的领导水平和执政水平；准确把握中国社会发展的脉搏，改革和完善党的领导方式与执政方式，使党的工作充满活力；要在思想上、组织上和作风上建档，将其贯穿制度建设之中。

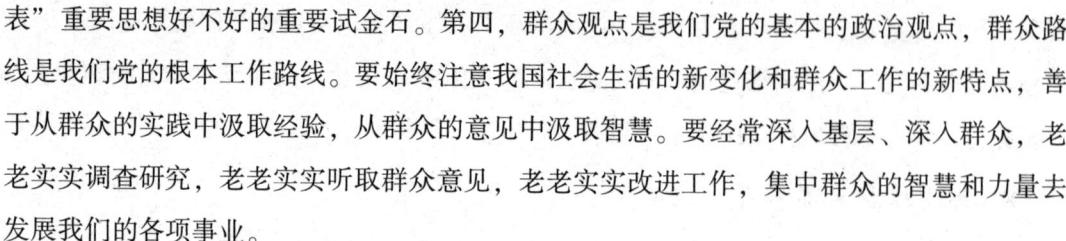

第四节　科学发展观

一、科学发展观概述

（一）科学发展观是对党的领导集体关于发展的重要思想的基础与发展

科学发展观是以胡锦涛为核心的新一届中央领导集体从新世纪新阶段的实际出发，适应现代化建设需要而提出来的，在发展内涵、发展观念、发展思路、发展本质、发展目标等方面都有创新，但不能忽视的是，这一发展观也是在充分肯定新时期特别是十三届四中全会以来我国举世瞩目的发展成就的基础上提出来的，是对以毛泽东、邓小平、江泽民为核心的党的三代中央领导集体关于发展的重要思想的继承和创新。

在毛泽东的领导下，中国共产党夺取了全国政权，确立了社会主义制度，并开始进行社会主义建设。在这个过程中，毛泽东对中国社会发展开始了初步探索：在发展道路上，提出了"以苏为鉴"、走自己的路的思想；在发展目标上，提出了四个现代化的思想；在发展战略上，提出了赶超发展战略；在发展动力上，提出了革命和阶级斗争是社会发展直接动力的思想。虽然在发展过程中遇到了一些阻碍，但这种探索是开创性的，对中国后来的发展理论和实践产生了重要影响。

在马克思主义发展史上，邓小平的发展理论是第一个比较完备的科学发展理论，做出了许多原创性的贡献。在发展的地位和性质上，他把发展提到时代主题的战略高度，并提出"发展是硬道理"的著名论断；在发展目标上，他提出发展是为了实现社会主义现代化，满足人民群众日益增长的物质文化需要，并将是否做到"三个有利于"作为主要评判标准；在发展动力上，他强调改革开放是社会主义制度的自我完善和发展，是发展的强大动力；在发展的步骤上，他提出了"三步走"的台阶式发展战略，力争隔几年上一个台阶，并强调要先富带动后富，最终实现共同富裕；在发展的道路和模式上，他强调走自己的路，建设中国特色社会主义，并在实践中突破了计划经济是社会主义、市场经济是资本主义的传统观念，提出社会主义也可以实行市场经济，从而实现了马克思主义发展史上的重大突破；等等。

江泽民在发展的地位和道路上，强调发展是党执政兴国的第一要务，发展必须毫不动摇地坚持党的基本路线，必须正确认识和处理改革发展稳定的关系、速度和效益的关系等一系列重大关系，要坚持用发展的办法解决前进中的问题，要实现区域经济合理布局和协调发展；在发展目标上，提出了根本任务是解放和发展生产力，不断增强国家的综合实力，改善人民生活，并以"三个代表"重要思想作为一切发展的出发点和落脚点；在发展动力上，强调改革是社会主义的自我完善和发展，是经济社会发展的强大动力，同时也强调要全面提高对外开放水平；等等。

这些思想进一步丰富了社会主义现代化建设的理论。

（二）科学发展观是对人类社会发展理论成果的借鉴与发扬

发展是人类始终关注的重大问题，也是人类进步的永恒主题。近代以来，人类社会对于发展问题的认识不断深化。第二次世界大战后，由于战争的创伤，西方工业国家大都受到物质匮乏的困扰，摆脱殖民地半殖民地地位而独立的新兴国家也普遍贫穷落后，这样，它们不约而同地把经济增长、消除物质贫乏状态作为自己最迫切的愿望。于是，一种仅仅从经济学的角度去研究社会发展，把经济增长作为社会发展主要目标的经济增长论应运而生。这种观点强调经济增长在整个社会发展中的根本作用和重要地位，把发展等同于增长，等同于物质财富的积累，忽视了人的主体性和精神要素以及社会与文化因素在发展中的作用。然而，随着实践的发展，经济增长论的弊端逐步暴露出来。这一理论导致的经济结构失衡，社会发展滞后，能源、资源与环境之间矛盾突出等一系列问题，引起人们的普遍反思。从 20 世纪 60 年代开始，人们对发展问题的认识日益深入，形成了一些新的发展观。

首先是"发展＝经济增长＋社会变革"的发展观。这种观点认为，"发展不纯粹是一个经济现象。从最终意义上说，发展不仅仅包括人民生活的物质和经济方面，还包括其他更广的方面。因此，应该把发展看作包括整个经济和社会体制的重组和重整在内的多维过程"，为此，还提出了发展中国家实行社会改革的政策主张。

其次是可持续发展的观点。这种观点把人与自然的协调以及子孙后代的发展都纳入发展观的考虑范畴，把对发展的认识推向了一个新的境界。1987 年，以联合国世界环境与发展委员会发表了一份报告《我们共同的未来》，正式提出可持续发展战略。在 1992 年联合国环境与发展大会上，可持续发展战略得到与会国家的一致认同，可持续发展被正式确立为各国应遵循的发展道路。

最后是以人为中心的综合发展观。这种观点转变了研究发展理论的视角，以人为中心，跨学科地综合研究发展问题，赋予了发展观更深刻的内涵，在世界范围内引起强烈反响，对社会发展理论的创新产生了深远的影响。作为一个发展中的大国，中国始终关注世界范围内的发展理论和实践，吸取经验和教训，以为我所用。科学发展观吸收了以人为中心、综合协调发展、可持续发展等当代世界新发展观的基本理念，具有鲜明的时代特征。

二、科学发展观的理论体系

（一）发展是科学发展观的第一要义

1. 发展理念的重大转变

"好"和"快"一直就是中国经济发展的目标。中国在 20 世纪 50 年代曾提出"多快好省"地建设社会主义，在 20 世纪 90 年代确立建设社会主义市场经济之后，也有促进经济"又快又好"发展的说法。在一个较长的时期中，几乎约定俗成的是："快"在前，"好"在后。直到 2005 年的中央经济工作会议提到经济发展时，依然沿用"又快又好"的提法。然而，在 2006 年中央经济工作会议上，开始强调努力实现国民经济"又好又快"发展。从"又快又好"到"又好又快"，字面上的细微调整，却蕴含着发展理念的重大转变。

"又好又快"是一个有机统一的整体。"好"与"快"互为条件，既相互促进又相互制约，不能把二者割裂开来和对立起来。"好"与"快"之间的关系，没有一成不变的公式。要从各个时期的实际出发，具体地处理"好"和"快"的关系，兼顾"好"与"快"，力求"好"中求"快"。毫无疑问，当前重点是在保持较快增长速度的同时，更加注重于"好"。当然，事情也不能走到另一个极端，不能因为强调"好"，就否定"快"。就历史而言，不应该简单地指责过去在经济发展中对于速度和规模的追求。就未来而言，还要抓住机遇，加快发展。"又好又快"地发展，当然是要提高经济增长质量的发展，但提高经济增长质量并非意味着不"快"。人为压低经济增长并不可取，经济停滞就更不能实现持续协调发展。

2. 经济发展方式的重大变革

十七大报告指出，要促进国民经济又好又快发展，实现未来经济发展目标，关键要在加快转变经济发展方式等方面取得重大进展。

提出加快转变经济发展方式，是对中国经济中存在症结的有的放矢。经济建设过程中，中国经济发展带有明显的粗放式特征，严重阻碍中国经济持续协调健康地发展。中国一直寻求改变这种经济发展方式。1987 年党的十三大就明确提出要从粗放经营为主逐步转到集约经营为主的轨道。1995 年党的十四届五中全会明确提出两个具有全局意义的根本性转变，即经济体制从传统计划经济体制向社会主义市场经济体制转变，经济增长方式从粗放型向集约型转变。1997 年党的十五大又明确提出转变经济增长方式，改变高投入、低产出，高消耗、低效益的状况。转变经济发展方式不仅要继续保持量的增长，而且更要注重质的提升，真正做到又好又快发展。

3. 国家发展战略的重大创新

改革开放以来，与经济发展理念变革和经济发展方式变革一样，中国在国家发展战略上提出了科教兴国和建设创新型国家等重大举措。1988 年，邓小平做出了"科学技术是第一生产力"的科学论断。1995 年中央召开了全国科学技术大会，做出《关于加速科学技术进步的决定》，确立了科教兴国战略。1997 年党的十五大进一步把科教兴国确定为跨世纪的国家发展战略。2006 年胡锦涛在全国科技大会上明确提出了提高自主创新能力、建设创新型国家的重大战略任务。科教兴国是建设创新型国家的人才战略基础。建设创新型国家，就是要将实施科教兴国战略产生的人才资源作为社会发展的动力，通过制度创新和科技创新实现社会与经济的协调发展。

（二）以人为本是科学发展观的核心

1. 以人为本是"解放生产力，发展生产力"的目的和要求

从社会建设的角度说，以人为本就是社会建设的目的是为了提高劳动人民的生活水

平，把追求最广大人民的根本利益放在首位。一方面，我国要始终坚持相信群众、依靠群众，调动群众的积极性参与社会建设；另一方面，要坚持发展为了人民。在发展的过程中，要把满足人民群众的需求作为发展的一个重要目的，实现发展成果由人民群众共享。因此，我国要不断围绕人民群众发展生产力。这就要求发展生产力必须坚持以人为本，重视人的主体地位，有效调动人的积极性和创造性，为生产力的发展提供永不衰竭的动力。

2. 以人为本内在地要求消灭剥削、消除两极分化

以人为本是社会主义新时代的新思维、新观念，它内在地要求要"消灭剥削，消除两极分化"。消灭剥削，消除两极分化，也是社会主义本质的内在要求，是对社会主义经济关系的本质概括，以人为本与"消灭剥削，消除两极分化"，在社会主义阶段达到了高度的统一。"消灭剥削"是从社会主义社会发展的最终目标来说的。社会主义社会发展的最终目标是要消灭剥削，最终实现人的平等。以人为本的内在要求与两极分化格格不入。首先，社会主义社会的基本经济制度、政治制度、文化制度等保证了公民基本权利的平等。当以人为本和社会主义制度结合在一起时，平等原则就可以充分展示出社会主义制度的优越性。经济上，社会主义生产资料的公有制占据绝对主导地位，生产资料的私人占有已不复存在，经济基础的起点公平已经建立。总体上讲，每个社会成员应当具有大致相同的发展机会、共享机会；同时社会成员之间的发展机会不可能是完全等同的，客观上存在着不同程度的差别。从现实的角度看，对一般的劳动机会来说，社会成员基本上都能共享社会发展机会，基本上能够实现公平。但由于每个人的智力、体力、技能、努力程度、家庭人口状况等因素的不同，人们的发展结果、财富收入的个体差异还是客观存在的。社会主义是在承认个人先天差异的基础上，保证后天的竞争环境和规则、发展结果尽可能公平。其次，从社会主义的分配原则来看，目前我国实行的是按贡献分配原则，即按劳分配和按生产要素分配相结合的分配原则。这种分配原则一方面体现了机会公平的原则，另一方面更体现了自由理念。从实际效果上看，按贡献分配有利于调动社会成员的积极性，激发整个社会的活力，是与社会主义市场经济较适宜的一种分配原则。

3. 以人为本体现了"最终达到共同富裕"的最终价值目标

以人为本集中反映了共同富裕的价值理念。社会主义的价值目标就是要使广大人民群众摆脱贫穷状况，走上共同富裕道路，并在此基础上实现人的全面发展。人的自由而全面的发展与实现人民共同富裕是历史发展过程中的同一个问题的两个方面。

4. 以人为本的目的和归宿是人的自由全面发展

人通过劳动实践不断地改造着世界，在改造世界的过程中也改变着自身。生产力的发

展本身不仅带来了物质财富的积累，同时这种物质财富的积累也构成了人的发展的首要的物质前提。在物质积累过程中，人的发展表现为：在原始社会，人的劳动表现为一种盲从，缺乏自由度和自觉性。在私有制社会，生产资料的私人占有和分工所带有的固定性、强迫性，使劳动产生了异化，个人失去了自主权和独立性，劳动成为奴役人的手段。

（三）全面协调可持续是科学发展观的基本要求

1. 要坚持全面发展的观点

全面发展就是要从社会有机体的整体性（系统性）出发来认识和处理发展问题。这是发展问题上的全面性的要求。

全面发展是对机械发展观的单一性弊端的科学批判。现代化是首先在资本主义条件下完成的。随着资本主义生产方式的兴起和发展，追求剩余价值成为社会发展的价值轴心，形而上学成为占支配地位的思维方式，这样，增长就取代了发展，GNP 或 GDP 就成为衡量发展的唯一尺度。这样就形成了机械发展观。尽管它在一定程度上促进了现代化，却存在着一系列的弊端：追求经济价值成为资本主义的绝对的甚至是唯一的发展目的，社会成为"单面社会"，人成为"单面人"。同时，它也容易引发人口、资源、能源和环境等一系列的问题。马克思和恩格斯早就科学地揭示出了机械发展观的弊端，要求人类从总体上把握社会发展的进程。显然，将机械发展观移植到不发达国家，不仅不能促进现代化，而且会导致比资本主义更为严重的问题。现在，随着发展难题的凸显，人们逐渐认识到，发展是集社会生活一切方面的因素于一体的完整过程。可见，科学发展观所要求的全面发展就是在批判机械发展观的单一性弊端的基础上形成的科学要求。

2. 坚定发展上的协调观点

协调发展就是要从社会有机体的协同性出发来认识和处理发展问题。事实上，这是发展问题上的协调观点。

（1）协调发展是对机械发展观的失调弊端的科学超越

在现代化的过程中，怎样发展的问题是影响现代化目标实现的一个重大的问题。在现代化的起飞阶段，资本主义工业化是通过牺牲公正而实现效率的，造成了严重的劳资对立、城乡对立、工农对立、脑体对立、人和自然对立等社会失调问题，从而加剧了由生产资料私人占有制与社会化大生产造成的资本主义危机。这表明，资本主义生产关系同生产力发生了不可调和的矛盾，必然要被社会主义所代替。同时，这也使人们开始关注发展的机制问题。

（2）协调发展是当代中国的协调发展经验的科学总结

在长期的社会主义建设中，我们在注重经济发展的同时，对协调发展也给予了高度的关注。在社会主义建设初期，毛泽东就将统筹兼顾作为了现代化建设的一项重要原则。进入新时期以来，邓小平在突出以经济建设为中心的同时，强调在一系列的问题上都要"两手抓，两手都要硬"。"三个代表"重要思想也十分重视协调发展问题。正是在这些思想的指导下，我们才进入了总体小康的发展阶段。但是，由于一系列复杂的原因，我们现在达到的小康仍然是低水平的、不全面和不均衡的。仅就均衡和不均衡的关系来看，存在着诸多的矛盾。为了确保均衡小康目标的实现，同时考虑到各方面的具体情况，科学发展观提出了协调发展的思想。显然，实现协调发展对中国来讲具有特别重要的意义。

（3）协调发展是对社会有机体的协同属性的科学把握

作为一个有机体，人类社会同样具有协同（协调）的属性。有机性要求协同性，协同性促进有机性。协同就是指许多力量融合为一个总的力量而产生的新力量，事实上是对立统一规律的具体体现。在社会这个矛盾统一体中，矛盾的诸方面既不是完全的吸引，由矛盾的同一性占主导地位，也不是完全的排斥，由矛盾的斗争性占主导地位，而是既吸引又排斥、既同一又斗争的。正是在这种作用所形成的历史合力中，人类社会才得以向前发展。

3. 坚定发展问题的可持续

可持续发展就是要从人（社会）和自然的整体协调发展的规律出发来认识和处理发展问题。这是发展问题上的可持续的要求。

可持续发展是对西方现代化经验的新的科学借鉴。西方现代化走的是一条边发展边破坏、先污染后治理的道路。在根本上，资本主义生产方式是以人对自然的支配为前提的。面对日益严重的生态环境问题，西方社会对传统的现代化模式也开始了反思和批判，试图寻求新的替代模式。其中，可持续发展和生态现代化是两种重要的抉择和潮流。前者要求把可持续和发展统一起来，认为发展是既满足当代人的需求又不对后代人满足其需求的能力造成危害的发展。后者要求把现代化和生态化统一起来，其基本原则有：强调生态改革中的科学技术、经济和市场动力、政府管理的作用，要求建立资源和风险管理的模式；强调综合管理和预防原则的作用，要求克服污染在生态环境中的转移，采用前瞻性的政策；强调工业生态学和可持续发展战略，要求建立可持续发展的生态社会；等等。我国的现代化必须避免重蹈西方现代化的覆辙，同时要科学地吸收可持续发展和生态现代化的有益成果。

可持续发展是对我国现代化的约束条件的新的科学认识。随着我国社会主义现代化"三步走"战略前两步目标的顺利提前实现，贫困和资金等经济条件对现代化的约束已经极大地降低。但是，由于一系列复杂的原因，我们也遇到了严重的生态环境问题，使自然物质条件方面的因素对现代化的制约变得越来越突出。尤其应该引起高度警惕的是，我国经济增长的资源环境代价过大。这就要求我们必须充分考虑自然生态环境因素对现代化的约束，谋求新的科学突破。

可持续发展是对社会和自然的协调发展规律的科学把握。只有人（社会）与自然和谐相处，人类社会才能正常存在和发展，社会主义现代化才能正常进行。党的十七大进一步明确地将之概括为生态文明的目标和要求。

第一，可持续发展战略是我国现代化建设的重大战略。根据我国的具体国情和世界现代化的一般经验，在我国现代化的进程中，必须实施可持续发展战略，这样，才能保证一代接一代地发展下去。第二，可持续发展战略的核心是人与自然的和谐发展。后代人的生存和发展同样离不开自然物质条件，因此，只有在充分考虑自然生态系统的再生能力、承载能力和涵容能力的前提下，可持续发展才是可能的，因此，人与自然的和谐是可持续发展的核心。第三，可持续发展战略的目标是建设高度的生态文明。推进可持续发展战略、实现人与自然和谐的过程，就是要在人与自然之间建立起一种良性循环的机制。这样经过人为的努力而形成的人和自然的良好关系就是生态文明。从哲学上来看，生态文明是人化自然和人工自然的积极进步的成果。显然，可持续发展是我们在生态建设领域中谋求人与自然和谐发展的实践努力和理论探索的集中体现。总之，发展必须是可持续的，这样才能保证我们又好又快地实现社会主义现代化。

（四）统筹兼顾是科学发展观的根本方法

1. 统筹兼顾是辩证唯物主义方法论的具体体现

辩证唯物主义认为，物质世界是普遍联系、不断运动的整体，人们要正确认识和把握问题就必须用联系的、全面的观点观察、分析和处理问题，必须抓主要矛盾。统筹兼顾作为科学发展观的根本方法，注重以全面、辩证的观点来观察和分析发展，集中体现了唯物辩证法的特征和精髓。

从普遍联系的观点看，事物的发展必然与其他事物相互联系、相互制约，只有兼顾其他方面，协调好各方面的关系，才能实现健康的发展。人类社会是一个包括政治、经济、文化等多领域和个人、家庭、群体、阶层、阶级等多结构层面的庞大而复杂的有机体，其各组成要素和方面都是紧密联系、相互促进的。辩证唯物主义的联系观点为系统论提供了科学的世界观和方法论。联系的普遍性造成了事物以系统的形态存在着，整个世界就是一个有机联系的系统。

从系统论的角度来看，任何事物的发展都是一个系统的发展过程，系统的各个组成要素在发展中的相互联系、相互制约、相互作用，构成了系统的整体发展。如果只有某一个组成要素的发展，而没有其他要素的协调发展，整个系统的发展将是不全面的、不健康的。

统筹兼顾是分析矛盾、解决矛盾的过程，就是要运用矛盾分析方法，在对立中把握统一、在统一中把握对立、具体问题具体分析，解决矛盾和问题的过程，从而体现了唯物辩证法关于矛盾的普遍性与特殊性、主要矛盾与矛盾主要方面等的原理。当前，在中国特色社会主义事业建设进程中依然存在着许多矛盾，党的十七大在诸多矛盾中提出并强调了统筹城乡发展、区域发展等几对矛盾，显示了解决这些问题对发展中国特色社会主义建设事业的重要性，是辩证唯物主义关于"两点论"与"重点论"相结合原理的具体运用和体现。

2. 统筹兼顾是经济社会健康发展的必然要求

经济增长与社会事业发展"一条腿长，一条腿短"，是当前我国经济社会发展不协调的突出问题，为解决这一问题，需要我们站在马克思主义世界观和方法论的高度，把统筹兼顾作为实现经济社会协调发展的根本方法。

马克思主义唯物史观关于社会形态的基本观点，也对经济社会发展提出了统筹兼顾的要求。马克思主义强调经济基础、社会存在的决定作用，但同时又非常重视意识形态、精神文化等上层建筑的反作用。因此，要实现经济社会健康发展必须坚持统筹兼顾的方法，在推进经济发展的同时，加强政治文明和社会主义先进文化的建设。

马克思主义唯物史观关于人的全面发展的思想，也要求统筹经济社会发展，解决经济增长与人的发展相对失衡的问题。人们从事种种实践活动，其目的归根到底都是为了自身的生存和发展。人类历史的发展过程实际上也就是人们通过实践活动追求自己的生存、发展和解放的过程。正是从这样的历史观出发，马克思主义把人作为社会发展的目的，把努力促进人的全面发展作为创建未来社会的本质要求。作为人类世代为之奋斗的崇高理想，人的自由而全面的发展是一个量的积累过程，需要不断加强经济、政治、文化以及人与自然等方面的建设，并坚持统筹兼顾的根本方法，使之协调发展。否则，经济社会发展就会出问题，人的全面发展的目标也难以实现。

总之，统筹兼顾是依据辩证唯物主义的科学方法论提出的解决矛盾的科学方法。它要求立足实际、全面分析，通过发展来解决在发展中出现的矛盾和问题，是彻底的辩证唯物主义方法论的鲜明体现，体现了我们党对社会主义建设规律认识的深化，是深入贯彻落实科学发展观的根本切入点和重要现实途径。

第五章 马克思主义基本原理融入中国式现代化道路的新发展

第一节 中国梦的实现必须走中国特色社会主义道路

一、中国梦的内涵

中国梦是一个高度概括的思想理念，其包含了丰富的内涵。2013 年 3 月 23 日，习近平总书记在莫斯科国际关系学院发表演讲明确指出："实现中华民族伟大复兴，是近代以来中国人民最伟大的梦想，我们称之为'中国梦'，基本内涵是实现国家富强、民族振兴、人民幸福。"

在历史上，我国一直居于世界前列，而外敌侵略对中华民族造成了严重打击。1840 年鸦片战争以后，中华民族蒙受了百年的外族入侵和内部战争，全国人民经受了巨大的灾难和痛苦，这是中华民族历史上十分灰暗的一段时期，苦难深重、命运多舛。但即使是在这样的背景下，中华民族也一直秉承自身的优秀品质，一直没有放弃对美好梦想的向往和追求。支撑中华民族经受这一百多年的苦难的就是中国梦，是实现国家富强，是不再任人欺侮；是对民族振兴的期盼，不再落后沉沦；是对幸福生活的追求，人民不再遭受苦难。广大仁人志士为民族复兴奉献自我，而支持他们的巨大精神力量就是实现中华民族伟大复兴的中国梦，是为了实现中国人未来美好生活的憧憬。

通过不断的拼搏和努力，今天的中国已经不再是贫穷落后的旧中国，在中国共产党领导下，人民创造了日益繁荣富强的新中国，随着时代的前进人们逐渐看到了中华民族伟大复兴的光明前景。在这样的关键时期，以习近平同志为核心的党中央豪迈地宣示了中国共产党人的奋斗目标，就是到 2020 年国内生产总值和城乡居民人均收入在 2010 年基础上翻一番，全面建成小康社会；到 21 世纪中叶，建成富强民主文明和谐的社会主义现代化国家，实现中华民族伟大复兴的中国梦。

中国梦既是国家和民族的梦，更是广大人民群众的梦。中国梦的主体是人民，人民是中国梦的创造者和享有者。中国人民依靠自己的努力奋斗，在历史进程中不断发挥勤劳勇敢、坚韧不拔、有智慧、有理想的优秀品质，创建了和谐美好的共同家园。中国人民热爱生活，期盼有更好的教育、更稳定的工作、更满意的收入、更可靠的社会保障、更高水平的医疗卫生服务、更舒适的居住条件、更优美的环境，期盼孩子们能成长得更好、工作得更好、生活得更好。"得其大者可以兼其小"，指的就是国家好，民族好，大家才会好；国家富强，民族振兴，人民才能幸福。中国梦的一个显著特征就是可以实现全民族的凝聚，让国家、民族和个人团结在一起成为一个命运共同体，从而为每个人实现个人梦想和共同理想提供广阔的空间，使中华儿女可以将自己的个人梦想和全社会的共同理想有机结合，不仅可以活出精彩人生、实现个人梦想，还可以与国家一起成长和进步，可以更好地参与祖国事业的建设中。

二、实现中国梦的重要意义

自习近平总书记提出中华民族伟大复兴的中国梦这一思想理念，便得到了人们的热烈拥护，可以看出中国梦在全国范围内产生了强大的号召力和感染力。党员、干部畅想中国梦，社会舆论聚焦中国梦，中华儿女关心中国梦，国际社会关注中国梦，中国梦的影响不仅局限于国内，还延伸至国际社会，它引领着中国社会的进步和发展，激励着中华儿女奋勇向前，是中华民族面向未来发展的一面精神旗帜。中国梦已经深深印在中华儿女的脑海中，中国梦已经成为全国各族人民的共同追求。

中国梦具有巨大的号召力和感染力。其根本原因在于中国梦切实反映了近代以来一代又一代中国人的美好夙愿，并在基本国情和社会实际的基础上揭示了中华民族的历史命运和当代中国的发展走向，为全国各族人民的不懈奋斗指明了方向。

中国梦并不是一般意义上的梦想，它是一种特定的思想意识和目标指向的高度融合，可以在最大程度上凝聚中华儿女的智慧和力量。在当今中国，中华民族伟大复兴的中国梦就是可以赢得人心、获得共识的思想理念。我国正处于社会转型的关键时期，观念多样化、利益多元化是普遍存在的现实问题，每个人、每个群体、每个阶层都有自己的梦想，而这些梦想各不相同甚至有一些会存在冲突，而这就要求我们对这些梦想有机结合，要求同存异。坚定不移地推进中国梦的实现，是中华儿女的最大公约数。中国梦立足于中国国情，集中体现了中国发展的多方面诉求以及要实现的各项目标，有机结合了各个阶层、各个群体的不同梦想，使其汇聚为广大人民群众的共同追求、共同愿景，求同存异，以实现全国各族人民的最大共识，凝聚全国各族人民的最大力量。

当前来看，我国正处于有史以来最接近世界舞台中心的发展阶段，我们可以看到中华民族伟大复兴的光明未来。因为中国进入国际社会的视野，成为世界瞩目的焦点，就会引起国际社会的各种评价、议论和预测。中国梦是一个高度概括的思想理念，用国际社会更容易接受的方式说明了中国发展的目标、意图和理念，使世界各国人民都能清晰地认识到这一点。习近平总书记在出访和接待外宾等多个场合深入阐述中国梦的丰富内涵，强调中国梦是中国各族人民的梦，也是每个中国百姓的梦；中国梦的实现需要和平稳定的国际和周边环境，中国将坚持通过和平发展方式实现中国梦；中国梦与世界各国人民的梦想息息相通，中国将与各国更多分享发展机遇，使他们更好地实现自己的梦想；中国人民希望通过实现中国梦，同各国人民一道，携手共圆世界梦。通过这些阐述，使国际社会更深刻地理解和认同了我国的发展道路以及我国实行的各项政策，在国际社会上提升了我国的影响力和亲和力，有效地增强了我国的国际地位和话语权。中国梦有着深远的意义，这不仅体现在国内社会，还体现在国际社会，而随着中国特色社会主义建设步伐的迈进，这些意义也会更加凸显。

三、实现中国梦的路径

（一）必须走中国道路

中国道路是指中国特色社会主义道路。中国特色社会主义道路是经过不断实践，在总结经验的基础上提出的道路，它总结了改革开放实践、中华民族共和国发展实践、中华民族发展实践的经验，同时还是对中华民族五千多年历史的经验总结。具有深刻的历史意义和时代意义，是对过去经验的继承和发展，是理论和实践有机结合的成果，是近代以来中国社会发展的必然选择，是历史和人民的选择。坚持走这条道路，既能使我们国家快速发展起来，迅速提高我国人民的生活水平，推进中华民族跟上时代步伐，促进中华民族更接近伟大复兴，也可以使中国人民和中华民族为世界的和平发展奉献力量。实践证明，当代中国发展必须走中国特色社会主义道路，这也是实现中华民族伟大复兴的中国梦的必要途径。因此，我们必须增强对中国特色社会主义的道路自信、理论自信、制度自信、文化自信，坚定不移沿着正确的中国道路奋勇前进。

（二）必须弘扬中国精神

中国精神是指以爱国主义为核心的民族精神和以改革创新为核心的时代精神。弘扬中国精神可以凝聚中华民族的力量，是兴国、强国的灵魂所在。在中华民族的发展过程中，民族精神始终贯穿其中，不论是在古代、近代还是当代，在我们的社会生活中都体现了民族精神，在经历了诸多苦难受后，中华民族依旧锐气不减，并焕发出更坚定的斗志，民族精神就是重要原因。经过几千年形成的民族精神，不断激励和孕育着新的时代精神。其中，爱国主义贯穿中华民族的发展史，是促使中华儿女团结一心的重要精神力量，而改革创新则是时刻鞭策人们要跟上时代潮流的精神力量。因此，我们必须坚定不移地弘扬伟大的民族精神和时代精神，要加强全民族的凝聚力，增强促使人们自强不息的精神动力，以此迎接更美好的未来。

（三）必须凝聚中国力量

中国力量是指中国各个民族人民大团结的力量，只有各民族人民团结一致才能在困难和挑战面前永不退缩并取得胜利。在中国这艘超级巨轮上，全民族和海内外全体中华儿女都是"梦之队"的一员，都是中国梦的参与者和书写者。只要我们紧密团结，万众一心，为实现共同梦想而奋斗，实现梦想的力量就无比强大。实现中国梦要拥护中国共产党的领导，要不忘初心，牢记使命，团结全国各族人民的力量，集合全国各族人民的智慧，形成势不可挡、不可战胜的巨大力量。

中国梦的实现不是一朝一夕之功，它是一项光荣而艰巨的事业，是一项长期任务，需要一代代中国人为之努力。在中国特色社会主义建设的全新时期，我们面前不仅有很多机遇，但同时也面临着前所未有的困难和挑战。2012年11月29日，在国家博物馆参观《复兴之路》展览时，习近平特别强调："我们这一代共产党人一定要承前启后、继往开来，把我们的党建设好，团结全体中华儿女把我们国家建设好，把我们民族发展好，继续朝着中华民族伟大复兴的目标奋勇前进。"

第二节 坚定"四个自信"

一、坚定"四个自信"提出的必要性

（一）应对国外各种敌对势力对中国道路的质疑和否定这种挑战

从外部环境看，国外各种敌对势力对中国道路的质疑和否定从未停止，其根本企图就是让我们党改旗易帜、改名换姓。坚定"四个自信"就是为了应对这种挑战。

从国际上来看，20 世纪末苏联解体、东欧剧变，世界战略格局开始了空前剧烈的大变动，一些新兴大国在国际舞台上竞相显露头角，世界力量体系出现新一轮的分化、整合。当前，随着世界多极化和经济全球化的深入发展，特别是国际金融危机带来的冲击，国际关系正经历一次影响深远的大变局。在这种大变革、大变局中，中国逐渐走向世界舞台的中心，同时，也与外部世界的利益摩擦和舆论交锋日益突出，一些西方国家把我国的发展壮大视为对其价值观和制度模式的挑战，加紧对我进行思想文化渗透，妄图同我们打一场没有硝烟的战争，思想文化领域的斗争和较量尤为激烈与复杂。比如，有人试图唱衰中国，2015 年，华盛顿大学教授、美国著名中国问题研究专家沈大伟还发表《中国即将崩溃》一文。但事实却是中国不仅没有崩溃，反而越来越强大，越来越有活力。有的质疑中国，提出中国现在搞的究竟还是不是社会主义的疑问，有人说是"资本社会主义"；还有人干脆说是"国家资本主义""新官僚资本主义"。凡此种种，其根本目的就是要搞乱人心，煽动推翻中国共产党的领导和我国的社会主义制度，让我们党改旗易帜、改名换姓。正如 2013 年 8 月习近平在全国宣传思想工作会议上所强调的，我们在集中精力进行经济建设的同时，一刻也不能放松和削弱意识形态工作。必须把意识形态工作的领导权、管理权、话语权牢牢掌握在手中。他提出并强调"四个自信"，就是为了应对国外各种敌对势力对中国道路的质疑和否定。

（二）从自身来看，现实生活中还存在种种不自信的表现，这就使坚定"四个自信"成为必要

少数人对我们的道路和制度缺乏信心，觉得我们的政治制度不行、价值观念不行，从骨子里认同西方的所谓"普世价值"。有的人奉西方理论、西方话语为金科玉律，不知不觉成了西方资本主义意识形态的吹鼓手。更有一些人甚至认为中国什么都不好，外国什么都好，"西方的月亮就是比中国圆"，幻想用西方制度改造中国。习近平同志明确指出，在我们的干部队伍中"有的甚至向往西方社会制度和价值观念，对社会主义前途命运丧失信心；有的在涉及党的领导和中国特色社会主义道路等原则性问题的政治挑衅面前态度暧昧、消极躲避、不敢亮剑，甚至故意模糊立场、耍滑头"，[①] 等等。对此，他指出：一个政党执政，最怕的是在重大问题上态度不坚定，结果社会上对有关问题沸沸扬扬、莫衷一是，别有用心的人趁机煽风点火、蛊惑搅和，最终没有不出事的！所以，道路问题不能含

---

① 习近平谈治国理政［M］. 北京：外文出版社，2014，第 414 页.

糊，必须向全社会释放正确而又明确的信号。①

二、"四个自信"的内涵

（一）道路自信的内涵

中国特色社会主义道路自信，就是中国共产党和广大人民群众坚定对自己所选择的具有中国特色的社会主义发展道路的自信，也即对中华民族伟大复兴中国梦的实现路径的自信。具体来看，中国特色社会主义道路自信包括三方面的内容：

第一，对中国以往发展成果的充分肯定。中国特色社会主义道路不是凭空产生的，它是几代中央领导集体克服一切困难不断努力的结果，是集体智慧的结晶。

第二，对中国目前发展现状的清晰认知。进入 21 世纪以来，世情、国情、民情都发生了深刻的变化。特别是党的十八大以来，习近平总书记充分结合我国当前发展实际，发表了一系列重要讲话，更加坚定了广大党员和人民群众矢志不渝地走中国特色社会主义道路的信心。而且，围绕"治理"已经基本形成了完整系统的治国理政思想的框架体系。

第三，对中国未来发展前景的坚定信念。中国特色社会主义道路的开辟与拓展是前后相承的，具有极强的延续性。社会实践的发展已经充分证明这条道路的正确性，未来我国的发展必然是承前启后，继续坚定不移地走中国特色社会主义道路。因此，对中国特色社会主义道路的自信，就是要对道路未来发展前景充满信心。一方面，党和人民群众要坚信这条道路会继续拓展、继续向前迈进；另一方面，要有自觉维护和肯定中国特色社会主义道路的坚定信念，并沿着这条道路把中国特色社会主义现代化事业不断推向前进。

（二）理论自信的内涵

理论自信，就是习近平同志在庆祝中国共产党成立 95 周年大会上的讲话中所强调的："我们要坚信，中国特色社会主义理论体系是指导党和人民沿着中国特色社会主义道路实现中华民族伟大复兴的正确理论，是立于时代前沿、与时俱进的科学理论。"②

理论自信是中国共产党对于中国特色社会主义理论体系的坚定信仰与执着追求，是社会大众对于中国特色社会主义理论价值的由衷认同前景的充分自信，是在普遍的社会信赖中对理论自身活力的不断追寻。

百年风雨沧桑，中国共产党人以马克思列宁主义为指导，总结历史经验、艰苦探索、

---

① 中共中央文献研究室. 十八大以来重要文献选编（中）[M]. 北京：中央文献出版社，2014，第 182 页.
② 习近平. 在庆祝中国共产党成立 95 周年大会上的讲话 [M]. 北京：人民出版社 2016，第 13 页.

改革创新，逐渐形成了毛泽东思想和中国特色社会主义理论体系两大理论成果，实现了马克思主义中国化的两次历史性飞跃，并赢得了人民的普遍认可。理论自信表现为我们要毫不动摇地坚持马克思列宁主义、毛泽东思想中国特色社会主义理论体系的指导地位，表现为我们对于以人为本的理论价值的自信，我们要在中国特色社会主义实践中展示自信。

（三）制度自信的内涵

坚持中国特色社会主义事业，不仅要高瞻远瞩，坚定中国特色社会主义道路，而且要贯微动密，完善中国特色社会主义制度。要将顶层设计、中层推进、底层贯彻紧密结合起来，更加注重制度层面的建设与发展。社会主义制度是以生产资料公有制为基础的社会主义经济制度和政治制度的总称。

制度自信就是对中国特色社会主义制度的自信。中国特色社会主义制度是人民和历史的选择，奠立了中国特色社会主义伟大成就的基础。中国特色社会主义制度有着深厚的理论基础，它以马克思列宁主义、毛泽东思想和中国特色社会主义理论体系为指导。中国特色社会主义制度有着深厚的价值基础，是对人民利益的自觉体现和根本保障。坚定"制度自信"，就要深刻认识中国社会制度的特色与优势，认识中国特色社会主义制度建设的一般规律，积极推进中国特色社会主义制度的建设与创新。

（四）文化自信的内涵

所谓文化自信，就是一个国家、一个民族、一个政党对自身文化价值的充分肯定，对自身文化生命力的坚定信念。只有对自己的文化有坚定的信心，才能获得坚持坚守的从容，鼓起奋发进取的勇气，焕发创新创造的活力。中国有坚定的道路自信、理论自信、制度自信，其本质是建立在500多年文明传承基础上的文化自信。习近平同志在庆祝中国共产党成立95周年大会上的讲话中指出，在5000多年文明发展中孕育的中华优秀传统文化，在党和人民伟大斗争中孕育的革命文化和社会主义先进文化，积淀着中华民族最深层的精神追求，代表着中华民族独特的精神标识。我们要弘扬社会主义核心价值观，弘扬以爱国主义为核心的民族精神和以改革创新为核心的时代精神，不断增强全党全国各族人民的精神力量。这段论述清晰地阐述了文化自信的丰富内涵，为建设社会主义文化强国指明了道路。

三、坚定"四个自信"的现实路径

（一）加强理想信念教育

理想信念是共产党人永葆先进性的精神动力，是共产党人精神上的"钙"，是影响世界观、人生观、价值观的关键因素，决定着党员干部的价值追求，支配着党员干部的思想和行为。党员干部要坚持把共产主义远大理想和中国特色社会主义共同理想相结合，为崇高理想而努力奋斗，全心全意为人民服务。坚持这个初心，不忘这个初心，坚定理想，坚定自信，从而为不断取得胜利提供重要保障。

坚定理想信念与增强"四个自信"两者是有机统一的，坚定理想信念是增强"四个自信"的思想根基，脱离了坚定的理想信念，"四个自信"就会成为无本之木、无源之水；"四个自信"是坚定理想信念的具体途径，离开了"四个自信"，理想信念也将无法持久。坚定理想信念、增强"四个自信"对人们的事业发展和个人成长至关重要，反之，丧失了理想信念，动摇了"四个自信"事业发展和个人成长都会受到挫折。

面对新的形势新的问题、新考验，只有持之以恒地改造自己的主观世界，创新自己的思维和观念，才能始终坚定理想信念和"四个自信坚守住思想阵地，从根本上保证思想纯洁、政治纯洁和作风纯洁。坚定理想信念、增强"四个自信"问题，需要从以下方面入手：强化信念教育，从内心深处把牢思想行动的"总开关"；加强党性修养，增强责任担当意识，进一步转变作风，努力做好各项工作；遵纪守法，经受考验，面对深刻发展变化的世情、国情，每一位党员干部都要经受住诱惑，保持定力，坚定目标，迎难而上，为建设中国特色社会主义的美好明天而努力奋斗。

（二）勇于全面深化改革

进一步坚定"四个自信"，要勇于全面深化改革，进一步解放思想、解放和发展社会生产力、解放和增强社会活力，不断把改革开放推向前进。

"四个自信"彰显的是一种精神状态，最终还要靠物质基础。习近平同志明确指出，要坚定道路自信、理论自信、制度自信，要有坚如磐石的精神和信仰力量，也要有支撑这种精神和信仰的强大物质力量。这就要靠通过不断改革创新，使中国特色社会主义在解放和发展社会生产力、解放和增强社会活力、促进人的全面发展上比资本主义制度更有效率，更能激发全体人民的积极性、主动性、创造性，更能为社会发展提供有利条件，更能在竞争中赢得比较优势，把中国特色社会主义制度的优越性充分体现出来。①

（三）坚持对外开放

正确处理中国和世界的关系，是事关党的事业成败的重大问题。中国共产党的诞生、新中国的成立、改革开放的实行，都是顺应世界发展大势的结果。我国实行改革开放很关键的一条是我们党正确判断世界大势，确立了和平与发展是时代主题的认识，开启了改革开放的历史新时期。"在当今世界深刻复杂变化、中国同世界的联系和互动空前紧密的情况下，更要密切关注国际形势发展变化，把握世界大势，统筹好国内国际两个大局，在时代前进潮流中把握主动、赢得发展。"②

坚持对外开放是增强"四个自信"的动力。对外开放不仅是商品、资金的交易和往来，更是文明与文明的碰撞与交流。改革开放四十多年的实践证明，开放型经济对我国经济社会的发展做出了重要贡献，极大地带动了经济社会的全面发展，有效地促进了国内技术、商业模式和管理制度的创新，有力地推动了国内体制的改革，大大提升了我国的国际地位。在对外开放中，中国特色社会主义的进一步发展、完善，不仅通过社会主义与市场经济的有机结合从根本上解决了困扰社会主义经济建设这一"世界性和世纪性"的难题，而且也为世界经济文化落后国家摆脱贫困提供了一种别样的发展逻辑，这无疑进一步增强了中国特色社会主义的道路自信、理论自信、制度自信、文化自信。

第三节　树立"五大发展"新理念

一、创新发展

创新是发展的基点，是发展的驱动，是国家发展全局的核心。对于当前的世界竞争来说，最主要的是各国综合国力之间的竞争，而创新则是提升一国综合国力的关键。结合我国创新发展实际，不仅需要进一步加强自主创新，打破发达国家完全统治市场的局面，同时也要适当地引进全球创新资源和成果，在此基础上实现集成优化，有机结合自主创新和争取外援，形成新时代创新发展新局面。

具体来说，深化创新发展需要重视以下几方面的工作。

---

①　习近平谈治国理政 [M]. 北京：外文出版社，2014，第93页.

②　习近平总书记系列重要讲话读本 [M]. 北京：学习出版社、人民出版社，2016，第39页.

第一，加强创新型人才的培养和引进。创新型人才是实现创新的关键，因此我们必须加强对于创新型人才的培育和引进，为国内学者提供一定国际交流的机会，还要充分发挥留学人员的创新作用。

第二，要在国家层面建立协同创新系统。在传统创新中，通常是开展微观个体创新，国家很少参与，缺少国家层面的集体协同创新系统参与，为了推动我国创新推动发展，要更多地打造政府、企业、社会、高校等多层面的集体协同创新系统，要尽可能抢占科技创新制高点。

第三，建立激励创新的环境与制度。创新在当前时代具有重要意义和作用，我们必须对创新持积极的鼓励态度，为实现更好地创新发展应该营造"尊重人才、尊重创新"的社会环境。与此同时，我们要加强制度建设，比如产权保护制度，为鼓励创新提供坚实的制度保障。

二、协调发展

只有保证协调，才能保证持续健康发展。改革开放以来，我国综合国力得到显著提升，目前已成为全球第二大经济体，人民的生活质量和生活水平也有了很大改善，经济社会实现了跨越式发展。但在发展过程中，一系列矛盾和问题逐渐凸显。党的十九大报告中指出，发展不平衡不充分的一些突出问题尚未解决，发展质量和效益还不高，创新能力不够强，实体经济水平有待提高，生态环境保护任重道远；民生领域还有不少短板，脱贫攻坚任务艰巨，城乡区域发展和收入分配差距依然较大，群众在就业、教育、医疗、居住、养老等方面面临不少难题；社会文明水平尚需提高；社会矛盾和问题交织叠加，全面依法治国任务依然繁重，国家治理体系和治理能力有待加强；意识形态领域斗争依然复杂，国家安全面临新情况；一些改革部署和重大政策措施需要进一步落实；党的建设方面还存在不少薄弱环节。

习近平总书记在党的十九大报告中指出，要"加大力度支持革命老区、民族地区、边疆地区、贫困地区加快发展，强化举措推进西部大开发形成新格局，深化改革加快东北等老工业基地振兴，发挥优势推动中部地区崛起，创新引领率先实现东部地区优化发展，建立更加有效的区域协调发展新机制。以城市群为主体构建大中小城市和小城镇协调发展的城镇格局，加快农业转移人口市民化。"为了切实有效地落实以上举措，必须高举协调发展的旗帜，要推进发展向更平衡的方向推进。

第一，要统筹协调区域发展。我国发展不平衡的一个方面就是区域间发展不协调，为了解决这一问题，首先就要处理好东部和西北、沿海和内地之间的关系，要进一步加强对我国西部地区的开发，促进中部的崛起以及东北老工业基地的再次发展。同时，还应该结合"一带一路"和"京津冀一体化"建设，缩小区域间差异，促进区域间的协调、平衡、充分发展。

第二，推动城乡协调发展。由于长期以来我们政策的倾斜以及资源禀赋和自身条件的差异，我国形成了一种城乡二元结构，这种城乡结构已经对我国经济社会发展造成了严重影响，因此，我们必须采取适当的措施改变这一现状，以城市群为主体构建大中小城市和小城镇协调发展的城镇格局，加快农业转移人口市民化。以城市发展带动乡镇、农村发展，加强农村基本公共服务建设。

第三，加强物质文明和精神文明协调发展。改革开放以来，为了迅速复苏经济，我们过于关注物质文明的发展，而精神文明建设相对滞后很多，形成了物质文明和精神文明发展不协调、不平衡的局面。因此，我们要大力加强精神文明建设，要缩小精神文明建设与物质文明建设间的差距，不断增强文化软实力，培养文化自信，将我国建设成社会主义文化强国。

党的二十大报告指出，我们要坚持以推动高质量发展为主题，把实施扩大内需战略同深化供给侧结构性改革有机结合起来，增强国内大循环内生动力和可靠性，提升国际循环质量和水平，加快建设现代化经济体系，着力提高全要素生产率，着力提升产业链供应链韧性和安全水平，着力推进城乡融合和区域协调发展，推动经济实现质的有效提升和量的合理增长。

三、绿色发展

习近平总书记指出，"绿色是永续发展的必要条件和人民对美好生活追求的重要体现。"[1] 绿色发展实际上就是指在发展中坚持绿色价值取向，树立马克思主义生态观。改革开放以来，我国经济实现了跨越式增长，我国综合国力实现显著提升，但是很长时间以来我国的发展是一种粗放型的发展方式，而经济增长的同时带来了严重的生态问题，而目前环境污染问题成为困扰我国的严峻问题，为了实现社会进步必须切实有效地解决这个问题。就我国当前的实际情况来说，资源的相对短缺、生态的急剧破坏、环境容量的严重不足是阻碍我国发展的严重问题。

为了促进我国社会发展，必须清醒认识保护生态环境、治理环境污染的紧迫性和艰巨性，要意识到我国必须加强生态文明建设，在促进社会发展的同时必须坚定对人民群众、

---

① 中共中央宣传部. 习近平总书记系列重要讲话读本（2016年版）[M]. 北京：学习出版社，2016，第134页.

对子孙后代高度负责的态度，要下决心、有行动，在实践中落实生态文明建设，要走向社会主义生态文明新时代，以此满足人们对美好生活环境的要求和向往。

四、开放发展

自改革开放以来，中国就走向了不断对外开放的发展快车道。随着改革开放进程的推进，我国建立了四大经济特区，逐渐实现了沿海、沿江、沿边和内陆地区的对外开放，2001 年我国加入 WTO，进一步加大了开放程度，随着我国对外开放程度的不断加深，目前已经成为外汇储备量和进出口总额世界第一的经济体。纵观我国当前的开放形势，已经基本建成了全方位、多层次和宽领域的对外开放格局，对外开放已经成为推动我国发展的重要动力。目前，我国与国际社会的交融更加频繁和深入，在当前的全球经济浪潮面前，我国应该保持开放局面，奉行互利共赢的开放战略，以此实现更好发展。

在对外开放时要坚定不移地坚持互利共赢的开放战略。一方面，我国必须进一步完善对外开放的格局，采取更为积极主动的战略，建立并完善我国的开放型经济体系，促进实现参与者的互利共赢、多元平衡，保证开放的安全高效，重视"引进来"的同时强调"走出去"，促进我国出口和进口、服务贸易与货物贸易的共同发展。另一方面，我国应该更积极地参与到全球治理当中。应该充分发挥上海合作组织和联合国等平台的作用，深入开展多方贸易谈判，与各国建立起新型战略合作伙伴关系。我国还应该积极参与全球治理体系的完善工作，促使国际市场形成等公正公平的国际新秩序，树立自身作为一个负责任的大国的良好形象。

五、共享发展

建设中国特色社会主义必须要坚持共享，对于改革开放的进一步深入推进来说也是如此。按照马克思历史唯物主义提出的观点，人民是历史的主体，是历史的创造者。我国有庞大的人口数量，全体人民群众都是社会主义现代化事业的建设者，也是我国坚持和发展中国特色社会主义的根本性力量，因此，广大人民群众要共享中国特色社会主义的发展成果。

在全面建成小康社会的决胜阶段，我们必须坚持共享发展理念，维护社会的公平正义。具体而言，可以从以下方面入手：

一是必须形成合理的收入分配格局。收入分配影响着整个社会的稳定，也是整个社会公平正义的表征。我们必须坚持居民收入增长与经济增长同步，劳动报酬提高和劳动效率提高同步，同时要通过各种手段合理调节收入分配，增加低收入者的收入，有效限制高收入者的收入水平，扩大中等收入的比重。

二是加大力度解决贫困问题。我国想要实现全面建成小康社会的目标，就必须解决贫困问题，这是直接影响目标是否达成的重要因素。当前，我国仍然有7000多万贫困人口，我们必须采取适当的手段帮助他们摆脱贫困。我们应该贯彻落实"精准扶贫"和"精准脱贫"，加大老少边穷地区财政转移支付力度。

三是提高公共服务的共享水平。建设公共服务，提升共享水平时，必须坚持普惠性、保基本、均等化、可持续方向，要切实关心并努力解决人民群众最关心的问题，加强建设并完善基本公共服务体系，尽可能早日实现基本公共服务全覆盖。

第四节　统筹推进"五位一体"总体布局

一、推进中国特色社会主义经济建设

（一）全面认识和把握经济发展新常态

当代中国在经过40多年的改革开放以后，就进入了一个全新的时期，是一个有着许多新的特点的伟大斗争时期、可以更有作为的战略机遇期。在这一时期，在经济建设上，几十年高速经济增长后所呈现的"新常态"正在催生经济结构的转型升级和经济发展方式的根本转变。

新常态是指经济领域在发展过程所具有的新的特征与新的态势。与过去相比，当前我国的经济发展的增长动力、需求特征、供给条件、风险状况、竞争环境以及政府与市场的关系，都发生了不同以往的深刻变化。

新常态中的"常"是指当前新的特征在持续了一段时间后，所发生的变化以及具有的阶段性特点，这一时期经济的速度、结构、动力等都会发生变化。其中，速度调整所遵循的是国际上的普遍规律以及与中国发展潜力判断的有机统一，主要概括为从高速增长向中高速增长，表现为结构性减速，但这个转换的过程还没有结束，仍然受到经济发展下的压力。

我国经济在发展的过程中具有不稳定性，因此经济新常态也具有不确定性。历史的发展总是与人的主观能动性具有关联性，经济发展的成果历来需要人在把握规律的前提下进行判断。经济发展进入新常态，并不代表经济必定发展为更高水平，调整变化并非指向唯一结果。

习近平总书记既对怎么看新常态做了全面论述，同时也对新常态下怎么干的问题高度重视。他在 2014 年中央经济工作会议上指出："面对我国经济发展新常态，我们观念上要适应，认识上要到位，方法上要对路，工作上要得力。"

如何在经济新常态开展工作，2015 年，习近平总书记在中央经济工作会议上特别强调，引领经济发展新常态，就要努力实现多方面工作重点转变，明确指出工作重点转变的方向，即"十个更加注重"，作为指导思路调整、工作重点转变的具体要求。

具体应该怎么干，要在掌握经济新常态规律的基础上，掌握"十个更加注重"的方法论，推动转变工作重点，努力实现更高质量、更有效率、更加公平、可持续的发展。

其一，要坚定发展信心，狠抓第一要务。新常态不是不要国内生产总值增长，不能放任经济下滑而无任何的行动。必须要坚持以经济建设为中心，坚持发展才是硬道理的战略思想，要紧抓重要的战略机遇，积极主动的把握，确保经济能够在合理区间运行，确保在 2020 年实现全面建成小康社会的目标。

其二，转变发展方式，提高发展的质量和效益。新常态下，抓经济工作、检验经济工作成效，要从过去主要看增长速度有多快转变为主要看质量和效益有多好。如果只是 GDP 上去了，就业岗位没有增加，财政收入没有增长，企业利润没有提高，居民生活没有改善，环境质量没有变好，这样的发展不是我们所要的。要正确处理速度与结构、质量、效益的关系，按照"投资有回报、产品有市场、企业有利润、员工有收入、政府有税收、环境有改善"① 的要求，把握好当前和长远、速度和效益的平衡点，加快推进传统产业新型化、新兴产业规模化、支柱产业多元化，推动经济发展向"双中高"迈进。

其三，积极主动，扎实苦干实干。适应新常态不是不干事，而是要更好地发挥出主观能动性，更有创造性地推动发展，不能把新常态当作不作为、不想为、不能为的借口和挡箭牌。

新一届中央领导集体相继在全党开展群众路线教育实践活动、"三严三实"专题教育、"两学一做"学习教育活动，就是为了使全党能够在改革创新精神下做好各项工作，切实解决好思想认识、工作作风、能力方法不适应不符合的问题，同时要具有强烈的问题意识与进取精神，克服困难、妥善应对挑战，切实担负起引领新常态的重任，推动经济更好地发展。

---

① 习近平总书记系列重要讲话读本［M］．北京：学习出版社，人民出版社，2016，第 146 页．

（二）推进供给侧结构性改革

我国经济在运行的过程中面临着巨大的矛盾和冲突，最主要的原因还是结构失衡导致经济在循环的过程中不够畅通，因此需要从供给侧、结构性改革上想出办法，努力实现供求关系新的动态均衡。供给侧结构性改革的内涵是增强供给结构对需求变化的适应性和灵活性，不断让新的需求催生新的供给，让新的供给创造新的需求，在互相推动中实现经济发展。

供给侧结构性改革主要是从生产端着手，从而能够有效地化解产能过剩，促进产业的优化与重组，有效降低企业的成本，发展战略新兴产业和现代服务业，增加公共产品与服务供给，同时提高供给结构对需求变化的适应性。

要加强激励、鼓励创新，增强微观主体内生动力，进而提高盈利能力，提高劳动生产率，提高全要素生产率、提高潜在增长率。简单来说，就是去产能、去库存、去杠杆、降成本、补短板。

去产能，各地要明确具体任务和具体目标，加大环保、能耗、质量、标准、安全等各种门槛准入、制度建设和执法力度。

去库存，一方面通过政策设计来着力激发农民工市民化住房需求，促进城市居民的住房质量改善；另一方面，通过多项政策组合构建房地产健康发展的长效机制。

去杠杆，要在宏观上不放水漫灌，在微观上有序打破刚性兑付，依法处置非法集资等乱象，切实规范市场秩序。

降成本，要将制度性交易成本降低，转变政府职能、简政放权。要降低企业的税费负担，要清理各种不合理的收费，营造出公平的税负环境，降低制造业增值税税率。要降低社会保险费，降低企业财务成本，降低电力价格，有效地推进电价市场化改革，完善煤电价格联动机制。要降低物流成本，推进流通体制改革。

补短板，针对当前供需失衡的主要问题，补足供应短板，进行产业升级，从量和质两个方面增加有效供给。

宏观政策要稳，是指结构性改革营造出稳定的宏观经济环境。要加大财政政策力度，实行减税政策，阶段性提高财政率，在适当增加必要的财政支出和政府投资的同时，主要用来弥补降低税率所带来的财政减收，保障政府应该承担的支出责任。

稳健的货币政策要灵活适度，为结构性改革营造适宜的货币金融环境，降低融资成本，保持流动性合理充裕和社会融资总量适度增长，扩大直接融资比重，优化信贷结构，完善汇率形成机制。

社会政策要托底，是指要守住民生底线。供给侧结构性改革，尤其是化解过剩产能时，势必会影响部分群体的就业与收入，但这是必然要走、必然要经历的。因此要更好发挥社会政策稳定器的作用，守住民生底线，要特别将重点放在兜底，保障好人民群众的基本生活与基本的公共服务，为结构性改革创造稳定良好的社会环境。

二、推进中国特色社会主义政治建设

（一）坚持走中国特色社会主义政治发展道路

建设中国特色社会主义，必须坚持走中国特色社会主义政治道路，必须大力推进社会主义民主政治建设。建设社会主义政治文明，必须坚定不移走中国特色社会主义政治发展道路。中国特色社会主义政治发展道路，是中国特色社会主义道路的重要组成部分，体现了人民民主专政的本质要求，是一条能够为国家富强、民族振兴、人民幸福和社会和谐提供根本保障的政治发展道路。中国特色社会主义政治发展道路是在依据历史发展经验，立足中国现实，展望中国未来基础上形成的，这条道路既不是"传统的"，也不是"外来的"，更不是"西化的"，而是我们"独创的"是一条人间正道。

（二）坚持党的领导、人民当家做主和依法治国的相统一

坚持中国特色社会主义政治发展道路，关键是要坚持党的领导、人民当家做主、依法治国有机统一，以保证人民当家做主为根本，以增强党和国家的活力、调动人民积极性为目标，扩大社会主义民主，发展社会主义政治文明。

（三）坚持和完善符合我国国情的社会主义政治制度

我们党坚持从国情出发、从实际出发，在充分尊重我国历史传承、文化传统的基础上，建构了具有鲜明中国特色的人民代表大会制度、中国共产党领导的多党合作和政治协商制度、民族区域自治制度、基层群众自治制度等根本政治制度。这样一套政治制度安排，是经过长期发展、渐进改进、内生演化的结果。党的十八大以来，以习近平同志为核心的党中央深刻洞察世界潮流、深刻把握人类社会发展规律，以矢志不渝的担当、一往无前的勇气和固本开新的智慧，推动中国特色社会主义民主政治不断发展和完善，使这套制度日益展现出独特优势和魅力，成为走好中国特色社会主义民主政治道路的坚实制度保障，必须长期坚持、全面贯彻、不断发展。

（四）切实维护国家政治安全

国家安全是国家生存和发展最基本最重要的前提。政治安全是指国家领土主权、政治制度、意识形态等免受各种侵袭、干扰、威胁和危害的状态。政治的核心是国家政权，政治安全直接涉及国家政权的稳固。因此，政治安全在国家安全体系中居于核心地位和最高层次，具有根本性的战略意义。我国作为中国共产党领导的社会主义国家，政治安全不仅包括领土完整、主权独立，而且包括坚持人民民主专政和中国特色社会主义制度的性质、坚持马克思主义意识形态的主导地位不被动摇，其中最关键的是确保中国共产党的领导地位和执政地位绝对巩固。坚持走中国特色社会主义政治道路，推进社会主义政治建设，必须增强忧患意识，做到居安思危，高度重视和切实维护国家政治安全。

三、推进中国特色社会主义文化建设

（一）培育和践行社会主义核心价值观

第一，培育和践行社会主义核心价值观，重点是青少年。但是，成人社会的道德状况是青少年道德教育的直观样板。所以，要做好青少年的思想道德教育，成人社会首先应当树立"从我做起"的意识，做好行为表率。其中，共产党员更负有不可推卸的率先垂范、以身作则的责任。马克思曾提出共产主义者根本不进行任何道德说教，不是说共产主义者不讲道德，而是说共产主义者自身首先应该成为道德楷模，决不能只做一个道德传教士。

第二，培育和践行社会主义核心价值观，要高度关注细节小事。习近平同志多次强调，培育和弘扬社会主义核心价值观要"在落细、落小、落实上下功夫"，就是要求从细节小事入手，逐渐养成良好的道德习惯，由此培育出良好的道德品性，使"德行"与"德行"高度一致。

第三，培育和践行社会主义核心价值观，要坚持标准，持之以恒社会主义核心价值观是所有人都应践行的道德规范，没有人能够置身事外。所以，培育和弘扬社会主义核心价值观，决不能使标准弹性化，标准弹性化就是没有标准，甚至比没有标准还要恶劣。习近平同志在党的群众路线教育实践活动总结大会上讲道："要坚持制度面前人人平等、执行制度没有例外，不留'暗门不开''天窗'，坚决维护制度的严肃性和权威性，坚决纠正有令不行、有禁不止的行为，使制度成为硬约束而不是橡皮筋。"这在培育和践行社会主义核心价值观上同样适用。

（二）构建普惠型的现代公共文化服务体系

构建普惠型的现代公共文化服务体系是满足人民群众日益增长的文化需求的必然选择，是实现好、维护好、发展好人民群众基本文化权益的重要途径，是让人民群众对改革有更多获得感的重要方面，是发展壮大中国特色社会主义文化的重要举措，是提高国家文化软实力的基础性工程。进一步加快我国现代公共文化服务体系建设，需要注意几个问题。

第一，必须落实习近平同志提出并强调的坚持以人民为中心的工作导向，尊重人民群众的主体地位，最大限度地实现公民参与，做到公民共建共有共享，反对追求高档、豪华的"面子工程"等错误做法。

第二，必须高度重视价值引导，关注文化内容的生产与供给，切实发挥"把关人"的作用，避免简单的娱乐化、文艺化倾向，坚决反对庸俗化、低俗化、粗俗化的做法。

第三，正确理解"政府主导"，既不能把"政府主导"等同于"政府唯一"，又不能把"政府主导"变成脱离实际的拍脑门子决策，应充分利用政策杠杆，鼓励社会各界积极参与，在具体活动与服务的提供上问需于民，问计于民，尊重民意。

第四，正确理解基本公共文化服务的标准化、均等化。标准化不是一致化，应结合实际，以《国家基本公共文化服务指导标准》为依据，采取"1+N"，即"国家指导标准+区域或行业部门标准"的模式，建立既符合国家要求又切合实际的地方性标准。均等化不是平均化或无差异化，这里的关键还是要实事求是。加强协调沟通，整合社会文化资源。把单位所有转化成社会共享，既提高了文化资源的利用率又可以减轻投资的压力。

（三）实现中华优秀传统文化的传承与发展

实现中华优秀传统文化的传承发展，是推动中国特色社会主义文化繁荣兴盛的重大战略任务，对延续和发展中华文明、延续中华文脉、全面提升人民群众文化素养、维护国家文化安全、增强国家文化软实力，维护人类文明多样性，促进人类文明互鉴共进，具有重要的作用。实现中华优秀传统文化的传承发展，要做到以下三点。

第一，要做到守住历史"筋骨肉"，传承文化"精气神"。所谓历史"筋骨肉"，是指文明或文脉的物质载体。所谓文化"精气神"，是指历史"筋骨肉"中的历史记忆、思想观念、价值意义等。没有了"筋骨肉"，"精气神"无从表达；没有了"精气神"，"筋骨肉"就成了木乃伊。习近平同志在宁夏视察时说，革命传统和爱国主义教育基地建设一定不要追求高大全，搞得很洋气、很现代化，花很多钱那就不是革命传统了，革命传统就变味了。可以通过传统教育带动旅游业，"但不能失去红色旅游的底色"。

第二，一定要正确认识和对待传统文化。习近平同志在纪念孔子诞辰 2565 周年时指出："传统文化在其形成和发展过程中，不可避免会受到当时人们的认识水平、时代条件、社会制度的局限性的制约和影响，因而也不可避免会存在陈旧过时或已成为糟粕性的东西。这就要求人们在学习、研究、应用传统文化时坚持古为今用、推陈出新，结合新的实践和时代要求进行正确取舍，而不能一股脑儿都拿到今天来照套照用。"

第三，通过在传承基础上的"创造性转化、创新性发展"，使中华民族最基本的文化基因与当代文化相适应、与现代社会相协调。中宣部负责人就中夹办公厅、国务院办公厅发布的《关于实施中华优秀传统文化传承发展工程的意见》有关问题答记者问时，对此做了阐释，他说："坚持'两创'方针，关键是把握处理好继承和创新的关系，处理好传统文化与当今时代的关系，主要看能不能解决今天中国的问题，能不能回应时代的需求和挑战，能不能转化为民族复兴、国家富强、人民幸福的有益精神财富。要坚持辩证唯物主义和历史唯物主义，秉持客观、科学、礼敬的态度，取其精华、去其糟粕，扬弃继承、转化创新，不复古泥古，不简单否定，不断赋予新的时代内涵和现代表达形式，不断补充、拓展、完善，使之成为有利于解决现实问题的文化，有利于助推社会发展的文化，有利于弘扬民族精神和时代精神的文化。"

四、推进中国特色社会主义生态文明建设

（一）树立生态文明的政绩理念

生态文明的政绩理念是建设生态文明的重要导向。有什么样的政绩理念，就会产生什么样的执政行为。生态文明的政绩理念也是一个系统，下面择其关键的三个方面加以阐述。

1. 民生为上

我国古代就有"为官一任，造福一方""万事民为先"的说法，这实际上就是民生为上的理念。我们国家发展到现在这个阶段，生态环境问题已直接威胁到公众的安全、健康，成为与公众十分密切、直接相关的重大民生问题。遗憾的是有些干部和企业对这些视而不见，漠不关心，导致一些地方民怨沸腾。党员干部应当切实树立民生为上的理念，解决好生态环境问题，为人民办实事。

2. 不唯 GDP 论英雄

自改革开放以来，以经济建设为中心的理念深入人心，我国在经济社会发展中取得了

有目共睹的显著成绩。但是以经济建设为中心又被逐渐演变成以 GDP 增长为中心，成为唯 GDP 论英雄，以致酿成许多生态环境问题，其中许多是极其得不偿失的。以云南昆明的滇池为例，四十年来滇池上游兴办企业造成的污染使滇池曾经成为一潭臭水；后来治理滇池所花费的资金已大大超过这些企业四十年来 GDP 的总和。但是据专家测算，滇池要恢复到原来的面貌，还需要 50 年的再治理和自然恢复。因此，生态文明建设需要打破唯 GDP 论英雄的政绩观，将生态环境放在经济社会发展评价体系的突出位置。

3. 功成不必在我任

"生态环境保护功在当代，利在千秋。"它是短期效益和长期利益的有机统一。一些干部中存在着急功近利的思想，不愿意做"前人栽树，后人乘凉"的事情。但"士不可不弘毅，任重而道远"。政府和企业要避免只注重出眼前政绩，缺乏长远打算，只管建设、不管保护的错误做法，更不能做表面文章的政绩工程。要切实树立"功成不必在我任"的理念，一张蓝图绘到底，不但满足人民群众对良好生态环境的期待，而且要为子孙后代留下天蓝、地绿、水净的美好家园。要相信群众心中有一杆秤，这杆秤最准确、最公平，群众的好口碑会历史留芳。

（二）推动建设美丽中国

1. 实施天蓝战略

"十三五"时期是我国经济体制、社会体制改革的关键期，也是环境管理由污染控制转向质量改善目标的过渡期和敏感期。由于大气具有流动性，依靠单个城市各自为政的控制管理方式已不能适应区域空气质量管理的要求，需要打破行政区划限制，统筹协调不同的利益主体，包括不同行政区及不同部门，建立以区域为单元的一体化控制模式，迫切需要机构、机制以及政策措施的创新，建立具有中国特色的国家蓝天战略与策略。

2. 实施地绿战略

人类曾生存于森林中，对于森林有很深的感情，绿色总能给人以放松和愉悦。由于对土地的需要和对绿色环境的需求，在人类发展史中，不断上演着绿化和反绿化的曲目。

我国幅员辽阔人口众多，战乱、人口爆炸式增长下的粮食需求、工业化、城镇化等诸多因素，使绿色植被大量消散，造成了历史积淀下的绿化欠账。由于观念落后，城镇化过程中城镇的繁荣和农村的凋敝均指向了一个重要的问题——绿化不足。美丽中国的建设离不开绿化，生态绿化是我国发展生态文明的主要方向之一。战略的主要方向是我国地绿战略的关键点，在全面铺开的同时选择亟须解决的重点，能增强指导的实用性和效用性。

3. 实施水清战略

中国是一个治水大国，治水历史源远流长，历史上，治水的首要任务是抵御水旱灾害。新中国成立以来，在中国共产党的领导下，科学长远规划，通过建设以三峡工程、南水北调工程等一大批为代表的骨干水利工程，大大降低了水旱之害，保障了人民群众的生命财产安全及用水安全，以全球6%的水资源保障了全球22%人口的用水，支撑着世界第二大经济体高速发展。在取得前所未有成绩的同时，治水工作也因水资源短缺和水污染两大核心问题而发生了很大变化。新时期的治水被赋予了全新的内涵，面临着严峻的挑战。2011年，中共中央、国务院发布《关于加快水利改革发展的决定》，针对新时期治水可持续发展面临的形势与挑战，提出了"到2020年，我国基本建成防洪抗旱减灾体系、水资源合理配置和高效利用体系、水资源保护和河湖健康保障体系、有利于水利科学发展的制度体系"的新时期治水战略重点与主要目标。

五、推进中国特色社会主义社会建设

（一）努力办好人民满意的教育

1. 坚持教育优先发展

习近平主席早在2013年9月25日的联合国"教育第一"全球倡议行动一周年纪念活动上就指出："中国将坚定实施科教兴国战略，始终把教育摆在优先发展的战略位置，不断扩大投入，努力发展全民教育、终身教育，建设学习型社会，努力让每个孩子享有受教育的机会，努力让13亿人民享有更好更公平的教育。"教育优先发展意味着社会发展规划应优先安排教育发展，财政资金应优先保障教育投入，公共资源应优先满足教育和人力资源开发需要。当前，各地的教育支出占一般财政支出比例都比较高，这是对教育优先发展的贯彻落实。

2. 全面实施素质教育

①着力培养学生的综合素质，尤其是创新能力；②推进招生考试制度、教育教学管理等方面的改革，探索素质教育的有效途径和方法，通过改革突破实施素质教育的体制机制障碍，把教育发展引导到有利于全面实施素质教育的轨道上来；③狠抓师资队伍建设，提高师德水平和业务能力，增强教师教书育人的荣誉感和责任感；④建立和完善教育体系，办好学前教育，均衡发展九年义务教育，基本普及高中阶段教育，加快发展现代职业教育，推动高等教育内涵式发展，积极发展继续教育，完善终身教育体系。

3. 合理配置教育资源

以基础教育为例，为了促进义务教育均衡发展，从 2005 年开始，国家针对农村孩子实施"两免一补"政策，即免除义务教育阶段学杂费，对贫困家庭学生免费提供教科书和补助寄宿生生活费。2006—2008 年，这项政策从重点贫困县、部分中西部农村地区到全国农村，从农村到城市全面实施。同时，从 2011 年秋季开始实施农村义务教育学生营养改善计划，不让一个孩子因为家庭经济困难而上不起学。2016 年，我国免除农村贫困家庭学生普通高中学杂费，全年资助各类学校家庭困难学生 8400 多万人次。2018 年《政府工作报告》对教育公平做了进一步强调："发展公平而有质量的教育。推动城乡义务教育一体化发展，教育投入继续向困难地区和薄弱环节倾斜。切实降低农村学生辍学率，抓紧消除城镇'大班额'，着力解决中小学生课外负担重问题。"

4. 完善公平的教育政策体系

①保障学生接受教育的机会平等。积极推动农民工子女等教育弱势群体、弱势地区学生平等接受教育，教育资源向农村、边远、贫困、民族地区倾斜，加强农村特别是边远贫困地区教师队伍建设，扩大优质教育资源覆盖面。②推进考试招生制度改革。为了解决一考定终身的弊端，探索招生与考试相对分离、学生考试多次选择、学校依法自主招生、专业机构组织实施、政府宏观管理、社会参与监督的运行机制。特别是自主招生，要使招生政策透明化，落实阳光招生，建立完善的监督体系。

（二）加快实施贫困人口精准脱贫

习近平总书记指出："必须在精准施策上出实招、在精准推进上下实功、在精准落地上见实效。"脱贫攻坚必须做到健全工作机制，确保精准扶贫。精准扶贫措施主要有：①发展特色产业脱贫。②引导劳务输出脱贫。③实施易地搬迁脱贫。④结合生态保护脱贫。⑤着力加强教育脱贫。⑥开展医疗保险和医疗救助脱贫。⑦实行农村最低生活保障制度兜底脱贫。⑧探索资产收益扶贫。⑨健全留守儿童、留守妇女、留守老人和残疾人关爱服务体系。

（三）推动实现更高质量的就业

就业是民生之本，是人民群众改善生活条件的基本途径。就业问题的妥善解决是全面建成小康社会的必然要求，也是实现国家富强、民族振兴和人民幸福的必然要求。

进入 21 世纪新阶段以来，伴随着我国工业化、市场化、城镇化进程的加快，就业形势再一次严峻起来。这主要表现在：总量压力和结构性矛盾并存，就业公平性得不到保障，以高校毕业生为重点的青年就业问题突出，劳动者就业能力素质和就业技能较低，公共就业服务体系不够健全等。针对这些问题，党和国家提出了推动实现更高质量就业的一系列政策和举措。

第一，要把促进就业放在经济社会发展的优先位置，实施就业优先战略和更加积极的就业政策，要贯彻劳动者自主就业、市场调节就业、政府促进就业和鼓励创业的方针，提高就业质量，努力实现充分就业。建立经济发展和扩大就业的联动机制，在制定经济发展规划、确定经济发展速度时，要优先考虑扩大就业规模的需要，使经济健康发展的过程成为就业持续扩大的过程。通过优化产业结构、提高服务业就业比重、发展新兴产业和民营经济，创造就业岗位，尽量扩大就业规模。健全政府促进就业责任制度。综合运用财政、税收、金融、产业等各项经济调节政策促进就业，鼓励企业更多吸纳就业，鼓励劳动者多渠道、多形式就业。通过政府投资开发公益性岗位和开展就业援助行动，帮助困难群体就业。

第二，健全促进就业公平的体制机制。实现公平就业是社会公平正义的重要体现。首先是健全公平的法律体系和监督机制。进一步完善反对就业歧视的法规政策，逐项细化劳动法和就业促进法等法律的相关规定，制定相关配套法规政策，加大违法行为惩罚力度，真正做到有法可依。要加大人力资源市场监管力度和对违法行为惩处力度，严厉打击招聘过程中的歧视、欺诈等行为，消除城乡、行业、身份、性别等一切影响平等就业的制度障碍和就业歧视。其次是规范招人用人制度。无论是公务员考录还是事业单位、国有单位招聘人员，都要坚持公平竞争机制，切实做到信息公开、过程公开和结果公开。

第三，创新扶持创业的体制机制。引导劳动者转变就业观念，增强劳动者特别是青年人的创业意识，鼓励多渠道多形式就业，促进创业带动就业，完善扶持创业的优惠政策，形成政府激励创业、社会支持创业、劳动者勇于创业新机制。比如政府通过税费减免为创业者减轻负担，对创业开业资金缺乏的，给予贷款扶持，鼓励发挥各方资源优势，为创业者提高场地便利、创业孵化和跟踪服务。

第四，完善城乡均等的公共就业创业服务体系，要加强基层公共创业服务平台建设，努力构建覆盖城乡的公共就业创业服务体系，为城乡劳动者提供均等化的就业创业服务。

（四）千方百计增加居民收入

收入是民生之源。中国梦归根结底是人民的梦，要实现中国梦，必须使人民真正享受到发展带来的实惠，触摸到发展带来的幸福。贫穷不是社会主义，社会主义的目标是实现共同富裕。改革开放以来，我国经济保持了强劲的增长势头，人民生活有了很大的改善，生活水平日益提高，城镇人均可支配收入和农村人均纯收入也得到了大幅度的增长。但现阶段，我国也存在着居民收入增长与经济增长不相协调，劳动收入偏低，不同地区、不同行业以及城乡居民收入差距较大等现象。同时分配不合理现象也比较突出，一些垄断收入畸高，部分领域的"灰色收入""隐形收入"甚至非法收入还大量存在。这些现象势必让人民感受不到公平，影响经济发展和社会稳定。

对此收入分配问题，党和国家非常重视，一直强调要加大收入分配调节力度，从提出效率优先、兼顾公平，到提出更加注重社会公平，再到提出初次分配和再分配都要处理好效率和公平的关系，再分配更加注重公平，认识不断深化，政策力度也不断加大。通过提高最低工资标准、全面取消农业税、加大农业补贴力度、实施区域发展战略、加大国家投入和支持力度、建立社会保障网、提高个税起征点等措施，使居民收入有所增加，收入差距扩大正在趋缓。针对目前居民收入现状，要千方百计增加居民收入，一方面需坚持科学发展，将社会财富这块蛋糕做大；另一方面需深化收入分配制度改革，把蛋糕分得更好，让广大人民群众共享改革发展成果。

第五节　协调推进"四个全面"战略布局

一、"四个全面"战略布局的重要意义

（一）深刻把握了客观境遇

"四个全面"战略布局是紧密地结合了世情、国情、党情、社情、民情的谋篇布局。一方面，从国际和国内两个大局综合来看，国际竞争深刻体现在国家战略布局的深度角逐，国家发展内在地表现为国家战略布局的审时度势。因此，能否制定好和实施好因势而谋、应势而动、顺势而为的战略布局尤为重要。另一方面，就当前国内的情况而言，全面建成小康社会正处于决胜阶段或者说冲刺阶段，全面深化改革已经进入深水区、攻坚克难正处于关键时期，全面依法治国已经驶入快车道，全面从严治党步入强化时段，这自然需要"四个全面"战略布局这样高瞻远瞩和攻坚克难的战略布局。

（二）及时厘清了系列问题

问题是时代的声音和行动的向导，加之我国仅仅用了几十年时间就实现了西方国家几

百年的发展历程，故发现问题、直面问题、分析问题和解决问题具有战略意义。职责担当越崇高、愿景追求越宏伟，任务就会越艰巨；越是提升奋斗成果、越是接近实现目标，问题就会越复杂。我国正处在社会转型深化期、矛盾问题凸显期、发展战略机遇期，还存在不平衡、不协调、不持续、不和谐等问题，还存在躲不过、绕不开、避不了和拖不得的难题。"四个全面"战略布局从全面建成小康社会、全面深化改革、全面依法治国、全面从严治党这四个宏大视野、深刻层面和整体目标对这些问题作了科学而重要的回应，这既是对党和国家尚未实现"全面"的勇敢面对，又是对党和国家要实现"全面"的气魄与决心的宣示。

（三）显著深化了规律认识

中国共产党对自然规律、社会历史规律和思维规律的探索、总结与应用，从来没有轻视过抑或懈怠过。"四个全面"战略布局深刻地体现了认识规律、遵循规律、利用规律，特别是切实深化了对共产党执政规律、社会主义建设规律、人类社会发展规律的认识。首先，"四个全面"战略布局深化了对共产党执政规律的认识，使全面从严治党常态化和制度化。其次，"四个全面"战略布局深化了对社会主义建设规律的认识，不仅对中国特色社会主义建设提供了深刻的现实关照，而且为如何科学推进社会主义建设提供了非常宝贵的指导思想。最后，"四个全面"战略布局深化了对人类社会发展规律的认识，不仅遵循了人类社会发展的普遍原理、总体态势，而且彰显了人类社会发展的阶段性和具体性。总之，"四个全面"战略布局是一种克服急于求成和防止急功近利的战略布局，是一种契合规律和切实可行的战略布局，使党和国家的战略方向更加明确和更加合理、战略格局更加严密和更加完整、战略筹划更加清晰和更加科学，从而宣示和增添了党领导人民开拓进取的睿智。

（四）集中增创了中国优势

纲举才能目张，在中国这样一个大国搞建设、谋发展，必须在千头万绪、千丝万缕和千差万别中想问题、找思路、办事情。"四个全面"战略布局，就是坚持和发展中国特色社会主义的战略布局，这是精准把握"四个全面"战略布局科学内涵和精神实质的逻辑起点。"四个全面"战略布局紧密联系着建设中国特色社会主义"五位一体"总布局，并且是贯穿"五位一体"总布局的核心要义。因此，既要防止"四个全面"战略布局取代"五位一体"总布局，又须注重"四个全面"战略布局对"五位一体"总布局的指导和引领。由此可见，"四个全面"战略布局坚持的主线是中国特色社会主义，并系统勾勒了新的历史起点上中国特色社会主义的构建图景，从而是中国特色社会主义实践铺展的战略主体，标志着对中国特色社会主义的认识发展到了新阶段、升跃到了新高度，彰显了中国特色社会主义的实践特色、理论特色、民族特色、时代特色，进而为中国特色社会主义的优势再上新台阶提供了正确指针。

（五）明确推进了理论创新

理论来源于实践、发展于实践、丰富于实践。"四个全面"战略布局继承和发展了马克思主义，不仅是马克思主义中国化的新成就，而且是中国化马克思主义的新发展。"四个全面"战略布局进一步发展了"建设什么样的社会主义，怎样建设社会主义""建设什么样的党，怎样建设党""实现什么样的发展，怎样发展"等重大课题，是中国特色社会主义理论创新的最新成果，从而丰富了中国特色社会主义理论体系，体现了社会主义核心价值观的基本内容，彰显了中国特色社会主义的实践特色、理论特色、民族特色、时代特色，增强了中国特色社会主义的道路自信、理论自信、制度自信、文化自信。

二、"四个全面"战略布局的协调推进

（一）全面建成小康社会，兑现庄严承诺

1. 解决好发展质量和效益问题

2015年12月，习近平在党的十八届五中全会第二次全体会议上的讲话中指出，实现全面建成小康社会奋斗目标，要通过转方式，着力解决好发展质量和效益问题；通过着力补短板解决发展不平衡问题。要坚持发展是硬道理的战略思想不动摇，同时必须坚持科学发展，加大结构性改革力度，转变经济发展方式，提高发展的协调性和平衡性，把经济社会发展的短板尽快补上，努力实现更高质量、更有效率、更加公平、更可持续的发展。

2. 解决好发展不平衡问题

目前我国整体发展处于不平衡的状态，我们要客观地、历史地、辩证地去认识这一现象。解决发展不平衡问题不是要彻底消除各种差距，而是要通过有力的措施把差距控制在合理的范围内，力争实现协调发展。实现平衡发展主要需做到以下方面。

一是要全面贯彻落实科学发展观，统筹区域、城乡、经济与社会、人与自然、国内与国际五个方面的发展。二是要落实好已有的区域发展政策，从区域经济社会协调发展的高度调整投资结构和战略性资源的配置，充分调动各地区的积极性，发挥区域优势。三是要

加快推进城镇化、城乡一体化和新农村建设进程。四是加大力度推进收入分配制度改革，调整收入差距。五是要利用国际金融危机、低碳经济形成的倒逼机制推进我国新型工业化进程，加快经济结构调整步伐，转变经济发展方式，缓解资源环境生态压力。

3. 增强风险防控意识和能力

2015 年 10 月 29 日，习近平在党的第十八届五中全会第二次会议上指出，今后 5 年，可能是我国发展面临的各方面风险不断积累甚至集中显露的时期。我们面临的重大风险，既包括国内的经济、政治、意识形态、社会风险以及来自自然界的风险，也包括国际经济、政治、军事风险等。如果不能破解这些风险，就可能威胁到国家安全，全面建成小康社会进程就可能被迫中断。

各种风险往往相互交织并形成一个风险综合体，它并不孤立出现。各级党委和政府要增强责任感和自觉性，把预防风险摆在突出的位置，要加强对各种风险的调查研判，提高动态监测、实时预警能力，推进风险防控工作科学化、精细化，对各种可能的风险及其原因都要心中有数、对症下药、综合施策，出手及时有力，力争在源头上化解风险。

（二）全面深化改革，推进崭新局面

1. 倾听群众呼声，根据群众要求，推进全面深化改革

马克思主义唯物史观告诉我们，人民群众是历史的创造者，是推动社会进步的决定性力量。全面深化改革取得成功和效果，不是靠一两个所谓的政治精英、改革先锋的努力就能实现的，必须充分依靠群众这一主体力量，充分尊重人民的意愿。人民群众最期盼改革，改革开放各领域各方面经验的创造和积累，都来自人民群众的生动实践。全面深化改革需要有直面困难的勇气与解决问题的方法，而这些都不可能来源于头脑想象，而只能来源于人民群众。领导干部要多听取群众的意见和呼声，多汲取群众的智慧和力量。在全面深化改革中，要善于宣传群众、动员群众，把群众的改革热情转化为全面深化改革的动力，这样才能把握住改革的切入点，掌握发展的主动权，才能为全面建成小康社会提供根本动力，让广大人民群众有更多"获得感"。

2. 对改革中的"破"与"立"，要坚持解放思想与实事求是相统一

深化改革，必然要解决"破"与"立"的问题。"破""立"的根据就是事物的发展规律。解放思想须立足于实事求是，以"不唯书、不唯上、只唯实"的科学态度，坚持到基层去、到群众中去、到矛盾集中的地方去，善于听取不同意见，在真抓实干、破解难题中解放思想。

全面深化改革是我国40多年来改革开放的继续，包含着新时期改革的一般规律；又是新形势下改革开放的突破，蕴含着新的改革的内在规律。在全面深化改革的实践过程中，某些旧体制在过去市场化改革中被"破"掉了，但新的体制却并没有随之而"立"出来。对此，我们也要解放思想，打破陈规，善于创新思维，突出建设性要求，构建起系统完备、科学规范、运行有效的制度体系，使各方面的制度更加成熟更加定型。

3. 一切从实际出发，辩证区分处理各类改革难题

当前需要全面深化改革的问题，大致存在过去的改革未曾触动的、改革未到位的、由于其他改革而产生的新问题三种情况。所以说，解决这些难题不能一刀切，要辨明实情，区别对待，需要我们真正拿出魄力、毅力和智力。

（1）对于过去的改革未曾触动的问题，我们更多需要的是魄力。对于这类改革难题，我们要从全面深化改革的大局出发，从最广大人民群众的根本利益着眼，拿出我们共产党人应有的魄力，科学合理地调整分配方式，斩除某些人、某些群体"不当获利"的"灰色"途径，还利于人民群众。

（2）对于那些改革未到位的问题，我们需要的则是毅力。如改革总体设计结构不完善、政府职能转换不彻底的问题、机构设置不合理、政企不分等，这些都有可能导致多头管理、职责交叉、权责脱节、相互扯皮、效率低下等问题的出现。对于这些问题，我们要持之以恒，拿出足够的毅力，科学规划，搞好顶层设计，加强立法，逐步通过法制化的途径来解决这些难题。

（3）对于那些由于改革而产生的新问题，我们需要的就是智力。这些新问题的产生，有可能是我们对新的形势认识估计不足、对一些新领域的规律研究不够、对改革措施的正反两方面的效应评估不科学造成的。要解决这些问题，一方面需要我们提高我们的宏观思维能力，努力学习新知识，大胆钻研新领域，力争掌握更多的新规律，另一方面需要我们充分发挥主观能动性，既要勇于实践，又要慎重决策，科学决策。

4. 全面深化改革要通过试点，由点到面推开

改革开放是没有先例的伟大事业，没有现成经验可以借鉴。从毫无经验起步，大胆闯，勇于试，只能选择摸着石头过河的策略。企望从一开始就对改革开放的全局形成清晰的认知、做出系统的安排，不符合马克思主义的认识论。对必须取得突破，但一时还不那么有把握的改革，可以采取试点探索、投石问路的方法，得摸得很准了再全面推开。

改革开放以来，正是通过一点一点地探索，一步一个脚印地前进，我国的现代化建设才取得了举世瞩目的成就。随着改革开放向纵深推进，需要攻克的难题也就愈多，深化改

革的复杂性、艰巨性大大增强。就事论事、零敲碎打、拆东墙补西墙、头痛医头脚痛医脚的方法，已经难以适应全面深化改革的要求。因此，我们需要在继续坚持摸着石头过河的同时，搞好顶层设计和总体规划。

摸着石头过河和加强顶层设计是辩证统一的，推进局部的阶段性改革要在加强顶层设计的前提下进行，加强顶层设计要在推进局部的阶段性改革的基础上来谋划。更加注重改革的系统性、整体性、协同性、贯通性和前瞻性，同时也继续鼓励大胆试验、大胆突破，不断把改革引向深入。抓改革试点，实际上就是在实践中寻找可以普遍运用的改革规律的过程；敢想敢干、敢闯敢试，就是要求解放思想；发现可复制可推广的经验，就是要求实事求是，尊重客观规律。

（三）　全面依法治国，提高治理国家的能力

1. 坚持中国共产党的领导

"党的领导是中国特色社会主义最本质的特征，也是中国特色社会主义法治道路最根本的保证。坚持中国特色社会主义法治道路，最根本的是坚持中国共产党的领导。"中国共产党的领导地位，是党在领导新民主主义革命、社会主义革命和建设以及改革开放的伟大历史进程中形成和发展起来的，党的执政地位是历史的选择、人民的选择。我国宪法明确规定了党的领导地位。依法治国必先依宪治国，依宪治国就必须坚持中国共产党的领导。

2. 坚持人民的主体地位

我国《宪法》规定，中华人民共和国的一切权力属于人民。人民不仅是国家权力的最终源泉，也是国家权力行使的最终归宿。依靠人民、为了人民、保护人民、服务人民、充分发挥人民的历史主体作用，不仅是中国共产党的政治宣示，也是我国国家制度和国家治理的价值根基。在我国，人民行使权力的机关是全国人民代表大会和地方各级人民代表大会，人民代表大会既是我国的国家权力机关，也是我国的立法机关，人民将自己的意志通过立法程序转变为国家法律，国家行政机关、司法机关又通过各自的职能活动，执行国家法律、监督国家法律的实施。因此，国家机关的各项职能活动从根本上说就是凝聚人民意志、实现人民意志的过程。人民是依法治国的主体和力量源泉，坚持人民的主体地位，要从以下几个方面入手。

第一，坚持法治建设要体现人民意志、为了人民利益、维护人民权益的根本价值导向。要保证人民依法享有各种权利与自由、承担应尽的义务，维护社会公平与正义，确保

在法律面前人人平等，保障人权和公民权不受侵犯。

第二，必须改革和完善我国的人民代表大会制度，保证人民意志落到实处。要从人大代表的产生方式、立法程序、重大事项决定、监督职能发挥等环节进一步改革和完善我国的人民代表大会制度，确保人民代表大会更好地履行各项职能，积极推进科学立法、民主立法。

第三，进一步建立健全我国的权力监督制约制度，把权力关进制度的笼子里。要实行和完善权力清单制度，完善对公权力的监督和制约，全面实行政务公开制度，加强对行政权力的立法监督、民主监督、行政监督、司法监督和社会舆论监督，防止公权力的行使背离人民意志。

第四，要进一步完善司法制度，保证司法公正。司法公正是社会公正的最后一道防线，也是保障人民群众合法权益的最后屏障。要不断完善司法权的配置、确保司法机关依法独立办案，确保人民群众参与司法活动，加强人权司法保障，加强对司法活动的监督，确保司法机关真正成为人民权力和利益的捍卫者。只有建立健全各项制度，人民在法治建设中的主体地位才能真正落到实处。

3. 坚持法律面前人人平等

平等是社会主义法治的根本要求。社会主义法治将平等宣布为一项基本的宪法原则，它确认和保障公民和法人法律地位的平等，确认和保障社会财富、资源、机会和社会负担的平等分配，公平地分配法律责任。由此可以看出，"法律面前，人人平等"的原则，实际上意味着所有公民都平等地享有法律规定的各项权利承担各项法律义务，平等地得到宪法和法律的保护，任何公民的违法行为都要受到法律的追究，决不允许任何公民存在超越宪法和法律的特权。坚持"法律面前，人人平等"的原则，就必须坚决维护社会主义法制的统一、尊严、权威，决不允许任何组织和个人有超越法律之外的特权，为此就必须加强对公权力的监督和制约，做到有权必有责、用权受监督、违法必追究，确保公共权力依法行使。

4. 坚持把依法治国和以德治国统一起来

依法治国和以德治国相统一，是中国特色社会主义法治道路的重要特点，它既是对我国传统德治文化的一种扬弃，也是对现代法治价值的一种坚守，是立足于我国国情和现代化建设的需要所得出的一个必然结论。坚持依法治国和以德治国相统一。一是要大力培育和弘扬社会主义法治理念，建设社会主义法治文化，深入开展法治宣传教育，培育公民的法律信仰，不断健全和完善社会主义法律制度，坚定不移地推进依法治国的实践进程，把法治作为规范政府权力、调整社会关系、治理国家与社会的基本方式；二是必须在全面推进依法治国的进程中贯彻以德治国的要求，在法治实践中体现德治精神，这就要求必须在全社会大力培育社会主义核心价值观，加强道德教育和道德养成。要把社会主义核心价值观和社会主义道德原则贯穿于立法、执法、司法、守法的各个环节。在立法环节，要努力实现社会主义核心价值观和社会主义道德原则与法律、法规的同向同行、相互协调，既要体现道德的价值引领作用，又要守住道德的底线要求，避免出现与社会主义核心价值观、社会主义道德原则相违背的恶法；在执法与司法环节，必须在尊重事实依据和法律准绳的前提下，兼顾法律的立法精神和社会主义核心价值观的基本要求，充分考虑执法、司法行为的社会效果，避免出现有违社会公序良俗和道德精神的执法和司法案例，尽量避免出现道德和法律相互冲突甚至相互对立的实践后果，误导人们的道德认知和道德判断，给社会主义精神文明建设造成不利的后果。同时，要大力培育公民的守法意识，积极培育和弘扬社会主义核心价值体系，大力加强全社会的道德教育，将守法教育和道德教育结合起来，实现二者的相互促进、相得益彰。

（四）全面从严治党，巩固党的领导地位和群众基础

1. 把理想信念放在从严治党的首要位置，明确新形势下党员干部理想信念的"标准手段"

扎实开展理想信念教育。要强化党性教育，通过开展上党课、学党章、知党情，不断增强党员的党员意识和党性观念，对党绝对忠诚，在思想上、政治上、行动上与党中央保持高度一致。要深入开展"两学一做"学习教育，引导党员严格自律。

2. 从严管理干部，培养和选拔党和人民需要的好干部

从严选拔管理监督干部，坚持党管干部原则，认真落实《党政领导干部选拔任用工作条例》等规定，按照中央提出的"信念坚定、为民服务、勤政务实、敢于担当、清正廉洁"的好干部标准，着力培养选拔党和人民需要的好干部。严格干部选拔条件、程序和纪律，充分发挥党委领导和把关作用，强化党委书记、分管领导和组织部门考察识别选用干部的责任。严格干部选拔任用监督，严肃查处选人用人不正之风。

3. 狠抓作风建设

从严加强和改进党的作风。坚持党的实事求是思想路线，引导各级领导班子和党员干部从实际出发想问题、做决策、干工作，做到低调务实、少说多干，敢于担当、积极作为。贯彻落实中央八项规定精神，强化正风肃纪，深化"四风"整治，一个节点一个节点

地抓，推进作风建设常态化、长效化。

4. 强调全面从严治党要从党内政治生活严起

严肃党内政治生活。严格落实领导班子组织生活会制度，督促党员干部用好批评与自我批评武器，坚持党性原则基础上的团结，提高领导班子发现和解决自身问题的能力。严格落实"三会一课"、民主评议党员、领导干部双重组织生活会等制度，确保党内政治生活正常化、经常化、规范化，营造良好政治生态和从政环境。坚持和完善党的代表大会、党代表任期、党内选举、党务公开等制度，切实落实党员知情权、参与权、选举权、监督权。

5. 严厉惩治和预防腐败

落实党风廉政建设党委主体责任，抓好党风廉政建设工作统筹谋划、安排部署、制度建设、检查考核等工作。支持纪委严格落实监督责任，领导和督促执纪执法机关履行职责，对在从严治党工作中出现的领导不重视、人员不到位、措施不得力的责任人进行严格追责问责；对违纪违规的党员干部从严从快查处并进行通报曝光，始终保持正风肃纪的高压态势，以从严治党的实际效果取信于民。

6. 落实管党治党责任，强化问责追究

从严落实管党治党责任，明确党组织主要负责人和班子成员管党治党职责，总支书记要认真履行管党治党第一责任，坚持"书记抓、抓书记"；班子成员对分管领域管党治党负有领导责任，做到"具体抓、抓具体"，制定党建责任清单。

第六章　马克思主义基本原理融入中国式现代化道路的实践应用

第一节　马克思主义中国化与道德建设

一、道德的基本特征

第一，道德具有非强制性特征。马克思指出："道德的基础是人类精神的自律。"道德发挥作用并不是依靠强制性力量，而是依靠内心信念、行为习惯、社会舆论，也就是说，道德行为是个人出于自愿、自律、自觉的行动选择，并不是受强制力勉强接受的。

第二，道德具有内在性特征。道德具有内在性特征，即道德规范是一种内在、内心的约束，当内化于个人品质、情感、信念与意志之中时，外部约束或价值要求则具备了低成本、"自施行"的实践效果。

第三，道德具有非制度性特征。社会倡导道德，却无明确、明文去规定道德标准与相应的行为准则，道德规范遵从于良心的判断而得到实践，而良心即是内化的社会道德规范。

第四，道德具有历史性、继承性特征。道德反映了人类道德行为和道德关系之间的普遍规律，概括了一定社会或阶级对人们行为基本要求，体现了道德领域的社会关系。道德规范源于且高于人们的社会实践与道德生活，同时又肯定其历史性和继承性，一个时代的道德规范总是对先前道德规范继承、发展、批判演化而来的。

由上可知，道德虽不具有强制性、明文规定性，但作为一种"心灵契约"仍不失为一个具有普遍约束力的行为规范，并且有良好的群体基础，被普遍认同。与正式规范、正式制度相比，道德规范是自动施行的"软规范"与"非正式制度"，以舆论的力量支配个体行为与社会运行的规则。道德规范是一个伟大国家的基础，集中反映出社会成员的文明教养程度，传递着这个社会公众的善良意识和德行本质，也直接反映出这个国家的文明程度与人的现代化水准。从这个层面来说，道德进步具有功利性意义，与经济的发展进步相辅相成。千里之堤，溃于蚁穴，一个强大的国家绝不可能建立在一个社会道德总体滑坡的基础之上，有值得尊敬的国民，才能成为值得尊敬的国家。

二、道德建设面临的形式

当前我国处于社会转型的关键时期，面临着复杂多变的国内外形势，道德要求也发生了一定变化。随着改革开放的深入推进，个人正当利益获得了肯定和重新评价，这实际上就体现了道德调节社会利益关系的最基本功能。不同阶层、群体、区域等彼此间的诸多利益分化与冲突，使得道德的多元化与多变性和中国的转型过渡特征同步，具有鲜明的时代特点。全球化的开放时代，涌入的外来文化与价值观念鱼龙混杂、泥沙俱下，道德多元化的这种国际大背景，与前文所分析的价值冲突产生的原因背景同出一辙。我国社会不断地发展和进步，人们对生活水平的要求也逐步提升，从"解决温饱"到"建设小康社会"再到"全面建成小康社会"，这充分说明当代中国民众社会道德与价值选择的层次性。因此，以公民道德作为社会主义核心价值体系建设的保障规范，既应关注道德的先进性也应关注其广泛性，"至善"之道德追求作为规范有一定的局限。道德之"应然"与"实然"的结合将有助于提高道德规范的针对性、现实性以及有效性。随着时代进步，我国实现了计划经济体制到社会主义市场经济体制的转型，这是一场制度性、基础性的重大社会变革，而随之而来的也有道德要求的转变，也就是说，必须保证社会道德与社会主义市场经济体制下的消费利润、价格、竞争、淘汰等市场机制相适应。积极、进取、诚信、公平等道德准则得到强化，但交易、价格、竞争、淘汰、消费、自由等市场运行元素也反馈于道德观念之中，可称其为"市场法则的道德映射"，与社会主义核心价值体系倡导相反的极端自由主义与个人主义、消费享乐主义与权力拜物、金钱拜物是需要加以规范的。中国当代出现的各类道德问题从发生领域而言，则突出表现于权钱交易的腐败、商业诚信的缺失与社会公德的失范等方面。

三、人民群众的根本利益是社会主义道德建设的根本目标

（一）"三个有利于"中的人民根本利益

"三个有利于"标准是生产力标准、国力标准、人民利益标准的统一，是真理标准和价值标准的统一。"三个有利于"标准的三个方面，即"有利于发展社会主义社会的生产力""有利于增强社会主义国家的综合国力""有利于提高人民的生活水平"是紧密联系

在一起、不可偏废的。在三个方面所形成的统一体中，发展生产力是基础，不发展生产力，就不能使综合国力得到增强，也不能使人民生活水平得到提高，而只有发展生产力，才能增强综合国力，才能提高人民生活水平。因此，生产力的发展、综合国力的增强，最终都落在人民生活水平的提高之上。在这里，人民利益被摆在突出的位置上，成为"三个有利于"的价值归宿。或者说，实现人民群众的根本利益就是"三个有利于"的价值目标。在这个意义上，"三个有利于"标准就是强调人民利益至上，人民利益高于一切。

以"三个有利于"作为衡量一切工作得失的标准等思想，尤其是指出"有利于人民生活水平的提高"这一思想，坚持了社会主义的义利观，实现了生产力标准和道德标准的有机统一，形成了比较完善的社会主义功利主义理论，为新时期的道德建设提供了重要的指导意义。

（二）"三个代表"中的人民根本利益

面向 21 世纪，我们党承担着执政兴国的第一要务，怎样才能完成时代赋予的历史使命？"三个代表"重要思想为我们提供了理论依据。"三个代表"是检验党的路线、方针、政策正确与否，检验我们工作得失成败的根本标准，也是判断人们各种道德观念的一个根本性标准。

在"三个代表"重要思想的三个方面之中，"代表中国先进生产力的发展要求"和"代表中国先进文化的前进方向"都是为了"代表中国最广大人民的根本利益"。"三个代表"重要思想体现了以人民利益为最高价值取向的政治伦理，也是判断马克思主义政党的试金石。江泽民指出："我们党来自人民，根植于人民，服务于人民。建设有中国特色社会主义全部工作的出发点和落脚点，就是全心全意为人民谋利益。"① 胡锦涛在讲话中也提到："'三个代表'重要思想反映了我国最广大人民的共同意愿，体现了当今世界和中国发展的时代精神，显示了马克思主义科学理论的强大力量，是全党全国人民在新世纪新阶段继续团结奋斗的共同思想基础。"②

马克思主义所体现出来的政治伦理，其基本精神是立党为公、执政为民，也就是将人民群众视为国家的主体和社会的主人，无产阶级政党也成为人民群众利益的忠实代表，并全心全意地为人民群众的利益而奋斗。"三个代表"重要思想所体现出的政治伦理，也高度地体现了人民伦理的要义和价值目标，以代表中国最广大人民的根本利益为基本的价值导向和判断善恶是非的标准，集中体现了社会主义道德建设的核心——为人民服务的价值要求。

---

① 　江泽民文选（第 2 卷）[C]. 北京：人民出版社，2006，第 45 页.
② 　十六大以来重要文献选编 [C]. 北京：人民出版社，2005，第 360 页.

（三）科学发展观中的"以人为本"

"以人为本"是科学发展观的思想基石。一切为了人，一切服务于人，将人的生存与发展当作最高的价值目标，"以人为本"的伦理价值取向为科学发展观的伦理合法性提供了充实依据。甚至可以说，科学发展观之所以对当时夺取全面建设小康社会的阶段性胜利具有统领和指导的地位和作用，就在于它所体现的"以人为本"的伦理精神。

"以人为本"的"本"，指的是发展之本，即实现最广大人民群众的根本利益是一切发展之根本。胡锦涛强调的"以人为本"，是对党的群众路线的新总结、新概括、新提炼，是新形势下做好群众工作的根本指针，也是新形势下伦理道德建设的根本指导方针。因此，无论是在宏观的发展战略上，还是在具体的发展政策上，都应该始终坚持广大人民群众在建设中国特色社会主义事业中的主体地位，不断实现好、维护好、发展好最广大人民群众的根本利益，满足人们的发展愿望和多样性的需求，真正促进人的全面自由发展。

对党员和干部而言，在具体工作中，坚持"以人为本"，就要做到权为民所用，情为民所系，利为民所谋。一是要树立正确的权力观，牢记我们手中的权力是人民赋予的，只能用来为人民谋利益，而绝不能用来为自己牟私利，要始终为人民掌好权、用好权。

"以人为本"的科学发展观，其伦理精神的实质就是使人民群众成为社会生活中真正意义上的主体，也就是在现代化建设的伟大实践之中，充分保障人民群众的根本利益，实现人民群众不断增长的物质文化需求，让人民群众积极投入到包括道德建设在内的社会主义现代化建设之中去，使其在社会生活的方方面面中都成为国家的真正主体和社会的真正主人，保障他们的基本权利，尊重他们的人格，实现他们的价值，进而落实全心全意为人民服务的执政理念。

（四）习近平系列重要讲话中的"人民主体地位"

群众观点和群众路线是中国共产党人把马克思列宁主义关于人民群众是历史创造者的原理系统运用于党的实践活动中的结果。习近平系列重要讲话之中的多处体现着他有关确保"人民主体地位"的思想，尤其是他有关"全面深化改革"的系列重要讲话，更加明确地表达了这一思想。他还把坚持"人民主体地位"与"实现中华民族伟大复兴的中国梦"联系起来，他指出，"实现中华民族伟大复兴的中国梦，就是要实现国家富强、民族振兴、人民幸福"，"中国梦归根到底是人民的梦"。

实现人民幸福的中国梦，就要关注人民的实际生活。在这个意义上，社会主义道德建设就要紧紧依靠人民，聚焦普通百姓的实际道德生活，挖掘普通百姓之中存在的道德资源，创造有利于普通百姓参与道德建设的条件，形成能够为普通百姓接受的社会风尚，让普通百姓"共同享有人生出彩的机会，共同享有梦想成真的机会，共同享有同祖国和时代一起成长与进步的机会"，进而实现自己人生幸福的"中国梦"。

习近平系列重要讲话时时处处宣示着人民群众在当代社会历史以及社会主义现代化建设实践中的主体作用。他的有关坚持"人民主体地位"的思想对于坚持社会主义道路和坚定共产主义信念具有重要意义，对于我们推进中国伦理思想的研究，乃至推进包括道德建设在内的中国社会主义现代化建设都奠定了重要的理论基础。

四、道德建设在治国理政中具有重要战略地位

（一）坚持道德建设的社会主义方向是前提

坚持道德建设的社会主义方向就是树立旗帜、引领方向，也是事关新时期新一轮道德建设成败的关键性问题。我们必须切实提高政治站位、增强政治能力，坚持不断学习、反复领会、深刻理解，致力于推动中国特色社会主义事业的新发展，以坚定的思想和行动凝铸精神旗帜的新时代内涵和实践要求。社会主义道德是在无产阶级自发形成的朴素的道德基础上，以马克思主义的世界观为指导，由无产阶级自觉培养起来的道德；是以为人民服务为核心，以集体主义为原则，以诚实守信为重点，以社会主义公民基本道德规范和社会主义荣辱观为主要内容，以代表无产阶级和广大劳动人民根本利益和长远利益的先进道德体系。这些根本要求体现了鲜明的社会主义属性，是新时期道德建设的基本要求，而要真正坚持好就必须具有较强意识形态能力。

因此，党员干部在事关大是大非和政治原则问题上，必须增强主动性、掌握主动权、打好主动仗，帮助干部群众划清是非界限、澄清模糊认识。必须要忠于共产主义事业，模范遵守社会主义道德，身体力行共产主义事业道德，从社会主义事业兴旺发达的战略高度，充分认识到加强社会主义精神文明建设尤其是加强社会主义思想道德建设的重要性与迫切性。大力抓好意识形态工作，在党的坚强领导下积极推进社会主义道德建设。

（二）领导干部要永葆共产党人政治本色

党的十八大之后，中央政治局出台了八项规定，明确强调党员特别是领导干部在思想道德建设方面要发挥表率作用，抓住了思想道德建设的关键。党的道德是党的性质、宗

旨、纲领的具体表现。加强党的道德建设，是保持党的纯洁，是新时期从严治党、保持党的先进性和纯洁性的重要保证。习总书记在十八届中共中央政治局第一次集体学习时的讲话中强调，领导干部要永葆共产党人政治本色，"坚决反对享乐主义、奢靡之风"。"打铁还需自身硬"，这些话具有极强的针对性，也道出了领导干部坚定理想信念、加强道德修养的重要性，提醒广大领导干部要积极做道德建设的模范。

领导干部身为人民的公仆，不仅要具备过人的才能，一心一意为人民服务的热情，更要有着很高的道德修养。只有在"为了谁、依靠谁、我是谁"这问题上，始终摆正自己的位置，真正把群众当主人，才能往深处想、往细节看、往实处做，才能真正解决好群众的现实问题。但近年来，随着"微博门"等事件接连曝光，领导干部道德失范问题日益凸显，也逐渐被人们所关注。尽管道德失范、滑坡只是一小部分领导干部的行为，但对执政党、对国家、对人民、对社会的危害如同"附骨之疽"。

领导干部的道德水平，不仅体现了社会道德建设的主题，而且是影响社会道德建设成效的关键因素。全国人大代表蒋昌忠认为，政德是社会道德的风向标，领导干部只有正直清廉，忠于职守，勤奋工作，才能带出一支务实肯干的队伍，营造出干事创业的好风气，从而引领社会思想道德进步。

（三）道德建设有利于依法治国的更好实现

习近平新时代中国特色社会主义思想的核心内容之一是明确全面推进依法治国，总目标是建设中国特色社会主义法治体系，建设社会主义法治国家。以德治国就是要积极建立适应社会主义市场经济发展的社会主义思想道德体系，并使之成为全体人民普遍认同和自觉遵守的规范。坚持依法治国以德治国相结合，是新时期道德建设取得成功的保障。

改革开放以来，我们在经济改革取得巨大进步的同时，追求物质享受的个人主义和拜金主义开始蔓延，各种丑恶现象又重新泛起。根据中国社科院发布的《中国社会心态研究报告》蓝皮书，"逾七成受访城市居民不敢相信陌生人"。为什么素以礼仪之邦闻名的中国会出现这种现象？究其原因，就在于做好人常常得不到应有的法律保护，有时甚至成为人们公然蹂躏、践踏、戏弄、嘲笑、奚落的对象。

道德通过扬善来引导良好社会风尚，法律则通过惩恶来伸张正义。通过法律法规的不断完善来推动道德建设。以网络道德建设为例，如果仅仅用道德的手段去治理，就不能起到很好的效果，还需要法律法规和具体规章制度的共同作用。再例如公民道德建设，也不仅仅是道德建设自身的问题，还需要法制建设的保障，在公民道德建设的过程中，不仅需要培养公民的道德责任，还要形成公民的法治文化。总之，只有做到以德治国和依法治国相结合，才能更好地为社会主义道德建设创造一个良好的社会环境，进而推进包括道德建设在内的社会主义现代化建设的进程。

（四）加强公民道德教育，形成全民主动参与的良好氛围

随着改革开放事业的不断深入，特别是社会主义市场经济体制的实施，人们的思想观念、价值观念发生了巨大变化。其主要表现为：人们的思想更加开放、更加凸显个性，追求效率、注重利益，重视知识、尊重人才的风气日渐浓厚。与此同时，市场经济自身的弱点和消极面，如趋利性、自发性特点也反映到生活中，反映到人与人、人与社会乃至人与自然的关系中，致使一些人理想信念不坚定，国家观念淡薄，拜金主义、享乐主义、个人主义滋生，各种各样的社会腐败现象日渐蔓延，封建迷信活动和黄、赌、毒等丑恶现象沉渣泛起，这些现象严重干扰了社会主义道德建设，阻碍了社会主义市场经济的健康发展。确立全体社会成员共同遵循的基本道德原则和道德规范，提高全民族的思想道德素质，已经成为我国国家进步、社会发展的迫切需要。

习总书记指出"中国梦归根到底是人民的梦，必须紧紧依靠人民来实现，必须不断为人民造福。"人民对美好生活的向往就是我们的奋斗目标，而我们的一切建设都必须紧紧依靠人民群众的大力支持、积极参与，道德建设同样如此。

我们的道德建设必须紧紧依靠人民，聚焦那些遵守道德规范、追求阳光生活的普通百姓，注重挖掘人民群众身上最可宝贵的道德资源，创造条件形成全民主动参与道德建设、人人争做道德模范的良好氛围，在全社会形成易为人民接受、深受群众欢迎的道德建设的正能量、好风尚。

在走好中国道路、弘扬中国精神、凝聚中国力量的圆梦路上迎来道德建设的又一个春天，让全国人民都能像总书记所说的那样"共同享有人生出彩的机会，共同享有梦想成真的机会，共同享有同祖国和时代一起成长与进步的机会"，在全力推进全面深化改革不断取得新胜利、积极做好世界和平的维护者和促进者的过程中向全世界展现中国人民高尚的道德情操和造福世界的伟大胸襟。

第二节　马克思主义中国化与文化建设

一、当代中国社会主义和谐文化建设是马克思主义文化观的重要内容之一

（一）和谐文化观的当代意义

和谐文化是先进的文化，是中国化马克思主义文化观的核心思想。在当今构建和谐社会的背景下，和谐文化的内容对于社会全面、协调、可持续发展具有重要意义。

和谐文化是激发全社会的创造活力的思想源泉和精神基础，没有和谐文化的参与、支持、配合，社会主义和谐社会的创造活力就会衰竭。

和谐文化是一种以和谐为思想内核的，以融理想信仰、行为道德、社会风尚为一体的社会形态。这种社会形态，既有利于不同文化之间的相互借鉴，取长补短，又包含着对人类文化多样性的尊重。

和谐文化有助于凝聚社会力量、化解社会矛盾、凝聚人心，有利于营造文明的社会风尚。可以说，和谐文化是提高党的执政能力、整合社会阶层利益分化和促进政治、经济发展的需要。

和谐文化观是中国化马克思主义对人类文化的重要贡献，具有反哺世界的重要意义。建设和谐文化，必将以主流文化为主体，融百家之长来发展壮大整个民族文化。同时，又可使主流文化在多元中立主导，在多样中谋共识，在现实中减少思想冲突，在前进中增进社会认同，从而，有效避免因认识差异引发社会不稳定因素的发生，使健康文化得到支持，落后文化得到改造，腐朽文化得到抵制，民族文化与传统文化在与外来文化和现代文化的比较中取长补短、共同发展。

当今中国的主文化，应当而且必须是"社会主义和谐文化"。"和谐"是一种哲学、一种境界、一种理想、一种艺术，不仅古已有之，而且为东西方所共有。在西方，古希腊哲学家尼柯马赫、柏拉图，德国哲学家黑格，空想社会主义者傅立叶以及马克思、恩格斯等都提出过关于"和谐"的思想。在中国，史伯倡导的"和实生物，同则不继"等思想也充分表明，追求和谐是中华民族几千年来的理想。孔子在《论语·子路》中以"和而不同"强调多样的统一，这也意味着，和谐必定是不同要素的协同互济而不是简单的统一。

建设和谐文化，是我们党从实现全面建设小康社会的宏伟目标、开创中国特色社会主义新局面的高度出发做出的重大战略决策，对于巩固马克思主义在意识形态领域的指导地位，打牢社会和谐的思想道德基础，有效凝聚全党全国各族人民的智慧和力量，共同致力于构建社会主义和谐社会的伟大事业，具有重大意义。

（二）构建中国社会主义和谐文化是马克思主义文化观的当代发展

和谐文化的提出，有着深厚的马克思主义哲学基础，在实践上也显示出大国文化的自信与包容，是我党对马克思主义理论认识的深化与创新，是我们在思想文化建设方面日渐成熟的标志。和谐文化的提出蕴涵着丰富的马克思主义的哲学思想，是马克思主义文化观的当代发展，具体表现在以下四个方面。

1. 和谐文化观体现了马克思主义的运动观

马克思主义的运动观认为：运动是物质的存在方式，是物质的固有属性。它既包括简单的位移以及复杂的物理、化学、生命、社会变化，也包括人的思维及心理变化。我们今天所继承和不断创新的文化，是人类社会长期发展的积淀，是人类思想的结晶，它发展到今天也同样是一个动态的过程。

从文化自身的发展看，"文化"一词在我国最早出现是在《易·象传》，有"观乎天文，以察时变；观乎人文，以化成天下"之说。这里人文是一个概念，化成是一个概念，放在一起就是"人文化成"，从而产生文化的概念。

随着经济基础的不断变化，作为上层建筑意识形态的文化呈现出不同的特点，文化的动态性也体现得非常明显。这种动态性不仅表现为纵向的发展，还表现为横向的竞争，就是在这种发展与竞争中优胜劣汰。那些与经济基础相适应，与社会主流意识相符合的文化形态脱颖而出。

今天我们所提出的和谐文化，既是对我国优秀的传统文化的发展与继承，也是当代多元文化选择与包容，如外来文化与本土文化、精英文化与大众文化、古代文化与现代文化等。正是由于这种文化动态的整合，从而实现了文化的内在和谐。因此和谐文化始终处于一个动态的系统，是其内部不断整合，并与外部诸条件不断适应的过程，同时也是一个不断创新的过程，和谐文化的"和谐"永远是动态的和谐。

2. 和谐文化观体现了马克思主义的多样性与统一性的观点

辩证唯物主义认为，世界是多样的，又是统一的，物质世界的统一是多样性的统一。它既包括自然界，也包括人类社会，还包括我们的思想意识。这一哲学原理对于我们今天建设和谐文化具有重要指导意义。

和谐文化之所以在今天应运而生，完全是应改革开放以来出现的多样化的文化之"运"而生的，是为了开发多样文化的功能，为我所用。因此在我们构建和谐文化的过程中，就应该遵循尊重差异、包容多样，统一而不同一的方针。这一方面体现了和谐文化的包容性，另一方面也体现了和谐文化的统一性。

我们要建设好自己先进的主导文化，并用它去影响和引导多元文化，其他多元文化是主导文化的源泉和补充，它们都要统一到主导文化上来，也就是说和谐文化也要主次分明、层次有致，否则，一个社会没有一个引领社会思潮的主导文化、主流导向，社会就没有前进的方向，我们也不可能建设和谐社会。因此，和谐文化作为和谐社会思想文化的支撑，既要体现各种文化之间的相互学习，水乳交融，还要以其主导文化对其他文化进行引领与选择，从而使自己具有主流文化的权威与气度。

3. 和谐文化观体现了马克思主义唯物辩证法思想

（1）对立统一规律

对立统一规律是唯物辩证法的实质和核心。马克思主义认为辩证矛盾是反映事物内部相互对立的方面之间又斗争又同一的关系的哲学范畴。它要求我们在实践中树立从对立中把握统一，从统一中把握对立的辩证思维方法，从而不断地解决矛盾，推动事物向前发展。

和谐文化的产生、发展也在于要正确处理好主导文化与多元文化的关系，实际上也就是多种文化不断斗争，从斗争中同一的结果。"文化"概念的范畴很广，特质很多，因此其差异性必然是普遍存在的。差异会转化为矛盾，有矛盾就有斗争，因此，不同文化之间必然会有碰撞与冲突，而这些冲突可能是小范围的或非本质的，有些是大范围或本质的。所以我们一定要正视文化冲突的存在，"审时度势"，引导对抗和冲突达到吸引与转化，也就是说要实现矛盾的斗争性向同一性转移，使对抗、冲突激烈的多元文化的统一体让位于新的统一体，从而实现新的和谐。

我们今天所追求的和谐文化则是对多元文化的吸收、整合、转化，是和而不同，是你中有我、我中有你，是对立中的统一，是把不同文化的精华与共性，兼容于主流文化之中，共荣共谐。这种统一符合事物存在和发展的规律。

（2）质量互变规律

质量互变规律告诉我们，任何事物都是质与量的统一，量变是质变的准备，质变是量变的结果。和谐文化的出现、发展是千百年来"文化"的积累、沉淀。这既包括中国传统文化的积累，也包括西方外来文化的补充。

应该说，古今中外的和谐思想以及人们创建"和谐形态"的实践经验，对我们今天构建和谐社会，建设和谐文化有着十分宝贵的启迪作用。我们今天建设和谐文化的根本在于要构建社会主义核心价值体系，即以马克思主义为指导，以中国特色的社会主义共同理想为目标，强调的是爱国主义的民族精神和以改革创新为核心的时代精神、社会主义荣辱观。这是社会主义意识形态中最重要的部分，也是我国社会主义制度的思想根基，它与以往"和谐"思想有质的不同。由此可见，今天的和谐文化是当代文化的特质，是古今中外的"和谐"思想观念的继承、积累的新统一，是新的质变—量变—质变—新的量变，这是质量互变规律的基本内容。

（3）否定之否定规律

唯物辩证法指出，辩证的否定是事物内在矛盾运动的必然结果，是发展和联系的环节，是扬弃。也就是说，没有事物客观的自我否定就没有发展，而这种发展又是对旧事物中合理因素继承的发展。

和谐文化是中国传统文化的基本精神之一，和谐思想的光辉在中华民族的发展史上源远流长，但我们知道，文化又具有强烈的时代感，不同时期文化的内涵、形式各有不同，体现着鲜明的时代性，因此，我们今天建设社会主义和谐文化，不能照抄照搬古代及西方的"和谐"思想，对以往的文化不能全盘接收，当然也不能一概否定，因为文化是有传承性的，是不能被割断的。

辩证地看待传统文化和外来文化的历史价值，要善于在这里找到与现代社会发展相适应的精髓，加以吸收和转化，赋予其新的生机与活力，赋予其时代的价值和现代的意义。这就是扬弃，是辩证的否定。和谐文化是把来自我国古代的"合和"思想与西方的"和谐"理念融合、升华，形成汲取中外文化之精华、洞察世界发展之现状、契合人类历史之大势的一种新世界、新时代精神理念，从而为构建社会主义和谐社会提供文化支撑。

二、构建文化强国

（一）文化强国的战略意义

随着文化的地位和作用的全球凸显，文化从幕后走向台前，文化发展被提升到国家战略高度。文化强国是中华民族伟大复兴的精神支撑，是中国崛起的文明担当。习近平围绕建设社会主义文化强国的目标，基于意识形态是文化发展核心要旨的本体维度、思想文化领域斗争现实需要的实践基点、人的自由全面发展精神诉求的价值向度，把意识形态摆在文化强国建设的突出位置。具体体现在以意识形态的凝聚力涵养文化强国的定力、以意识形态的创造力增强文化强国的动力、以意识形态的传播力彰显文化强国的魅力。理解把握习近平文化强国战略的意识形态逻辑，对于增强文化自觉的清醒认识、突显文化自信的价值底蕴、夯实文化自强的精神根基，推进文化强国建设具有深刻的理论价值和实践意义。

文化是民族的血脉，是人民的精神家园。当今世界，文化越来越成为民族凝聚力和创造力的重要源泉，越来越成为综合国力竞争的重要因素，越来越成为经济社会发展的重要支撑，丰富精神文化生活越来越成为我国人民的热切愿望。中央对文化的地位和作用的认知彰显了党的文化自觉。一个国家、一个民族若只有物质财富的丰富而没有思想道德素质和科学文化素质的提高，就谈不上是一个强大的国家、一个强盛的民族；一个国家若仅是经济强国、军事强国而非文化强国，就谈不上是一个真正的强国。增强民族凝聚力和创造力，提高文化的竞争力和感召力，从来都是增强综合国力的一个重要方面；共同文化的认同、主流价值观的形成，一直都是聚合社会力量、增强民族凝聚力和创造力的重要途径。

党中央诚心诚意地把文化建设提升到国家战略高度，表征着党对文化发展的高度重视，对文化的认知和文化功能的理解越来越深刻。习近平总书记就坚定文化自信、建设社会主义文化强国发表了一系列重要讲话，深刻阐明了文化建设一系列战略性全局性根本性的重大问题，为文化发展改革指明了前进方向，提供了根本遵循。中央采取了一系列推动文化发展改革的重大举措。广大文化工作者坚定文化自信、把握正确导向、聚焦发展主题、锐意改革创新、攻坚克难，持续推进社会主义文化强国建设，进一步开创了文化繁荣发展的生动景象。

（二）马克思主义是文化强国战略的精神标识

马克思主义的理论指导、价值诠释能力直接影响着意识形态的凝聚力。随着时代的进步和实践的发展，马克思主义必须在理论供给、思想引领、话语创新上不断深化拓展。在现实的批判中彰显真理本色，在自身时代化、大众化的过程中资政育人，真正成为"人们观察世界、分析问题的有力思想武器"。在聚焦现实问题，引领各种社会思潮中确立理论权威，从而巩固自身的指导地位，增进文化强国建设的思想共识和价值认知。

结合时代变革，发展21世纪的马克思主义，才能为文化强国提振精气神，增强软实力。社会主义文化强国建设必须牢牢把握马克思主义意识形态的聚合力。通过喜闻乐见、生动活泼的方式将马克思主义的立场观点、价值理念融入政治文明、法治建设、道德践履，形成全社会广泛认同和自觉践行的社会意识，进而整合人们的思想意识，激发人们对社会主义先进文化建设的热情。以马克思主义强大的向心力、感召力塑造文化强国的坚实思想内核，在世界各国文化软实力的竞争中涵养、提升社会主义文化强国的定力。

第三节　马克思主义中国化与生态文明建设

一、"生命共同体论"

（一）"生命共同体论"是马克思主义系统自然观的继承和发展

在揭示自然界的客观性和实在性的基础上，马克思主义前瞻性地揭示了自然界及其运动规律的整体性和系统性，形成了系统自然观。在宇宙中，"我们所接触到的整个自然界构成一个体系，即各种物体相联系的总体，而我们在这里所理解的物体，是指所有的物质存在"，"这些物体处于某种联系之中，这就包含了这样的意思：它们是相互作用着的，而它们的相互作用就是运动"。在此基础上，以人类劳动为基础和中介，人与自然也构成了一个复杂系统——"人—自然"系统。显然，系统自然观是马克思主义自然观的重要维度和显著特征，彻底终结了机械自然观。

（二）"生命共同体"思想概括和提升了马克思主义哲学与现代生态科学发展的成果

科学技术生态化是新科技革命的重要趋势和特征。20世纪30年代，具有目的论倾向的"生态演替"概念成为生态学中占主导地位的思想，危害至深。针对这一错误倾向，1935年，英国生物学家坦斯莱从唯物主义立场出发提出了"生态系统"的概念。在他看来，有机体不能与其环境分开，而是与其环境形成一个自然系统。现代生态学揭示出，通过与外界环境保持物质、能量和信息等变换，生物有机体与其环境形成了一个系统。在此基础上，生态系统成为重要的科学思想和方法，促进了整个科学技术范式的变革。现在，系统科学和工程的发展，进一步证明了系统自然观与生态系统概念的科学性和有效性。可见，"生命共同体"思想是科学的系统思维在生态文明领域的集中体现和创造性发展。

（三）"生命共同体论"是唯物论和辩证法的统一

1. 人对自然具有高度的物质依赖性

人以食为天。只有在满足这一物质需要的前提下，人才能从事其他社会活动。尽管人是唯一能自己生产食物的物种，具有明显的主体能动性，但是，人的这种生产不是无中生有，而是从土中刨食，具有明显的物质依赖性。只有始终保持与土地的物质变换，人才能生存和发展。人的生命、生存、生产，一刻也离不开大地、土壤、农田。大地、土壤、农田就是人的慈母，养育了人。因此，人的命脉在田。这一判断深刻地揭示了自然在人的生成过程中不可或缺的前提性和条件性，深刻地揭示了人对自然依赖的内在性和有机性。显然，"生命共同体"思想，在坚持辩证唯物论的基础上将之发展成生态唯物论。生态唯物论确认了人对自然的物质依赖性以及这种依赖的有机性，是生态文明问题上的唯物论。

2. 人与自然具有系统的关联性

在现实世界中，人的生息离不开田，必须保持与田的物质变换；田的持续性离不开水的滋润，必须保持与水的物质变换；水的持续性依赖于山的涵养，必须保持与山的物质变换；山的持续性依赖于土壤保持，必须保持与土的物质变换；土的持续性依赖于树木茂盛，必须保证与树的物质变换；树的持续性依赖于生态系统安全和人的呵护，必须依赖于植树造林等人的可持续行为。这样，由于田、水、山、土、树等自然要素参与了人的生命的生成和生活的延续，人也参与了自然的生成，所以可以把主体要素和自然要素之间、自然要素相互之间的物质变换关系称为命脉（食物链），将其共同构成和共同参与的系统称为生命共同体（生态系统）。命脉和生命共同体反映的是这种关系与系统的内在性和有机性。显然，"生命共同体"思想，在坚持唯物辩证法的基础上将之发展成生态辩证法。生态辩证法确认了人与自然的系统关联及其有机特征，是生态文明问题上的唯物辩证法。

综上所述，"生命共同体"思想要求我们既要看到自然对人的前提性和条件性，又要看到人与自然关系的系统性和有机性，因此，它是生态唯物论和生态辩证法的高度的、有机的统一。

（四）"生命共同体论"在生态文明建设中的指向

1. 必须对生态系统进行系统监管

山水林田湖是一个生命共同体，因此，不能将护山、治水、种树、护田、护湖等生态监管和生态建设工作割裂开来，不能顾此失彼，而必须对整个生态系统进行系统监管，这样，才能维护生态系统的整体性、多样性和稳定性。例如，在流域治理中，必须按照生态系统的整体性、系统性及内在规律，将整个流域作为管理单元，按流域设置生态监管和行政执法机构，优化流域生态监管和行政执法职能配置，实现流域生态保护统一规划、标准、环境影响评估、监测、执法，提高生态保护的整体成效。

2. 必须将环境治理作为系统工程

第一，环境污染涉及自然、社会等方面的一系列因素，因此，必须按照系统工程的方式，切实抓好生态文明建设重点任务的落实，切实把能源资源保障好，把环境污染治理好，把生态环境建设好，为人民群众创造良好的生产生活环境。

第二，要形成绿色化的产业结构、消费模式和城乡建设模式。例如，对于像北京这样的特大城市来说，大气污染防治是北京发展面临的一个最突出的问题，必须将其作为重大民生实事紧紧抓在手上，大力推进环境治理系统工程。只有多策并举，多地联动，全社会共同行动，北京的环境治理才能达到预期效果。

第三，必须把推进生态文明领域的国家治理体系和治理能力的现代化作为一项社会系统工程，从总体上谋划、设计、推进和落实。必须树立"山水林田湖是一个生命共同体"的理念，按照生态系统的整体性、系统性及内在规律来推进生态环境治理。

综上所述，习近平不仅提出了"生命共同体"的思想，而且在此基础上进一步提出了"环境治理是一个系统工程"的思想，这样，不仅坚持与发展了马克思主义的系统自然观和系统方法论，而且奠定了生态文明尤其是社会主义生态文明的世界观和方法论的基础。

二、"环境民生论"

（一）"环境民生论"是马克思主义政党正确的价值判断

人必须将保护自然看作对人自身的保护。人与自然的关系是一种内在的关系。尽管相对于人这个有机存在物来说，自然是人的无机身体，但是，这个无机身体参与了有机身体的生成，不仅提供了人的肉体生活需要的物质资料，而且提供了人的精神生活需要的对象、材料和工具，因此，这个无机身体与有机身体的关系事实上是一种内在的关系，即有机的关系。

在这个意义上，对自然的污染就是对人自身的污染，对自然的破坏就是对人自身的破坏；同样，对自然的呵护就是对人自身的呵护，对自然的保护就是对人自身的保护。"环境民生论"是对这一有机关系的科学确认。

唯物史观和群众史观在本质上是统一的。我们必须将保障人民群众的生态权益作为重大的政治问题。马克思主义政党的一切理论和奋斗都应致力于实现以劳动人民为主体的最广大人民群众的根本利益，这是马克思主义最鲜明的政治立场。

人民群众的需要、利益和权利是一个复杂系统。其中，生态需要、生态利益、生态权利都是其内在的不可剥夺的组成部分。因此，我们必须"要坚定推进绿色发展，推动自然资本大量增值，让良好生态环境成为人民生活的增长点、成为展现我国良好形象的发力点，让老百姓呼吸上新鲜的空气、喝上干净的水、吃上放心的食物、生活在宜居的环境中、切实感受到经济发展带来的实实在在的环境效益，让中华大地天更蓝、山更绿、水更清、环境更优美，走向生态文明新时代"。这样，我们不仅可以有效地调动人民群众建设生态文明的能动性、积极性和创造性，而且在生态文明议题上坚持了马克思主义的政治立场。显然，"环境民生论"是马克思主义政治立场在生态文明领域中的鲜明体现和创造性发展。

（二）"环境民生论"在生态文明建设中的要求

1. 在生态文明建设过程中要切实保证人民群众的生态权益

生态权益是人民群众的不可剥夺的权益，是人民群众在生态环境领域中的一切需要、利益和权利的总和。我们不能简单地将之视为资产阶级话语体系和资本主义法律安排，而必须将之看作无产阶级解放和社会主义建设的重大议题。因此，在建设社会主义法治国家的过程中，我们要"着眼保护人民群众合法权益，健全利益表达、利益协调、利益保护机制，加大食品药品、安全生产、环境保护、劳动保障、医疗卫生、商贸服务等关系群众切身利益的重点领域执法力度"。为此，我们必须将环境权作为人权的重要构成部分，将之纳入社会主义宪法。我们必须将维权看作维稳的基础，将维稳的实质看作维权，要把群众合理合法的生态利益诉求解决好。

2. 在生态文明建设过程中要切实保证人民群众的生态富裕

贫困和环境的恶性循环是产生与加剧贫困的重要原因。事实上，贫穷不是社会主义，两极分化不是社会主义，生态恶化也不是社会主义。因此，我们必须协同推进人民富裕、国家强盛、中国美丽，把扶贫开发、现代农业发展、美丽乡村建设有机结合起来，实现农民富、农业强、农村美。为此，我们必须要坚持精准扶贫、精准脱贫，做到扶贫对象精准、扶贫产业精准、扶贫方式精准、扶贫成效精准，切实保护好绿水青山，走出一条绿色发展、生态富民的路子。具体来看，我们要因地制宜地探索精准脱贫的有效路子，多给贫困群众培育可持续发展的产业，多给贫困群众培育可持续脱贫的机制，多给贫困群众培育可持续致富的动力。我们要把生态移民作为生态恶劣地区人民群众脱贫的重要方式，同时要保障移民发展。我们要把生态补偿扶贫作为双赢之策，让有劳动能力的贫困人口实现生态就业。

3. 在生态文明建设过程中要切实保证人民群众的环境健康

环境污染已经成为影响人民群众身体健康和生命安全的重大社会问题。事实上，良好生态环境是人类生存与健康的基础。因此，我们要按照绿色发展理念，实行最严格的生态环境保护制度，建立健全环境与健康监测、调查、风险评估制度，重点抓好空气、土壤、水污染的防治，加快推进国土绿化，切实解决影响人民群众健康的突出环境问题。

首先，要进一步发扬我国的爱国卫生运动优良传统，持续开展城乡环境卫生整洁行动，加大农村人居环境治理力度，建设健康、宜居、美丽的家园，让人民群众诗意地栖居。

其次，要进一步贯彻食品安全法，完善食品安全体系，加强食品安全监管，严把从农田到餐桌的每一道防线，让人民群众吃上放心的食品。

最后，要进一步牢固树立安全发展理念，健全公共安全体系，努力减少公共安全事件对人民生命与健康的威胁，让人民群众安全地生产和生活。

4. 在生态文明建设过程中要为人民群众的生态环境权益提供有力的制度保证

要想更好地为人民群众的生态环境权益提供有力的制度保障就需要做到以下几点。

首先，必须要切实保证自然物品的公共性质。自然资源是大自然馈赠给人类的礼物，具有公共物品的属性。就此而论，谁都不是自然的所有者，而只是使用者。但是随着私有制的发展，"社会上一部分人向另一部分人要求一种贡赋，作为后者在地球上居住的权利的代价，因为土地所有权本来就包含土地所有者剥削地球的躯体、内脏、空气，从而剥削生命的维持和发展的权利。"因此，在社会主义条件下，必须反对自然的私有化和商品化，必须切实保证自然物品的公共性。

目前，我们要按照中共中央、国务院印发的《生态文明体制改革总体方案》提出的"坚持自然资源资产的公有性质"的要求，从法律上确保自然物品的公共性。事实上，"公地悲剧"是人们以私有制的心态对待公共物品、公共产品和公共空间造成的，而不是公有制自身出现了问题。

其次，必须要切实保证人民群众的生态收益。自然资源和自然物品具有公共性质，因此，在开发、经营和管理自然资源的过程中，我们必须确保人民群众的生态收益。例如，在土地增值收益分配方面，必须建立兼顾国家、集体、个人的土地增值收益分配机制，合理提高个人收益，保障农民公平分享土地增值收益。在水电开发中，要建立健全水电开发利益共享机制，将从发电中提取的资金优先用于本水库移民和库区后续发展，增加贫困地区年度发电指标，提高贫困地区水电工程留成电量比例，落实和完善水电开发财政税收政策，让当地群众从能源资源开发中受益更多。

最后，必须要切实提供生态公共产品和生态公共服务。今天，在人类面对生态危机和生态困境的情况下，良好生态环境是通过大家的共同努力在自然物品的基础上形成的公共产品，是保证人类永续存在和持续发展的最基本的条件。因此，我们必须将为人民群众大力提供生态公共产品和生态公共服务作为人民政府的基本职能与重大使命。现在，党和政府明确表示，要把良好生态环境作为公共产品向全民提供，并且要使之惠及全体人民群众。

综上所述，只有明确上述基本要求并切实取得实效，才能实现社会主义社会文明和社会主义生态文明的高度融合。

三、"两山论"

生态文明建设的核心问题是如何协调好环境和发展、绿色化和现代化的关系。习近平指出："我们既要绿水青山，也要金山银山。宁要绿水青山，不要金山银山，而且绿水青山就是金山银山。"这一论断（简称为"两山论"）科学地阐明了马克思主义生态经济学的基本观点，为坚持绿色发展奠定了理论基础。

（一）"两山论"以马克思主义生态经济学为科学依据

1. 自然界是财富形成的重要源泉

自然资源与自然生产力提供的生态系统服务属于公共产品和公共财富的领域，因此，为了避免资本对自然资源与自然生产力的支配和垄断以及由之造成的社会不公，马克思认为，自然是不费资本分文的东西。就此而论，马克思主义不承认自然价值（生态价值）和自然资本（生态资本）。但是，如果从整个财富形成的基础和过程来看，"劳动和自然界在一起才是一切财富的源泉，自然界为劳动提供材料，劳动把材料转变为财富"。这在于，任何劳动都有物质前提。只有具备了劳动对象、劳动资料和劳动者这三者之后，劳动才能得以进行。这三个要素最初都是由自然界提供的。商品是价值和使用价值的统一。自然界提供了使用价值，劳动创造了价值。没有自然界提供的使用价值，劳动创造价值的过程就成了神创造世界的过程。显然，自然界不仅是物质财富的源泉，而且是物质财富的第一源泉。正像威廉·配第所说，劳动是财富之父，土地是财富之母。可见，劳动价值论内在地具有生态维度，生态价值和生态资本的概念能够成立。

2. 自然生产力是生产力的重要形式

生产力是一个复杂系统，既包括社会生产力，也包括自然生产力。例如，"在资本主义生产存在的地方，资本主义生产在土地最肥沃的地方生产率最高。劳动的自然生产力，即劳动在无机界中具有的生产力，和劳动的社会生产力一样，表现为资本的生产力。"因此，马克思主义在承认社会生产力的决定作用的同时，也承认自然生产力的重要作用。自然生产力是自然生态系统的生产能力，本质上是指自然力量或生态力量。它主要指以下两种情况。

第一，包括地力、水力、风力等在内的自然界的自然力。这是自然界本身存在的自然力量。

第二，包括植物、动物、土地、江河、矿藏、瀑布、森林、鱼类等自然资源和自然条件。这是人类直接的生活资料，是自然界给予人类的生产力，将之纳入生产过程会大大提高社会生产力的发展。

显然，"两山论"确认了自然在财富形成与生产发展中的前提性和基础性的作用。

（二）"两山论"在生态文明建设中的绿色理念

1. 自然价值和自然资本的理念

自然在价值形成和价值增值过程中具有劳动无法代替的作用。因此，我们要"树立自然价值和自然资本的理念，自然生态是有价值的，保护自然就是增值自然价值和自然资本的过程，就是保护和发展生产力，就应得到合理回报和经济补偿"。自然价值是指自然的经济价值，承认自然在价值和财富形成过程中的作用。自然资本是指自然在价值增值中的作用，承认自然财富可以创造出比自身价值更大的价值。

承认与确立自然价值和自然资本，可以为资源定价、环境赔偿、生态补偿等生态经济行为提供客观的科学依据。当然，这并不意味着让资本逻辑肆意入侵自然领域和生态领域。

2. 生态生产力的理念

生态环境不仅是生产力三个组成要素的最初的、最基本的来源，而且是影响生产力要素结合方式和生产力发展水平的"序参量"。因此，我们要正确处理好经济发展同生态环境保护的关系，牢固树立保护生态环境就是保护生产力、改善生态环境就是发展生产力的理念，更加自觉地推动绿色发展，决不以牺牲环境为代价来换取一时的经济增长。

同时，在此基础上，我们也要看到，随着科学技术生态化的发展，生态化已经成为先进生产力的重要标志和明显特征。生产力生态化就是将人与自然和谐的原则，即生态化（绿色化）原则，贯穿和渗透到生产力的各个环节、各个方面、各个过程，实现生产要素、生产环节、生产过程和生产目标的生态化，最终实现整个经济运行和经济体系的生态化。因此，在注重自然生产力的基础上，我们要大力促进生产力的生态化，大力发展生态化生产力。

3. 经济发展和环境保护相统一的理念

发展和保护不是对立的关系，而是互补的关系。因此，我们要树立发展和保护相统一的理念，坚持发展是硬道理的战略思想，发展必须是可持续发展、绿色发展，平衡好发展和保护的关系，按照主体功能定位控制开发强度，调整空间结构，给子孙后代留下天蓝、地绿、水清的美好家园，实现发展和保护的内在统一、相互促进。显然，正确处理好经济发展和生态环境保护的关系，是实现绿色发展的内在要求，也是推进现代化建设尤其是生态文明建设的重大原则。

（三）"两山论"在生态文明建设中的实践指向

1. 大力发展生态产业

生态优势并不是直接的经济优势，重点是如何将之转化为经济优势。发展生态产业是实现这种转化的重要选择。其实，无论山河秀美的地方，还是生态脆弱的地方，都可以做出这样的选择。例如，在我国北方沙漠地带，可以通过利用沙漠资源发展沙漠旅游业的方式，将防沙治沙工作和发展沙产业结合起来。这样，既可以将恶劣的生态环境转化为经济资源以实现脱贫致富的目的，又可以为发展生态旅游业提供地方样板和区域经验。

此外，"两山论"还启示我们，工业化不是到处办工业，而是宜农则农，宜工则工，宜保护则保护，宜开发则开发，宜限制则限制。这本身就是发展产业的基本生态学原则。显然，关键是要找准方向，创造条件，让绿水青山源源不断地带来金山银山，更好地促进生态文明的发展。

2. 大力发展生态文化

从根本上看，绿水青山就是金山银山的科学理念，必须建立在广大群众普遍认同和自觉自为的基础之上。像所有认知过程一样，人们对"两山论"的认识，也有一个由表及里、由浅入深、由自然自发到自觉自为的过程。这主要体现为三个阶段。第一阶段是用绿水青山去换金山银山，不考虑或者很少考虑绿水青山。第二阶段是既要金山银山，但是也要保住绿水青山。第三阶段是认识到绿水青山可以源源不断地带来金山银山，绿水青山本身就是金山银山。

以上三个阶段，是发展理念不断进步的过程，是经济发展方式不断转变的过程，也是人与自然的关系不断调整、趋向和谐的过程，即生态文明理念形成的过程。

因此，"这'两座山'要作为一种发展理念、一种生态文化，体现到城乡、区域的协调发展中，体现出不同地方发展导向的不同、生产力布局的不同、政绩考核的不同、财政政策的不同。"为此，必须加大生态文明理念尤其是"两山论"的宣传教育力度，提升人民群众的生态文明意识，使其缩短从自发到自为的过程，主动担当起应尽的责任。

四、美丽中国梦

（一）"美丽中国梦"是中国特色社会主义生态观现代化的形象表达

实现中华民族伟大复兴的中国梦，核心是要实现社会主义现代化，把我国建设成为一个经济发展、政治民主、文化繁荣、社会和谐、生态美丽的社会主义现代化强国。在严格的意义上，"美丽中国梦"就是要实现中国特色社会主义生态现代化。

现代化是一个整体的、全面的社会进步过程。现代化是社会发展的必然趋势。尽管其主要是一个从农业社会向工业社会的转变过程（工业化），但是，没有社会结构的整体转型和社会形态的整体变革，现代化不可能取得成功。因此，全面发展的理念已经成为世界共识。在全面发展中，必须正确处理现代化和生态化的关系。但是，西方现代化走过了一条先污染后治理的老路。正是在反思和批判西方现代化弊端的基础上，我们提出了"美丽中国梦"的愿景。这就是要通过实现中国特色社会主义生态现代化的方式，推动实现整个现代化。生态现代化是一种生态上合理的现代化模式，是生态化和现代化的有机融合。

社会主义是全面发展和全面进步的社会，因此，必须要克服资本主义"单面发展"的弊端，实现全面发展。据此，我们党先后提出了社会主义社会是全面发展和全面进步的社会、中国特色社会主义是全面发展和全面进步的事业等科学论断。在此基础上，社会主义现代化同样必须成为全面发展和全面进步的现代化。其中，一个重大的议题就是必须正确处理现代化和生态化的关系，走出一条生产发展、生活富裕、生态良好的文明发展道路。

基于这样的科学认识，党的十七大把生态文明作为全面建设小康社会奋斗目标的新要求，党的十八大将生态文明纳入了中国特色社会主义总体布局，党的十九大进一步对生态文明建设做出新的重大部署。党的二十大更是提出要推进美丽中国建设，坚持山水林田湖草沙一体化保护和系统治理，统筹产业结构调整、污染治理、生态保护、应对气候变化，协同推进降碳、减污、扩绿、增长，推进生态优先、节约集约、绿色低碳发展。

（二）"美丽中国梦"是全面建成小康社会的生态要求

全面建成小康社会的生态要求。从内容上看，全面建成小康社会是一个全面现代化的过程。在一般意义上，"全面小康，覆盖的领域要全面，是五位一体全面进步。全面小康社会要求经济更加发展、民主更加健全、科教更加进步、文化更加繁荣、社会更加和谐、人民生活更加殷实。要在坚持以经济建设为中心的同时，全面推进经济建设、政治建设、文化建设、社会建设、生态文明建设，促进现代化建设各个环节、各个方面协调发展，不能长的很长、短的很短。"其中，生态文明建设就是短板。在 40 多年的持续快速发展中，我国农产品、工业品、服务产品的生产能力迅速扩大，但提供优质生态产品的能力却在减弱，一些地方生态环境还在恶化。因此，我们必须尽力补上生态文明建设这块短板，切实把生态文明的理念、原则、目标融入经济社会发展的各个方面，贯彻落实到各级各类规划和各项工作中。因此，2014 年 3 月 7 日，习近平在参加第十二届全国人大二次会方贵州代表团审议时提出，小康全面不全面，生态环境质量是关键。

（三）"美丽中国梦"是重塑中国国家形象的生态要求

只有坚持党在社会主义初级阶段的基本路线，才能把我国建设成为富强、民主、文明、和谐的社会主义现代化国家，这样，才可能彻底改变我们国家的国际形象，使中华民族屹立于世界先进民族之林。但是，如果不在生态上重塑国家形象，我们就仍然会被国际社会嘲笑和诟病为"东亚病夫"。因此，我们必须将生态元素、生态要求、生态目标纳入国家形象，在生态上重塑国家形象。

目前，我们"要注重塑造我国的国家形象，重点展示中国历史底蕴深厚、各民族多元一体、文化多样和谐的文明大国形象，政治清明、经济发展、文化繁荣、社会稳定、人民团结、山河秀美的东方大国形象，坚持和平发展、促进共同发展、维护国际公平正义、为人类做出贡献的负责任大国形象，对外更加开放、更加具有亲和力、充满希望、充满活力的社会主义大国形象"，山河秀美的东方大国，即美丽中国。

实现"美丽中国梦"，就是要把我国建设成为一个经济发展、政治民主、文化繁荣、社会和谐、生态美丽的社会主义现代化强国。

[1] 刘宗武. 守正与创新马克思主义中国化研究 40 年 ［M］. 武汉：华中师范大学出版社，2022.

[2] 姜辉. 新时代马克思主义中国化新的飞跃 ［M］. 北京：人民出版社，2022.

[3] 觉醒与超越中国共产党与中国式现代化编写组. 觉醒与超越中国共产党与中国式现代化 ［M］. 北京：中国青年出版社，2022.

[4] 辛向阳. 中国式现代化 ［M］. 南昌：江西教育出版社，2022.

[5] 人民日报理论部. 中国式现代化 ［M］. 北京：人民东方出版传媒有限公司，2021.

[6] 靳楠. 现代化视野下的马克思主义中国化研究 ［M］. 北京：研究出版社，2020.

[7] 张秀荣. 中国化马克思主义与中国现代化发展 ［M］. 北京：知识产权出版社，2020.

[8] 顾海良. 马克思主义中国化 ［M］. 北京：经济科学出版社，2020.

[9] 陈少雷. 马克思主义中国化的多重维度 ［M］. 北京：社会科学文献出版社，2020.

[10] 孙一峰. 多维视角下马克思主义中国化探究 ［M］. 北京：新华出版社，2019.

[11] 罗雄飞. 中国化马克思主义与中国道路 ［M］. 南昌：江西高校出版社，2019.

[12] 张红，王晶，彭波. 马克思主义理论及其中国化概论 ［M］. 沈阳：辽宁大学出版社，2018.

[13] 万生更. 马克思主义中国化的发展逻辑研究：从毛泽东思想到习近平总书记重要讲话 ［M］. 北京：中国社会科学出版社，2017.

[14] 张云飞，李娜. 开创社会主义生态文明新时代 ［M］. 北京：中国人民大学出版社，2017.

[15] 范鹏. 统筹推进"五位一体"总体布局 ［M］. 北京：人民出版社，2017.

[16] 王昕朋. 历史性成就 全面从严治党这五年 ［M］. 北京：中国言实出版社，2017.

[17] 王维平. 四个全面战略布局之全面深化改革 ［M］. 北京：人民出版社，2017.

[18] 王宗礼. 四个全面战略布局之全面推进依法治国 ［M］. 北京：人民出版社，2017.

[19] 刘先春. 四个全面战略布局之全面从严治党 ［M］. 北京：人民出版社，2017.

［20］艾四林. 新发展理念与全面建成小康社会［M］. 北京：中国文史出版社，2017.

［21］瞿铁鹏. 马克思主义社会理论［M］. 上海：上海人民出版社，2017.

［22］秦龙. 走向时代深处的马克思主义［M］. 北京：科学出版社，2017.

［23］中国社会科学院马克思主义研究院中国特色社会主义发展史课题组. 伟大的复兴——新时代中国特色社会主义的总任务［M］. 北京：人民日报出版社，2017.

［24］《党的十九大报告辅导读本》编写组. 党的十九大报告辅导读本［M］. 北京：人民出版社，2017.

［25］聂月岩. 马克思主义中国化问题研究［M］. 北京：首都师范大学出版社，2017.

［26］何毅亭. 以习近平同志为核心的党中央治国理政新理念新思想新战略［M］. 北京：人民出版社，2017.

［27］殷倩. 马克思主义中国化缘起研究［M］. 北京：中央编译出版社，2016.

［28］靳书君. 马克思主义中国化研究的问题、视野与范式［M］. 北京：人民出版社，2016.

［29］林建华. 马克思主义中国化、时代化、大众化论纲［M］. 北京：知识产权出版社，2016.

［30］赵士发. 现代化进程中的马克思主义中国化［M］. 北京：人民出版社，2016.

［31］范玉刚. "文化强国"战略视野中的文化产业发展研究［M］. 北京：中国社会科学出版社，2016.

［32］中共中央文献研究室. 十八大以来重要文献选编（上）［C］. 北京：中央文献出版社，2014.

［33］中央文献研究室. 习近平关于全面深化改革论述摘编［C］. 北京：中央文献出版社，2014.

［34］张涛甫. "中国梦"的文化解析［M］. 重庆：重庆出版社，2014.

［35］聂月岩. 马克思主义中国化问题研究［M］. 北京：首都师范大学出版社，2014.

［36］田克勤，李彩华. 中国化马克思主义通论［M］. 北京：人民大学出版社，2013.

［37］徐佳惠. 中国式现代化新道路的中国特色及价值意蕴［J］. 现代商贸工业，2022，43（23）：10-12.

［38］陈静宜. 中国式现代化道路的生成逻辑和价值意蕴［N］. 科学导报，2022-11-08（B03）.

［39］任平. 坚定不移走好中国式现代化道路［J］. 群众，2022，（21）：20-22.

［40］洪银兴. 贯彻新发展理念的中国式现代化新道路［J］. 经济学家，2022，（11）：5-12.